互联网商业模式及其对企业价值的影响研究

刘运国/编著

Research on Internet Business Model
and Its Impact
on Enterprise Value

中国财经出版传媒集团

经济科学出版社
Economic Science Press

·北京·

图书在版编目（CIP）数据

互联网商业模式及其对企业价值的影响研究／刘运国编著． -- 北京：经济科学出版社，2024.8. -- ISBN 978 - 7 - 5218 - 6239 - 3

Ⅰ．F713.36；F270

中国国家版本馆 CIP 数据核字第 2024CS4917 号

责任编辑：杜　鹏　武献杰　常家凤
责任校对：刘　娅
责任印制：邱　天

互联网商业模式及其对企业价值的影响研究

HULIANWANG SHANGYE MOSHI JIQI DUI QIYE JIAZHI DE YINGXIANG YANJIU

刘运国／编著

经济科学出版社出版、发行　新华书店经销

社址：北京市海淀区阜成路甲 28 号　邮编：100142

编辑部电话：010-88191441　发行部电话：010-88191522

网址：www. esp. com. cn

电子邮箱：esp_bj@ 163. com

天猫网店：经济科学出版社旗舰店

网址：http：//jjkxcbs. tmall. com

固安华明印业有限公司印装

710×1000　16 开　18 印张　300000 字

2024 年 8 月第 1 版　2024 年 8 月第 1 次印刷

ISBN 978 - 7 - 5218 - 6239 - 3　定价：128.00 元

　　本书为财政部名家培养工程项目"商业模式对企业业绩评价的影响"（2019）和国家自然科学基金面上项目"互联网商业模式对高管薪酬契约的影响研究"（批准号：71872187）的研究成果，也感谢国家自然科学基金面上项目"国企'一把手'精准激励机制研究"（批准号：72272156）、广东省哲学社会科学规划项目（项目编号：GD23RCZ08）和广东省研究生教育创新计划项目《管理会计理论与实务》研究生示范课程（批准号：2024SFKC－002）的支持。

序

基于互联网时代，"商业模式"已然成为商界众所周知的"热词"。各种学术期刊或出版社也发表或出版了众多相关文献或论著。但对于何谓"商业模式"却有些"说不清，道不明"，或多或少存在某些"只可意会，难以言传"的味道。刘运国教授试图以案例的形式破解这个难题。

管理会计具有鲜明的情境化特征。尽管案例研究是管理会计的重要研究方法之一，但是，在中国从事管理会计案例研究并不容易，案例研究成果最终能够公开发表就更不容易。然而，一直致力于中国管理会计研究的刘运国教授却做到了。对此，我个人非常佩服刘运国教授的毅力和坚持不懈的努力。

早在 2015 年 1 月，刘运国教授就将其平时发表的研究型案例加以汇总，出版了《中国情境的管理会计案例研究》（中国财政经济出版社）。如今，刘运国教授再接再厉将其发表的有关互联网商业模式的研究型案例汇编成《互联网商业模式及其对企业价值的影响研究》一书。

尽管我之前已经陆续阅读过刘运国教授发表的这些研究型案例，但这次集中、系统地学习这些研究型案例之后，还是感觉《互联网商业模式及其对企业价值的影响研究》一书具有以下三个特色：（1）以案说理。从理论上说，"商业模式"有些抽象，但是，以实际企业的案例说明"商业模式"却能够达到"茅塞顿开""恍然大悟"的功效。本书汇集 13 篇已经公开发表的研究型案例，以案例阐释互联网商业模式及其影响企业价值或绩效的路径，原本有些抽象的"商业模式"转化为通俗易懂的"商业故事"。（2）本土案例。中国优秀传统文化显著影响中国企业经理人的经营管理行为。只有以中国人的思维和视角去思考和看待中国管理情境，才能真正看得透、分得清中国互联网商业模式。因此，要深入地研究中国互联网商业模式最好选择"中国素材、中国语境、中国视角"的"本土案例"。本书汇集的 13 篇研究型案例都是"中国素材、中国语境、中国视角"的"本土案例"。（3）涉及面广。案例研究贵在代表性。本书汇集的 13 篇研究型案例涉及面广，既有电商平台的四家代表性企业（"快手""拼多多""唯品会""京东"）的案例，又有游戏平台的两家代表性企业（"腾讯""虎牙直播"）的案例，还有互联网金融平台的两家代表性企业（"蚂蚁集团""东方财富"）以及其他行业的五家代表性企业（"海尔""途牛旅游网""BOSS 直聘""小鹏汽车""高途"）的案例。真可谓"互联网，网络一切"！这么多具有代表性的案例充分展现了中国互联网商业模式的"全景"。

随着中国市场经济的持续发展和商业模式的不断创新，中国管理会计问题就是世界性的主题。管理会计绝不是"空中楼阁"，而是"实践出真知"。中国管理会计不仅要"落地"，更要得到"升华"。如果管理会计在中国的大地上没有得到"升华"，只能是"他国理论，中国实践"。在中国，研究管理会计的学者需要"走出象牙塔"，重返丰富多彩的实践，提炼出管理会计理论与实践的"中国元素"，实现"中国理论，中国实践"，进而实现建设中国自主管理会计知识体系的宏伟目标。就此而言，刘运国教授的《互联网商业模式及其对企业价值的影响研究》一书迈出了重要的一步。

胡玉明

2024 年 7 月 5 日于暨南大学暨南园

前　　言

管理学大师彼得·德鲁克说过：21世纪企业与企业之间的竞争是商业模式的竞争。全面贯彻落实创新、协调、绿色、开放、共享的新发展理念，发展新质生产力，实现高质量发展，已成为实现中国式现代化的共识和行动，创新位于新发展理念之首。实证研究表明，比起单纯的产品创新或工艺创新，商业模式创新更具有成功的潜力。美国波士顿咨询公司的一项研究表明，在为期5年的时间里，商业模式创新者比同一时期产品和工艺创新者要多获得超过6%的利润。同样，在世界上最具创新性的25家公司中，有14家是商业模式创新者（奥利弗·加斯曼等，2017）。互联网、物联网技术的进步和数字经济的兴起，加上中国超大规模的用户和市场，给中国互联网企业开展互联网平台商业模式创新提供了机会和可能。

本书收集的是最近几年来笔者从事的互联网平台企业商业模式案例研究的成果。这些成果大多数都已经公开发表在《财会通讯》等刊物上，其中的大部分都是笔者与在中山大学管理学院指导的硕士研究生合作完成的，对他们的帮助和支持，致以衷心的谢意！另外，这些案例研究先后受到国家自然科学基金面上项目"互联网商业模式对高管薪酬契约的影响研究"（项目批准号：71872187）、财政部会计名家培养工程项目"商业模式对企业业绩评价的影响"（2019）和国家自然科学科学基金面上项目"国企'一把手'精准激励机制研究"（项目批准号：72272156）的资助。本书也是上述国家自然科学基金和财政部名家工程项目的成果之一，特别感谢国家自然科学基金委和财政部及中国会计学会的支持！

本书共收集了13篇文章，按照案例所从事的主要行业，笔者将其归纳为四个部分：第一部分是电商篇；第二部分是游戏篇；第三部分是金融篇；第四部分是其他篇。

第一部分——电商篇，收录了四篇案例。第一篇以短视频行业的典型企业"快手"为例，就短视频平台商业模式对企业价值的影响进行了研究。研究发现，短视频企业的商业模式通过影响资源配置逻辑和盈利驱动特征，决定企业的营业利润、成长性和加权平均资本成本，实现对企业价值的影响。第二篇是拼多多案例。本篇应用商业模式三维度的分析概念模型框架，以社交电商代表企业拼多多为例，从市场定位、经营模式和盈利模式三个方面阐述了拼多多商业模式的要素构成；从财务绩效和非财务绩效两个方面对企业绩效进行同行对比分析；从收入和成本费用两个视角探讨了商业模式影响案例企业绩效的路径。第三篇是关于唯品会的案例，本篇运用商业模式三要素分析框架和财务报告信息分析了垂直电商的商业模式。唯品会的市场定位是年轻中产女性，聚焦销售大品牌时装尾货。唯品会的营销围绕股东用户提高复购率和用户黏性；物流则通过外包和"货不入仓"的方式降低成本。与综合电商不同，作为垂直电商的唯品会市场规模较小，其盈利并不来源于技术研发，而是通过较高的用户黏性，灵活调整品类保持较高的毛利能力。第四篇是关于京东和亚马逊两大中美知名电商比较案例。研究发现，亚马逊的盈利能力显著高于京东，主要原因是亚马逊以服务收入特别是消费金融服务收入拉动盈利增长，以"逆向工作法"控制成本费用。这些互联网平台的电商企业商业模式对我国同类企业具有重要启示和借鉴意义。

第二部分——游戏篇，收录了两篇案例。第一篇是关于腾讯的案例，本篇比较细致地分析了互联网平台商业模式对企业绩效考核的影响，从市场定位、经营模式和盈利模式三维度总结概括了腾讯的商业模式，并探究了该商业模式对腾讯绩效考核体系设计的影响。研究发现，腾讯的商业模式可归纳为"流量＋游戏"的网络平台商业模式，注重用户体验和提供相应增值服务是腾讯现有商业模式的两大主要特点。基于这一商业模式，腾讯构建了结果导向型的 KPI 考核模式和全面认可的激励机制。该篇被《中国管理会计》评为创刊五年来优秀论文之一，并在 2022 年《中国管理会计》创刊五周年年会上得到财政部原部长楼继伟同志的公开表扬。第二篇是关于虎牙直播的案例，本篇以虎牙直播为例，从收入动因和成本费用动因两个角度探究了虎牙直播游戏采用互联网直播商业模式对企业业绩的影响。研究发现，虎牙游戏依托互联网平台直播构建的多元化运营保障，以技术创新为推手创造企业价值的商业模式，有助于引导互联网直播企业在内容和技术双驱动条件下形成移动化、多元化发展的高效增长态势。

　　第三部分——金融篇，收录了两篇案例。第一篇是蚂蚁集团案例，本篇考虑了互联网平台金融企业具有的高增长、轻资产、数据丰富、技术领先等商业模式特点，对现有的分类加总估值方法进行修正，得出了兼具科技属性和金融属性的适合蚂蚁金服这样互联网金融服务企业的价值评估模型。第二篇是东方财富案例，本篇从市场定位、经营模式和盈利模式三个维度分析了东方财富各个阶段的商业模式特征，并且分析了其商业模式对企业财务绩效的影响及其路径。两篇案例对理解互联网平台金融服务企业商业模式及其对企业价值影响具有重要参考价值。

　　第四部分——其他篇，该部分收录了其他行业的五篇案例。第一篇是关于海尔的案例，海尔一直以来是家电行业的头部领军企业，近年来实施物联网生态品牌战略，在"产品被场景取代，行业被生态覆盖"的新时代，走出了物联网生态企业的新模式。本篇主要围绕海尔的内部激励机制，对物联网生态时代的海尔精准激励机制进行了研究，颠覆了很多传统认识，具有重要启示。第二篇是关于旅游行业的途牛旅游网和众信旅游的对比案例，本篇基于互联网商业模式下的线上旅游企业和基于传统商业模式下的线下旅游企业，从市场定位、经营模式和盈利模式三个角度进行了比较详细深入的对比分析，对认识互联网线上旅游企业的发展具有重要启示。第三篇是关于人才招聘行业的 BOSS 网络直聘为例的案例，本篇以 BOSS 直聘平台为例，研究了 BOSS直聘商业模式的构成要素及其特点，从资源配置、盈利驱动和价值创造三个角度深入挖掘了网络招聘平台商业模式对企业价值的影响及其作用机理。第四篇是关于小鹏汽车的案例，本篇探讨了互联网运营模式主导下的智能汽车制造业如何变革和调整财务组织及其功能，探索了传统汽车制造财务变革的"互联网＋"模式。第五篇是关于在线教育企业高途（跟谁学）的案例，本篇从市场定位、经营模式和盈利模式三个维度对企业商业模式进行分析，总结了高途的商业模式下的价值创造路径，分析了高途商业模式的价值创造能力传导机制，为认识在线教育商业模式及其价值创造机理提供了启示和参考。

　　在传统商业模式情景下，企业或者说厂商对顾客或者用户的体验感知基本上是滞后的，等产品或者服务提供给了客户，客户使用后，客户反馈才知道客户的体验和满意情况。这里面有多个信息传递环节都会导致信息传递失真，比如客户不认真填写满意度调查表，客户不愿意反馈，客户时间长了忘记了当时的感受，统计人员犯错，没有很好进行统计分析等，这样，厂商很难实时感知客户的体验和满意情况。传统模式下，我们无法知道客户体验这样的动因信息，大多数情况下，比较容易知道的信息是财务信息，是结果信息。动因信息在客户端，在市场端。但在互联网或者物联网时代，当客户在使用产品或者享受服务的时候，厂商可以通过互联网平台，通过后台的大模型算法及时统计分析客户偏好，实时感知前端客户的体验和满意度信息。比如我们现在每天都在使用微信，腾讯通过微信的互联网大平台，就能实时知道微信的注册用户数、活跃用户数、付费用户数、付费用户转化率、顾客抱怨数、顾客抱怨内容、顾客满意度、顾客期望、顾客忠诚度或顾客黏性等信息，这些信息基本都是动因信息。用客户信息来评价和考核，增加了企业内部考核评价的前瞻性，为改进企业未来价值创造的业绩考核评价提供了可能。这种改进将极大提高企业内部激励机制的精准性和有效性，从而激活企业内生动力和创造活力，实现企业的可持续发展。

互联网给很多企业创造了商业机会。有一次我在飞机上看到一篇院士的文章，讲到物联网或者说工业互联网时代，随着连接节点的增加，数据量将呈几何级数的增加，数据是人工智能的"粮食和奶粉"，大数据和人工智能技术的进步，将会带来更多的商业模式创新机会。物联网或者说工业互联网很多依托某个行业，每个行业可能会催生 1~2 家头部物联网企业。我们有那么多行业，加上我国具有超大规模市场的优势，也就具有超大规模的应用场景和超大规模数据优势。由此可以想见，发展得好，未来我国将可能出现更多如腾讯、阿里巴巴这样的物联网领军头部企业。充分发挥和利用物联网带来的机会，加大技术创新和产品创新力度，积极开展商业模式创新，发展新质生产力，是时代的机遇，也是现代管理学研究的丰富矿藏。

本书是笔者及所指导的学生及研究团队集体劳动的成果，参与该书内容起草、写作和修改的作者包括：中山大学管理学院副教授蔡祥；中山大学管理学院博士研究生杨世信、郑明晖；中山大学管理学院硕士研究生刘芷蕙、金淞宇、况倩、徐瑞、陈诗薇、梁瑞欣、王睿、赖婕、范锶丹、陆筱彤；中山大学管理学院本科生谢思敏、张新宇；广东轻工职业技术学院审计处长高海燕；广东碧桂园学校肖梓耀。此外，笔者所指导的部分访问学者参与了一些案例的修改工作，他们是广州新华学院会计学院教师郭瑞营、柳州城市职业学院教师李婷婷、贵州广播电视大学教师柴源源、广州工商学院教师张小才、广州工商学院教师黄璐、广东行政职业学院教师曾昭坤。本书的案例只是我们团队做的一些初步探索，希望对帮助认识和了解互联网平台商业模式的特征，理解这些商业模式对企业业绩评价和激励机制进而对企业价值的影响有所帮助。本书的出版也得到广州新华学院会计学国家一流专业建设项目的支持，在此一并致谢！希望本书的出版，也对管理学、会计学、管理会计学教学和人才培养以及科研和学科建设有所帮助有所贡献。受作者水平和能力有限，尽管我们团队尽到了一定的努力，但一定还存在不少不足和缺陷，敬请广大读者和同行批评指正！

刘运国

2024 年 7 月 3 日于中山大学康乐园

目　录

电商篇

短视频平台商业模式对企业价值的影响研究——基于"快手"的案例／3

社交电商商业模式对企业绩效的影响研究——基于拼多多的案例／26

如何利用财务报告分析垂直电商的商业模式——以唯品会为例／50

中美电商企业业绩差异及其形成机理研究——基于京东和亚马逊的
案例／62

游戏篇

互联网平台商业模式对企业绩效管理的影响研究——基于腾讯的案例
分析／87

游戏直播商业模式对企业业绩的影响研究——基于虎牙直播的案例
分析／99

金融篇

互联网金融企业的价值评估研究——以蚂蚁集团为例／123

互联网财富管理平台商业模式对企业财务绩效的影响研究——以东方
财富为例／157

其他篇

物联网生态时代的精准激励机制研究——基于海尔的案例／179

互联网商业模式对旅游企业的影响研究——基于途牛旅游网和众信
旅游的案例对比分析／199

网络招聘平台商业模式对企业价值的影响及机理研究——以 BOSS 直聘
　　为例／225

互联网遇上汽车制造：小鹏汽车的财务职能嬗变与挑战／246

在线教育商业模式对企业价值创造能力的影响研究——基于高途
　　（跟谁学）的案例／257

电 商 篇

短视频平台商业模式对企业价值的影响研究
——基于"快手"的案例

摘要： 文章以短视频行业典型企业"快手"为例，结合行业估值特点和企业商业模式特点，对用于互联网企业价值评估的 DEVA 模型进行修正，以单体初始投资成本、市场占有率、活跃用户数量等非财务指标为核心，解除了企业价值评估严重依赖财务数据和盈利预测的限制。研究发现，短视频企业的商业模式通过影响资源配置逻辑和盈利驱动特征，决定企业的营业利润、成长性和加权平均资本成本，最终实现对企业价值的影响。研究结论填补了商业模式对企业价值影响方式和路径的研究空白，也为短视频企业商业模式创新和战略调整提供了理论支持，丰富了短视频企业价值评估工具。

关键词： 短视频平台；商业模式；估值；企业价值

一、引言

在互联网和信息技术引领的新经济时代，许多新颖独特的经济形态和商业模式开始出现。短视频平台正是近几年来迅速崛起的一种内容社交生态，因其富有吸引力的视听内容和极具盈利潜能的商业模式，受到网民的喜爱和投资者的广泛关注。短视频平台占据了大量碎片化时间，大众对此类应用软件的依赖程度只增不减，旺盛的内容消费需求背后所蕴含着的是巨大的商业价值。短视频平台独特的商业模式造就了企业的价值增长和行业的快速发展，通过研究短视频平台的商业模式，厘清商业模式对企业价值的影响路径，可以帮助企业有针对性地对商业模式进行动态调整，从而维系有利的市场地位。不难预见的短视频行业仍会有不少新进入者，如何合理高效地对短视频企业进行估值是创业团队和投资者都在着力解决的问题。常见的估值方法或是基于财务报表中的数据资料，或是基于企业未来的盈利能力及现金流水平来开展企业价值评估，且往往存在多个需要预测的参数和诸多会计假设（张先治，2000）。对于运营短视频平台的企业而言，用户资源、品牌影响力、创新能力等表外资产至关重要，其表内资产占比较低且通常以轻资产为主，如此一来，财务报表涵盖的资产价值无法恰当地反映企业真实价值。由于短视频平台在创立初期往往会经历亏损，企业未来发展前景的不确定性高，企业的利润和现金流预测变得非常棘手。在此背景下，亟须为短视频企业寻找新的估值方法。"快手"是最早涉足短视频行业的企业之一，经过近十年的市场探索和产品版本的迭代升级，如今快手短视频在全球范围内已享有难以撼动的行业地位。尽管快手成立六年后才开始变现，2018 年才试水电商业务，但坚实的用户基础和商品成交总额的强劲增长，使快手成为炙手可热的投资标的。快手上市后股价表现抢眼，首日收盘市值达到了 1.2 万亿港元。尽管如此，从快手发布的财务报告来看，其上市前夕还处于亏损状态。这种低盈利水平和高企业价值之间存在的矛盾值得关注和思考，同时印证了的确需要新的估值方式从不同的角度来衡量短视频企业的价值。

本文从"快手"这一实际案例出发，探究短视频企业合理的估值方法，并试图阐明短视频商业模式影响企业价值的逻辑链条，使商业模式创新有章可循。同时，本文对基础的 DEVA 模型①进行修正，将市场占有率、用户数量、单个客户初始投资等非财务因素进行了量化，在估值方法上有所创新，丰富了对短视频企业估值的方法，完善了当前的价值评估体系。此外，由于互联网企业在上市前往往经过多轮融资，结合行业估值特征创新估值方法可以减少投资风险，降低投资"泡沫"，以期能更好地实现投资双方的公平交易。

二、"快手"短视频平台商业模式构建

根据艾瑞咨询的数据，截至 2020 年 9 月，"快手"是全球范围内以打赏流水和月付费用户数量计算最大的直播平台，以日活跃用户数量计算的第二大短视频平台和以商品交易总额计算的第二大直播电商平台。"快手"是最早的短视频平台之一，它的前身是"快手 GIF"②——一款动图制作软件，所以最初"快手"平台上的短视频更像是具备声音的 GIF，而搞笑、生活类别的视频占据了较高比例。"快手"短视频一直以来都是可以免费下载使用，其品牌虽然经过了多次改动，但都传达出面向普通大众，尊重每一位用户情

---

① DEVA（Discounted Equity Valuation Analysis）模型，即股权折现估值分析模型。
② GIF（Graphics Interchange Format），图形交换格式。

感表达的价值观。基于此，"快手"早期未邀请太多明星入驻平台，并鼓励大家记录和分享自己真实的生活。正是因为"快手"容易被接受的品牌形象，其用户在三、四线城市尤为集中，业内人士形象地将此比作"农村包围城市"的发展路线。"快手"在流量分发层面也未向网红和"大V"倾斜，而是通过大数据技术和后台系统洞察用户的社交互动关系和兴趣爱好，"去中心化"地进行内容推荐。这种"普惠式"的分发逻辑虽然不易促使平台爆款短视频和爆款话题的产生，却造就了"快手"区别于其他平台的"老铁"文化，诞生了"快手"的几大热门"家族"。现今互联网企业都在追求的私域流量早已在"快手"平台的"老铁"关系中得到了自然沉淀，这增加了用户的付费意愿以及用户间的互动意愿，包括直播打赏、视频转载、点赞、评论，以及建立在较高信任度之上的电商产品购买等。"快手"通过其独特的商业模式构建了丰富多元的内容社区，并通过用户之间的强社交关系形成了商业壁垒，持续发掘新的变现途径以不断提高自身价值，"快手"在上市前已经获得了多轮融资，总融资额在48亿美元左右。2021年2月5日"快手"以中国"短视频第一股"的身份在港交所上市。本次的上市主体是"快手科技"，2014年2月11日注册于开曼群岛，是"快手"集团的控股公司。2021年1月26日更新发布的"快手"招股书中载明IPO发行价格区间为105～115港元/股，最终以区间上限115港元/股发行。上市首日其开盘价格一度上涨了193%，达到338港元/股，当天以300港元/股的价格收盘，涨幅为160.87%。以首日收盘总市值1.23万亿港元计算，"快手"市值在所有港股中位列第九，在互联网中概股中位列第四（前三分别为腾讯、阿里巴巴和美团）。下面将就"快手"短视频平台商业模式构成要素进行分析。

1. 定位

"快手"的定位是站在用户需求角度，开发产品和提供服务，在满足用户需求的过程中实现企业经营目标，达到价值共创的目的。下文从产品定位、用户定位以及平台定位三方面更为清晰地分析"快手"定位。

第一，产品定位。"快手"的产品定位根据内容形式和平台功能的不同可以明显地划分为前期GIF时代和后期短视频时代两个阶段。GIF时代"快手"的主要产品定位是制作动图的工具型软件，功能单一、社交属性欠缺，这一定位注定了其企业价值面临较大制约。2012年，"快手"认识到了GIF的短板，开始在短视频领域布局，这是"快手"产品定位的重大转折点，

"快手"开始为用户展示截然不同的视觉消费内容，用户在平台内的互动行为频次大大增加。

第二，用户定位。企业的用户定位由其划定的目标受众群体决定，不同的用户定位下会产生不同的运营策略。"快手"认准了下沉市场的用户空间，一开始就将二三四线城市和农村地区的消费者确定为自己的主要目标群体，同时逐渐向一线城市渗透，主要面向年轻群体，用户定位相当明确。"快手"的用户画像充分地体现了其一直以来的用户定位，用户定位和运营策略的契合使得"快手"的用户数量不断增加。如图 1 所示，"快手"用户的年龄分布非常集中，35 周岁以下人群占据了 86.41% 的比例，而用户的性别比例分布则比较均衡，男性略多。从图 1（d）可以看出，除北京、广州外，"快手"在其他一线城市的用户占比不高，主要集中在哈尔滨、沈阳、成都等城市。这样的用户分布特征带动了一些价格低廉的日化用品在"快手"平台的销量，也使得用户在彼此的互动中获得了归属感和社交成就。

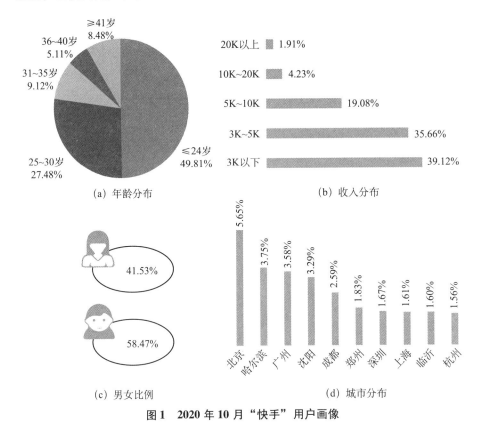

(a) 年龄分布 (b) 收入分布

(c) 男女比例 (d) 城市分布

图 1　2020 年 10 月"快手"用户画像

资料来源：根据快手招股说明书整理。

第三，平台定位。"快手"是目前短视频领域内的佼佼者，平台定位于面向用户和机构的双平台模式，这是因为短视频平台具有两大明显特征：一是平台上用户的角色是流动的、可相互转换的；二是平台通过流量获取收益、创造价值。从面向用户的角度来看，"快手"之所以具有强大的社交效应，是因为平台内容的提供者可以自由切换为平台内容的观众、消费者。从面向机构的角度来看，"快手"和品牌商、支付渠道、第三方数据服务平台等机构建立了良好的合作关系，各方围绕"快手"这一流量池产生价值的创造和交换。

2. 业务系统

业务系统是商业模式的核心构成要素。当企业置身业务系统中时，将和内外部利益相关者发生不同的业务往来，扮演多种不同的角色，由此实现自身定位。用户群、内容生产者、数据服务提供商、广告主等都是"快手"重要的利益相关者，他们在"快手"业务系统中进行着价值的创造和资源的交换。由图2"快手"的利益相关者交易结构中可以发现，"快手"在平台运

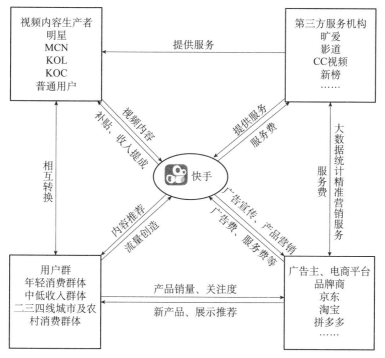

图2 "快手"利益相关者交易结构

资料来源：根据快手招股说明书及其年报整理。

营的过程中发生的主要交易和扮演的角色如下：一是向内容生产者发放补贴、给予流量支持等以激励其不断进行内容创作。内容生产者不仅包括专业从事短视频内容制作的 KOL①、中介机构 MCN②、KOC③ 也包括了人数占比最高的普通用户。二是利用大数据技术向用户群源源不断地推送其可能感兴趣的直播间、短视频。正是不断累积的用户产生了"快手"的流量价值，用户群和内容生产者两个角色是可以相互转换的。三是为品牌商、电商平台的产品或品牌提供广告位从而达到品牌宣传或产品促销的作用，并按照计费规则收取线上营销服务费。四是向专业的第三方服务机构寻求技术支持，购买云计算、大数据等服务以提高平台技术实力，并支付服务费。

处于业务系统中的每一个成员都必须对自己的角色有清晰明确的认知，这是充分利用"快手"的平台优势实现多赢的前提。而"快手"本身还需要具备资源统筹能力，加强利益相关者之间的联动，保证整个业务系统的协调统一，这样才能在众多短视频企业中持续获得竞争优势。

3. 关键资源能力

短视频企业需要具备一系列重要资源和突出能力才能在竞争激烈的行业中得以长期生存。虽然每个企业发展的侧重点不同，但短视频企业均应该具备的关键资源能力有如下四个：一是优质内容的供给和传播能力以及成熟的视频内容审核技术；二是资源整合和系统优化能力，通过资源整合提高资源利用效率，扬长避短；三是良好的机构间合作关系，为变现渠道的开发提供更多可能性；四是强大的技术实力，在内容审核、分发、产品版本更新等环节都依赖于平台的技术支持。

"快手"在十年的发展过程中已经逐步掌握了独有的资源和能力，且还在不断进行探索。在直播方面，"快手"非常重视账号数据和用户数据的采集和分析，通过"飞瓜数据"平台可以对用户画像、直播数据等进行查询；在广告业务方面，"快手"专门为商业化营销服务创立了"磁力引擎"平台，该平台将"快手"所有的线上营销产品进行集中展示和介绍，并利用历史投放数据在品牌商和最符合品牌调性④的"快手"达人间进行撮合，提高成交

---

① KOL（Key Opinion Leader），关键意见领袖。

② MCN（Multi-Channel Network），多渠道网络服务者，是网红经济的产物，将专业高质量的内容和有经验的推广手段结合以实现强传播效应的机构。

③ KOC（Key Opinion Consumer），关键意见消费者，指能影响他人消费行为的消费者。

④ 品牌调性是基于品牌外在表现而形成的市场印象，从品牌人格化的模式来说，等同于人的性格。

效率；在电商业务方面，虽然 2018 年 8 月才起步，但凭借平台实力，"快手"已经和淘宝、拼多多等大型电商平台建立了全方位的合作关系，此外还打通了和"魔筷 TV"小程序的连接通道，通过短视频可以直接跳转到购买链接，提高了购物的便捷程度；在文化和公益方面，"快手"通过用户的地域分布特征对承载了民风民俗的内容进行有针对性的推广，出现了"李子柒""华农兄弟"等比较知名的账号，在公益活动中发挥了直播的功能优势，使农产品实现了跨区域的推广和销售，并且成立了责任部门对项目工作进行推进和落实。据"快手"大数据研究院报告，截至 2020 年初，在"快手"平台获利的人数已经突破了 2 000 万，其中来自国家级贫困地区的有逾 500 万人，"快手"在谋求自身发展的同时为国家扶贫脱贫工作作出了贡献。

4. 盈利模式

从收入产生来源来看，"快手"的盈利模式可分为两大板块：一是产生于平台与平台间的营销活动；二是产生于平台用户间的互动行为。

（1）直播虚拟礼物销售。不同于观看传统的电视节目，用户在直播间可以和主播进行即时的互动，购买虚拟礼物对主播进行打赏。"快手"从虚拟礼物销售中赚取收入，并和主播进行分成，此外支付渠道会收取一定的服务费。用户的打赏、评论等行为都是对主播内容的即时反馈，能帮助主播进一步修正直播内容和风格以迎合用户市场（杨文华，2019）。

（2）营销推广服务。广告的投播量反映了"快手"的线上营销能力，是直接决定其盈利多寡的重要因素之一，"快手"会事先和广告主签订广告投放协议，由广告主提供广告素材，广告穿插在短视频中，或融入短视频形成原生广告，实现自然、易接受的营销效果。"快手"还会利用大数据、云计算等技术将广告精准推送给产品的目标客户。不仅如此，品牌商还可以设立"快手"官方号，实现品牌拟人化，和其他用户互动，提高品牌的曝光度。除了面向品牌的营销服务外，"快手"部分创意贴纸是需要付费的，用户可以使用贴纸和特效提高视频内容的精彩度，"快手"也提供面向用户的"快手"粉条业务，购买后可以增加自己视频的浏览量，从而提高粉丝数量。

（3）电商业务。电商业务自成立以来，正在加速推动流量涌入"快手"平台。通过直播带货的形式，主播能够获得比礼物打赏更直接、更丰厚的收入回报。用户在直播间与主播进行互动的过程中增加了彼此的了解和信任，在此基础上通过"快手"提供的便捷的购物流程可以完成产品的购买。"快手"因提供了交易平台和技术支持,在产品售出后可以获得服务费。

根据阿里研究院的公开数据,自 2017 年以来,全国的直播电商商品交易总额高速增长(见图 3)。从淘宝、抖音和"快手"几大平台的市场份额来看,淘宝一直稳居第一。同时,"快手"的带货能力也不容小觑,"快手"的直播成交额呈线性增长,并且一直领先于同为短视频平台的抖音。网经社测算,2020 年"快手"直播电商成交额市场占比将达到 25%,总金额约为 2 500 亿元。

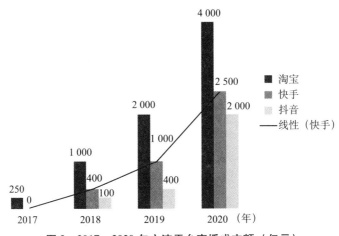

图 3 2017 ~ 2020 年主流平台直播成交额(亿元)

5. 现金流量结构

在现金流流入方面,"快手"主要有以下几个资金流入项目:初期积极寻找投资方,获得多轮投资;主营业务收入,包括虚拟礼物销售、提供线上营销服务、电商业务服务费等。在金融资产销售方面,"快手"主要有以下几个资金流出项目:企业经营所需的物业、设备和无形资产的购买和租用;购买金融资产;为保证内容的产出和质量,向视频创作者提供的资金支持以及给予主播的分成;为提高"快手"品牌知名度和平台下载量花费的线上线下营销费用。

6. 企业价值

(1)市场价值。"快手"在上市前的 A-F 轮融资过程中,市场估值从 2014 年 6 月的 3 800 万美元上升到 2020 年 2 月的 223.56 亿美元,上市后达到首日的 1.23 万亿港元(约 1 586 亿美元),"快手"的发展进程也是其市值飞速攀升的过程。

（2）流量价值。整个移动互联网的发展史其实也是流量的迁移史，谁掌握了流量，谁就具有商业价值和话语权（Amit and Zott，2001）。根据"快手"发布的招股说明书，截至 2020 年 9 月，"快手"全域（"快手"主站和极速版）的日活跃用户数量达到了 3.05 亿，每位日活跃用户的单日平均使用时长在 86 分钟以上，视频和直播的转赞评总数达到 2.34 万亿。抢眼的数据背后是"快手"巨大的流量价值，"快手"和抖音、淘宝都不一样，既然平台的变现依赖于用户，所以"快手"也将流量的决定权交还给用户，和用户共享流量价值，每个人都可以建立自己的私域流量，从而形成一个有机融合的商业闭环。

（3）品牌传播价值。"快手"突出的品牌传播价值是客户选择其作为首选渠道的原因。首先，短视频作为一种动态展现的形式，更有助于消费者充分了解产品的特性，实现场景化营销；其次，"快手"强大的数据推算系统能在很大程度上降低无效营销的概率，提高客户的广告投放回报。

（4）线上渗透和线下引导价值。随着短视频平台的发展，平台功能越来越多元化，"快手""内容＋社交"的平台属性强化了客户间分享、传播、私信等功能，网友在线上获取餐饮、旅游景点等信息后在线下进行打卡，催生了一大批网红景点、网红美食（王水莲、李志刚和杜莹莹，2019）。

三、"快手"短视频平台企业价值估值分析

（一）商业模式反映出的估值要求

1. 关键资源能力多为表外资源

业务系统是"快手"商业模式的核心，描述了"快手"在不同业务环节的利益相关者和各自扮演的角色。业务系统决定了"快手"需要的关键资源能力，不难看出，"快手"同大多数互联网企业一样，维系和优化其业务系统所需要的关键资源并非企业所拥有的厂房、生产设备等表内资源的数量和规模，其需要的关键能力也不在于利用生产资料制造产品的效率，而是资源整合能力、数据分析能力、品牌吸引力等表外资源。在此情形下，使用资产基础法估值无法将最为重要的表外资源计算在内，这是资产基础法的天然缺陷。

2. 盈利模式多元化，注重生态打造

"快手"有三大主要的收入来源，并在持续进行变现渠道的开发。"快手"的盈利模式不同于单纯的视频网站，如哔哩哔哩、爱奇艺、优酷等；也

不同于直播网站，如虎牙直播、斗鱼直播等；更不是专营电商业务的网站。"快手"力图打造业务板块相互联动形成的生态系统，生态系统的形成可以降低企业的边际成本，而并非只是增加了企业的收入来源。当前在盈利模式和规模体量上最接近"快手"的是抖音，但两个平台的底层价值观和定位不同："快手"提倡拥抱每一种生活，更能发挥长尾效应①；而抖音强调记录美好生活，注重对内容的包装和爆款话题的打造。所以两个平台的盈利侧重点不同，"快手"的强社交关系使其在直播收入方面占据了优势，在电商业务方面表现为极高的复购率，而抖音则因为较为时尚的观感更能体现某些高端品牌的调性，在线上营销业务收入方面遥遥领先于"快手"。目前抖音还未上市，详细的财务资料和公允的市场价值无法获取。如果使用市场法对"快手"进行价值评估，难以找到可比性高且评估数据易获取的对标企业。

3. 盈利不稳定，现金流难预测

虽然目前构成"快手"现金流的流入和流出项目比较固定，但是由于"快手"会根据市场环境的变化适时调整竞争策略，所以企业的净利润和现金流具体金额难以预测。平台仍未进入稳定盈利的阶段，收益法对"快手"而言也不适用。

（二）"快手"估值分析

1. DEVA 基础模型

DEVA 模型最早由来自摩根士丹利的证券分析师 Mary Meeker 提出，该模型的理论依据是对互联网投资界产生重大影响的梅特卡夫法则（张雪梅和马心怡，2021）。互联网企业通过不断升级改版产品和开展营销推广活动拓宽用户资源，从而扭亏为盈并谋求长远发展，正是因为发掘了互联网企业的这一发展特性，Meeker 将用户规模作为企业价值增长的核心驱动因素，并认为互联网企业的内在价值由企业对单个用户投入的原始成本和用户价值贡献共同决定。对于短视频平台而言，用户价值包括互动分享价值和用户规模价值，DEVA 模型将用户价值和企业价值之间的关系指数化，模型的公式如下：

---

① 长尾效应（Long Tail Effect）由美国《连线》杂志的主编克里斯·安德森（Chris Anderson）于 2004 年提出，指的是微小的市场需求累计形成比主流市场更大的需求，从而带来更大的总利润。

$$E = M \times C^2$$

其中，E 表示待评估的互联网企业价值；M 表示企业对单个用户的初始投资成本；C 表示用户价值贡献。其估值原理就是将企业的初始投资成本平摊到每个用户身上，并为用户之间的互动行为赋予一定的价值。

2. DEVA 模型的修正

虽然 DEVA 模型对互联网企业适用度高，但原始模型依然存在比较大的缺陷，将其直接用于价值评估会使得估值结果与企业内在价值存在隐形偏离，这既不利于企业自身的决策判断，也有碍市场公平交易的进行。本文对传统 DEVA 模型的参数、函数关系等进行修正，并引入新的参数以便合理评估短视频企业的价值。

（1）企业价值和用户价值之间的关系修正。首先修正的是互联网企业价值与用户价值贡献间的关系。由于社交平台的价值不会随着用户数量的增加而无限增长，而在到达某一数值后保持稳定，因此原始 DEVA 模型中的二次方关系不成立。在定量分析前，可以先假设企业价值和用户数量之间的关系介于线性增长和指数增长之间。如果只是定性分析，企业价值与用户数量的关系大概率兼具线性和指数性，即企业价值增长介于线性增长和指数增长之间。定量分析是进行估值的前提，在此可以借助齐普夫定律（Applegate，2001），在定量分析前，可以假设企业价值和用户数量之间的关系介于线性增长和指数增长之间。假设某短视频平台用户数合计为 N，用户通过相互间的影响和互动创造价值，根据奇普夫定律，每个用户对其他用户的影响依据关系紧密程度逐渐衰减，单个用户对企业的价值贡献应为 $1 + 1/2 + 1/3 + 1/4 + \cdots + 1/(N-1)$，求和的结果近似等于 $\ln(N)$，那么 N 个用户对企业总的价值贡献就是 $N \times \ln(N)$。经过该步骤修正后的 DEVA 模型公式为：

$$E = M \times N \times \ln(N)$$

（2）用户价值内涵修正。随着对网民需求的不断发掘和互联网技术的发展，市面上的软件越来越多样化，而且互联网企业本身也通过不同渠道投放了大量的宣传广告，用户面临着不胜其数的选择，当其下载某一款软件时，可能只是为了满足好奇心，也有可能在使用一段时间后因为各种各样的原因卸载该软件。所以，虽然短视频平台的用户数量以惊人的速度增加，但是也伴随着用户的流失。对于短视频平台而言，"僵尸用户"指的是下载软件后不注册，或者注册后极少登录账号，更没有点赞、评论、打赏等互动行为，也不会在平台购物的用户，此类用户显然不会对企业创造任何价值，所以在估值的时候应该将"僵尸用户"剔除在外。DEVA 模型未阐明用户价值的具体计量方式，如果将所有的注册用户都考虑在内会严重高估企业价值，所以在此要明确用户价值仅由活跃用户产生。

目前在互联网行业中通常使用 ARPU 值①来衡量某一时间段内单个用户价值贡献，时间段通常按月或年划分，ARPU 值可评价商业模式或者企业经营的效率。ARPU 值是源于电信行业的概念，由于互联网行业和电信行业都依赖用户增长获取收益，且对用户收取相应的费用，ARPU 值可以有效地反映活跃用户的变现水平，所以将其作为评估短视频企业价值的重要参数之一。以下为 ARPU 值的计算公式：

$$\text{ARPU 值} = \frac{\text{企业年收入}}{\text{活跃用户数}}$$

然而，活跃用户也有可能成为流失用户，例如没有时间再使用短视频平台、有了新的取代短视频平台的软件或是因为审美疲劳转而使用其他短视频平台等，所以还应思考如何评价短视频平台活跃用户的黏性。用户留存率指标可以近似反映活跃用户黏性，用户留存率常以日、周、月为节点计算（Afuah A and Tucci C L，2003）。考虑短视频行业的实际情况，比如用户在下载短视频平台后，一般在一周的时间里可全方位体验浏览视频，线上购物，观看直播并选择是否打赏，以及转发分享、点赞、评论等互动行为。所以如果在一周后用户还选择继续登录使用平台，说明其对该款软件具有一定的忠诚度，则可将用户视作可为企业创造价值的留存用户。所以，为短视频企业选择一周留存率（或称 7 日留存率）衡量活跃用户黏性是最合适的。一周留存率（R_w）的计算公式为：

$$R_w = \frac{\text{自注册日起，第 7 天还登录的用户数}}{\text{注册日新增用户数}}$$

综上所述，改进后的用户价值可以表示为：

$$C = MAU \times ARPU \times R_w$$

其中，MAU 表示月活跃用户数。

明确用户价值之内涵后，DEVA 模型演变为：

$$E = M \times (MAU \times ARPU \times R_w) \times \ln(MAU \times ARPU \times R_w)$$

---

① ARPU（Average Revenue Per User）即用户收入贡献均值。

（3）引入代表行业地位的参数。马太效应在短视频行业体现得淋漓尽致，所以在对短视频企业进行价值评估时，理应考虑如何量化企业的行业地位。基础的 DEVA 模型仅仅将用户价值作为核心驱动因素，忽略了在马太效应的作用下企业所处的行业地位对自身价值的影响，故在此进行修正：将企业的市场占有率 S 作为参数引入模型，以体现出居于行业前列的企业所具有的强者愈强的价值走向。

市场份额也被称作市场占有率，指的是企业产品的销量或销售额在同类产品市场或行业中所占据的比重（Alford A W，1992）。市场占有率越高的企业其行业地位也越高，也具有更强的竞争力，市场占有率是动态变化的，其计算公式如下：

$$S = \frac{企业年收入}{行业总收入规模}$$

至此，DEVA 模型修正为：

$$E = M \times S \times (MAU \times ARPU \times R_w) \times \ln(MAU \times ARPU \times R_w)$$

（4）单个用户初始投资成本。"初始"两字容易使人联想到公司开立之初的注册成本，然而注册成本并不等于实际缴纳的资本，更不等于实际投入经营的成本。即便企业实际缴纳的资本和注册资本相等，企业在刚成立的时候是几乎没有客户的，无法计算单体初始投入。短视频企业在运营的前期往往经过多轮融资，融资目的通常是维持企业生存或是扩大经营规模，即融得的资金大部分都投入到了实际运营中，对于短视频企业来说，单体初始投资可以用早期融资总额除以对应时期按月需维持的累计活跃用户数量。具体计算公式如下：

$$M = \frac{\sum_1^n F_t}{\sum_1^n P_t}$$

其中，F_t 表示第 t 次融资金额；P_t 表示第 t 月需维护的活跃用户数。

经过以上修正过程，用于短视频企业估值的 DEVA 模型如下：

$$E = \frac{\sum_1^n F_t}{\sum_1^n P_t} \times S \times (MAU \times ARPU \times R_w) \times \ln(MAU \times ARPU \times R_w)$$

修正后的 DEVA 估值模型弥补了基础模型的缺陷，经过对参数的量化提高了模型的适用性，模型的内涵也更为丰富，并且更能彰显短视频企业的价值特征，能发挥一定的企业评估作用。首先，基于邓巴数字理论使得企业价值和用户价值之间的关系更为合理。其次，区分了活跃用户和"僵尸用户"，明确了活跃用户才是价值创造的来源，同时将活跃用户黏性加以考虑，使得用户价值更加真实。再次，引入企业市场占有率作为参数之一，充分考虑了马太效应的实际影响。最后，从单体初始投资成本的内涵出发，明确了其计算方式。此模型针对处于初创期和成长期的短视频企业适用性较强。

使用修正后的模型得到估值结果后，可以验证其与市场价格的误差率，验证公式如下：

$$e = \frac{|E - M_sV|}{M_sV_t} \times 100\%$$

其中，e 表示误差率；E 表示使用修正后 DEVA 模型得到的估值结果；M_sV 表示市场价值。

3. 使用修正后的 DEVA 模型评估"快手"价值

（1）单个用户初始投资成本。单个用户初始投资成本指的是企业初始投资成本与用户数之比。对于"快手"而言，较为合理的初始投资成本应为上市前各轮融资的累计金额。用户数则是对应时期内的月活跃用户数额。

"快手"招股说明书中的相关财务数据如表 1 和表 2 所示，可以进行如下计算，本文表格资料均来源于快手招股说明书及艾瑞咨询。

表1   "快手"上市前融资情况一览表

融资轮次	时间	对价金额/（美元）	历次融资前估值/（美元）
A 轮	2014 年 6 月	1 317 830	38 000 000
B 轮	2014 年 7 月	19 750 000	61 000 000
	2015 年 4 月	2 000 000	592 000 000
C 轮	2015 年 2 月	110 000 000	582 000 000
	2015 年 7 月	20 000 000	732 000 000
D 轮	2016 年 1 月	128 500 000	1 032 000 000
	2017 年 3 月	350 000 000	1 838 000 000
E 轮	2018 年 3 月	1 000 000 000	11 804 000 000
	2019 年 9 月	180 000 000	13 097 000 000
F 轮	2020 年 2 月	600 000 000	22 356 000 000
	2020 年 2 月	2 400 000 000	22 356 000 000

表2   2017～2020年9月"快手"活跃用户数及使用时长

	2017年	2018年	2019年	2019年 1～9月	2020年 1～9月
平均日活跃用户（百万）	66.7	117.1	175.6	165.2	262.4
平均月活跃用户（百万）	136.3	240.7	330.4	311.7	482.9
单个日活跃用户日均使用时长（分钟）	52.7	64.9	74.6	74.0	86.3

$$上市前总融资额 = 1\ 317\ 830 + 19\ 750\ 000 + \cdots + 2\ 400\ 000\ 000$$
$$= 48.11\ （亿美元）$$
$$上市前活跃用户总数 = （136.3 + 240.7 + 330.4）\times 12 + 482.9 \times 9$$
$$= 12\ 835\ （百万人）$$

根据外汇管理局数据查询，2020年9月30日人民币兑美元中间价为6.81，故计算得出：单个用户初始投资成本 $M = 48.11 \times 6.81 \times 100 \div 12\ 835 \approx 2.55$（元/人）。

（2）活跃用户价值相关参数。要确定"快手"活跃用户价值，首先需要明确用户收入贡献均值ARPU以及7日留存率 R_w。

2020年前九个月，"快手"共创造了近407亿元的收入，平均每月45.2亿元，全年收入近似为542.4亿元，同期"快手"的月活跃用户数为4.83亿人。因此，ARPU = 542.4 ÷ 4.83 ≈ 112.31（元/人）。

根据Quest Mobile的数据，在国内所有的应用软件中，微信新用户的7日留存率最高，排在第二位的就是"快手"，"快手"的7日留存率为84.44%。

（3）市场占有率。处于风口的短视频行业吸引着大量新进入者，随着行业规模的扩大，"快手"的市场份额在逐年降低，估值时取2020年的预测数值36.06%（见表3）。

表3   2017～2020年"快手"收入及短视频行业规模

	2017年		2018年		2019年		2020年（预测）	
	人民币（亿元）	市场份额（%）	人民币（亿元）	市场份额（%）	人民币（亿元）	市场份额（%）	人民币（亿元）	市场份额（%）
"快手"收入	83.4	51.23	203	43.45	391.2	38.87	542.67	36.06
短视频行业市场规模	162.8	—	467.18	—	1 006.52	—	1 504.89	—

至此，估值模型中所需的参数都一一确定，故"快手"的企业价值计算如下：

$$E = M \times S \times (MAU \times ARPU \times R_w) \times \ln(MAU \times ARPU \times R_w)$$
$$= 2.55 \times 0.3606 \times (4.829 \times 108 \times 112.31 \times 0.844)$$
$$\times \ln(4.829 \times 108 \times 112.31 \times 0.844)$$
$$\approx 1.03 \text{（万亿元人民币）}$$
$$\approx 1.17 \text{（万亿港元）}$$

"快手" IPO 发行价为 115 港元/股，上市首日股票以 300 港元/股的价格收盘，总市值为 1.23 万亿港元。所以估值的误差率为 4.54%。

四、"快手"商业模式对企业价值影响的路径分析

使用经济增加值（EVA）理论进行企业价值评估时，将企业价值分为两部分：一是企业的初始投资资本，可以理解为估值时点的账面价值；二是企业通过持续经营创造 EVA 的现值，EVA 受企业营业利润及资本成本的影响（朱武祥和魏炜，2007）。根据"快手"目前的经营状况，企业未来的现金流和收入等都无法很好地预计，所以该理论难以定量地评估出企业的具体价值。但 EVA 理论可用于定性分析短视频平台商业模式对企业价值的影响路径。

商业模式设计指的是企业通过精准定位目标用户，并构建与不同利益相关者之间的交易结构，从而使企业能够从中获取利润（韩洪灵、陈帅弟和陆旭米，2021）。因此，商业模式反映出企业获取利润的逻辑，对应到企业财务中即为企业的收入和成本构成，也就是盈利驱动特征，盈利驱动特征解答的是企业如何进行价值创造的问题。从这个角度而言，商业模式决定了企业的盈利驱动特征。而盈利驱动特征会影响营业利润，进而影响再投资及企业的成长，最终会持续地对企业各期营业利润带来影响。

资源配置是企业追逐利润的前提和基础，解答的是企业为什么进行价值创造的问题。资源配置包括了资产配置和资本配置两方面。其研究逻辑是：商业模式—投资活动—筹资活动，即企业投资活动是由商业模式所决定的，投资活动决定企业的筹资活动，筹资活动也可以反作用于投资活动。通常，资产配置是投资活动的财务结果，而资本配置是企业筹资活动的财务结果，所以投资活动决定了资产配置（资产负债表的左边），而筹资活动决定了企业的资本配置（资产负债表的右边）。资产配置在一定程度上体现了投资状况，并与盈利驱动特征相结合影响营业利润，进而影响再投资，从而影响企

业的成长性。而资本配置通过影响企业的加权平均资本成本影响企业的价值。资源配置通过影响企业营业利润、成长性和加权平均资本对企业价值形成影响。因此，盈利驱动特征、资源配置两者会通过影响企业的成长性或者加权平均资本成本而影响企业价值，而盈利驱动特征和资源配置取决于企业的商业模式。

（一）盈利驱动特征

1. 收入结构

"快手"有三大变现途径：直播、线上营销、电商。根据"快手"的财务报表，截至 2020 年 9 月，在"快手"的主要收入来源中，直播收入占比 62.2%，线上营销业务占比 32.8%，其他业务（含电商）占比 5.0%。其中，直播收入虽占比最高，但该比例呈现逐年下降的趋势。

2. 成本结构

"快手"的商业模式成本结构特征可概括为：变动成本稳中有降、固定成本战略性提升。其一，变动成本稳中有降。低变动成本是低边际成本的基础，而低边际成本（甚至是零边际成本）是互联网企业通过用户增长实现规模经济的前提。"快手"的营业成本主要包括主播的收入分成、支付渠道的手续费和随收入变化的各类税费等。由于这些成本与营业收入保持正比例关系，因此可将其定义为变动成本。目前，直播收入依然占比较高，需要支付给主播大量分成，但是随着收入渠道的多元化，此部分业务占比将继续下降。由表4可知，主播分成占收入的比例从 2017 年的 52.7% 降至 2020 年 9 月的 35.2%，降幅明显。其二，固定成本战略性提升。"快手"轻资产运营的特性使固定资产折旧、无形资产摊销等固定成本占比较低且波动较小，但营业费用导致固定成本持续增加。营业费用主要包括一般管理费用、市场销售费用、产品开发费用，这三类营业费用与"快手"的发展战略有关，并未严格地随营业收入变动而变动，故将其定义为固定成本。"快手"在招股说明书中提到未来一段时间内将继续加大推广力度和产品创新以吸引更多用户加入平台，这项略举措将持续增加研发投入和营销费用，使得固定成本上升。"快手"商业模式的收入结构和特殊的成本结构共同决定了其高毛利率和低净利率的盈利驱动特征。

表4　　　　　"快手" 2017～2020年9月边际收益变化　　　　单位：人民币千元

	2017年 12月31日	2018年 12月31日	2019年 12月31日	2019年 9月30日	2020年 9月30日
收入	8 339 578	20 300 645	39 120 348	27 267 968	40 677 441
主播收入分成及相关税项	4 395 623	10 396 086	18 149 248	13 290 820	14 302 621
带宽费用及服务器托管成本	807 902	1 830 875	2 650 623	1 824 369	3 920 498
支付渠道手续费	269 338	488 770	642 155	480 527	687 335
总变动成本	5 472 863	12 715 731	21 442 026	15 595 716	18 910 454
总边际收益	2 866 715	7 584 914	17 678 322	11 672 252	21 766 987

（二）资源配置逻辑

1. 资产配置逻辑

资产配置关系到商业模式中企业获取利润的基础是什么的问题。资产配置的模式一般有两种：轻资产模式和重资产模式。轻资产模式是指企业借助较长时间的投入和努力形成用户、品牌价值、合作关系、供应链基础、研发能力等"轻资产"，这些资源相互结合产生协同效应，从而产生完全不同于重资产模式的竞争优势和价值创造方式（黄世忠等，2020）。轻资产模式的企业资产状况的特点是没有生产性的存货和固定资产，而有大量的货币性资产。因为轻资产模式的企业不直接参与生产过程，甚至有的企业也不直接参与销售，但是需要通过储备财务灵活性来应对环境的不确定性所带来的影响。

"快手"的商业模式决定了其需要借助广告投放提高平台的知名度、吸引用户下载并使用平台，这会产生大量的营销推广费用。而为了提高用户的活跃性和留存率还需要不断开发大数据、人工智能等技术，以提高内容推送的精准度、视频特效的精美度等，同时内容推送的精准度也会提高用户的付费意愿。平台知名度，大数据、人工智能以及用户资源等显然都属于表外资源。又基于"快手"互联网企业的特性，其在企业运营过程中对机器设备、厂房等固定资产的需求不高，这一点在"快手"的资产负债表中也得以反映。如表5所示，"快手"没有存货，而且固定资产占总资产的比重极低。存货和固定资产的比例低，现金等货币资产比例高，是典型的轻资产模式。"快手"自身的商业模式和行业特性共同决定了"快手""轻表内资源、重表外资源"的资产配置逻辑。在考虑投资回报和公司成长性时，有必要考虑未在会计报表中反映的轻资产资源，因为这些资源也会带来投资回报，尽管这些资源带来回报的周期比较长。

表5　　　　　"快手"2017～2020年9月合并资产负债表　　　单位：人民币千元

	2017 年 12 月 31 日	2018 年 12 月 31 日	2019 年 12 月 31 日	2020 年 9 月 30 日
流动资产	5 641 640	10 783 118	17 311 080	30 880 155
其中：贸易应收款项	136 641	129 045	1 107 440	1 812 648
现金及现金等价物	2 688 512	5 370 332	3 996 236	7 703 012
非流动资产	2 052 253	5 696 381	15 103 302	20 638 967
其中：物业及设备	1 057 278	2 420 770	6 232 305	7 021 382
无形资产	34 875	1 045 816	1 120 308	1 253 694
资产总额	7 693 893	16 479 499	32 414 382	51 519 122
流动负债	2 531 039	4 042 408	15 373 771	143 491 717
其中：应付账款	1 802 517	2 025 563	9 055 133	10 913 350
可转换可赎回优先股*	—	—	—	122 847 844
非流动负债	27 348 339	48 141 573	72 769 647	56 368 777
其中 可转换可赎回优先股	26 652 555	47 211 431	69 444 163	52 389 987
负债总额	29 879 378	52 183 981	88 143 418	199 860 494
权益总额	(22 185 485)	(35 704 482)	(55 729 036)	(148 341 372)

注：＊可转换可赎回优先股为快手在上市前基于防范人才流失和融资等目的发行给企业核心雇员和投资者的，是一项金融负债，如果在报表披露的 12 个月内持有者选择赎回，则分类为流动负债，否则为非流动负债。

2. 资本配置逻辑

资本配置反映了各种资本构成的比例，原则上是债务与资本的比例，即资本结构。财务杠杆可以确定公司的资本结构是否合理。对于"快手"而言，其大部分资本来源于上市前发行可转换可赎回优先股所募集的资金，可转换可赎回优先股在资产负债表中归类为按公允价值计量的金融负债，当"快手"经营运行良好，估值提升时，可转换可赎回优先股的公允价值升高，此时公允价值变动反映为企业的亏损，可视为企业的资本成本。上市后，可转换可赎回优先股息数转换为权益。

3. 企业价值创造

商业模式的终极目标是价值创造，而企业财务管理的目标是实现企业价值最大化，因此商业模式目标与财务管理的目标是趋同的。研究商业模式与价值创造的关系，需要从商业模式内在逻辑的角度来解释"为什么能够创造价值"以及"通过什么手段创造价值"。

由表6可知"快手"净利润为负却有很高的价值，说明其价值与当前收益不直接相关。成长性是驱动其价值增长的主要因素，成长性决定了未来各期的盈利能力。"快手"基于商业模式通过一系列的管理、营运以及资源配置获得竞争优势。而竞争优势反过来又会促进这些资源与能力的持续和强化。"快手"的营业利润和成长性是由其盈利驱动机制所决定的，当前净利润率虽然为负，但是通过前述分析，已经说明其当前净利润为负的原因，以及营销投入和研发投入在未来为其创造收益的可能性。因此，"快手"的资源配置和竞争优势使企业获得了成长性，这解释了"快手"当前的盈利能力和高企业价值之间的矛盾。本文通过对"快手"盈利驱动特征、资源配置逻辑和企业价值的分析，构建了"快手"商业模式影响企业价值的具体路径（见图4）。

表6　　　　"快手" 2017～2020 年9 月合并损益表摘要　　　　单位：人民币千元

	2017 年	2018 年	2019 年	2019 年 9 月	2020 年 9 月
收入	8 339 578	20 300 645	39 120 348	27 267 968	40 677 441
销售成本	(5 728 748)	(14 498 423)	(25 016 774)	(17 798 136)	(25 366 636)
毛利	2 610 830	5 802 222	14 103 574	9 469 832	15 310 805
销售及营销开支	(1 359 624)	(4 262 046)	(9 865 026)	(5 578 609)	(19 833 271)
研发开支	(476 618)	(1 755 324)	(2 944 277)	(2 049 564)	(4 117 907)
经营利润/亏损	607 951	(520 713)	688 684	1 663 304	(8 942 428)
可转换可赎回优先股公允价值变动	(20 522 376)	(11 932 515)	(19 943 114)	(2 890 090)	(89 150 056)
贵公司股权持有人应占年/期内亏损	(20 044 950)	(12 429 285)	(19 651 534)	(1 617 445)	(97 371 462)
经调整净利润	773 961	204 831	1 033 883	1 836 684	(7 244 319)
经调整 EBITA	1 019 986	1 360 473	3 591 370	3 594 790	(4 543 362)

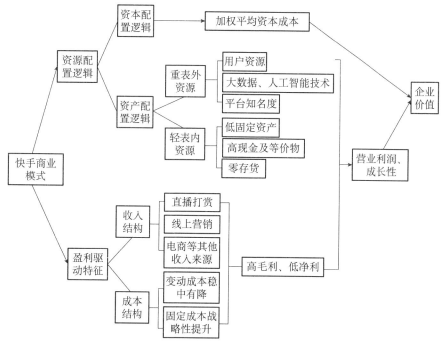

图4 "快手"商业模式对企业价值影响路径

五、结论

在短视频企业估值方面，本文先论证了传统估值方法在对短视频企业进行价值评估时存在的问题，接着引入 DEVA 模型，并结合行业特征对模型进行修正，最后使用"快手"的营业数据及财务资料确定模型参数得到估值，评估结果和企业上市首日市值之间的误差率仅为 4.54%，因此，可以认为经过修正后的 DEVA 模型能较为有效地评估快手的价值。本文通过快手这一典型案例扩充了 DEVA 模型的适用范围，对同类企业的价值评估存在一定的借鉴意义。

在分析商业模式对企业价值的影响方面，以企业价值评估的 EVA 理论为理论指导，分析了快手的盈利驱动特征、资源配置逻辑和成长性，厘清了商业模式影响企业价值的路径：商业模式通过决定盈利驱动特征、资源配置逻辑，对企业的营业利润、成长性和加权平均资本形成影响，并最终影响企业价值。在"快手"商业模式中用户资源是驱动价值增长的关键，DEVA 模型所涉及的参数也佐证了这一点。

参考文献

［1］戴天婧，张茹汤，谷良．财务战略驱动企业盈利模式——美国苹果公司轻资产模式案例研究［J］．会计研究，2012，11：107．

［2］韩洪灵，陈帅弟，陆旭米．金融监管变革背景下蚂蚁集团估值逻辑研究——基于科技属性与金融属性的双重视角［J］．财会月刊，2021（1）：13－22．

［3］黄世忠，叶丰滢，陈朝琳，等．新经济新模式新会计［M］．北京：中国财政经济出版社，2020：196－200．

［4］王水莲，李志刚，杜莹莹．共享经济平台价值创造过程模型研究——以滴滴、爱彼迎和抖音为例［J］．管理评论，2019，31（7）：45－55．

［5］杨文华．商业模式创新、资源拼凑与社会联系的相关性研究［J］．商业经济研究，2019（23）：66－69．

［6］张鼎祖，彭莉．企业价值评估市场法的改进［J］．统计与决策，2006（10）：160－162．

［7］张先治．论以现金流量为基础的价值评估［J］．求是学刊，2000（6）：40－45．

［8］张雪梅，马心怡．DEVA模型在互联网企业估值中的应用［J］．财会通讯，2021（4）：129－132．

［9］朱武祥，魏炜．商业模式这样构建［J］．深圳特区科技，2007（3）：20－22．

［10］Afuah, A., Tucci, C. L. Internet business models and strategies：Text and cases（Vol. 2）［M］．New York：McGraw-Hill，2003．

［11］Alford, A. W. The effect of the set of comparable firms on the accuracy of the price-earnings valuation method［J］．Journal of accounting research，1992，30（1），94－108．

［12］Amit, R., Zott, C. Value creation in e-business［J］．Strategic management journal，2001，22（6－7），493－520．

［13］Applegate，L. M. E-business models：Making sense of the internet business landscape ［Z］. Information technology and the future enterprise：New models for managers，2001：49－94.

（本文原载《财会通讯》2022 年第 10 期，

作者：刘运国、况倩、黄璐）

社交电商商业模式对企业绩效的影响研究
——基于拼多多的案例

摘要：社交电商是"社交＋电商"的产物，其发展开创了网络经济的新天地。本文应用商业模式三个维度概念模型，以社交电商代表拼多多为例，从市场定位、经营模式及盈利模式三个方面阐述了拼多多商业模式的构成要素；从非财务绩效与财务绩效两方面着手，对企业绩效进行同行业的对比分析；从收入与成本费用两个角度探讨了商业模式影响企业绩效的路径。研究发现：拼多多在以拼团为核心的商业模式下，企业绩效相较于其他平台表现良好；通过依托微信等社交平台能够实现流量转化并获得大量活跃用户，提高平台交易额；采用激励用户、刺激随机消费等促成交易完成，能够实现收入的不断增长并影响企业绩效。虽然目前由于平台建设和销售费用等增加，其利润为负，但其快速增长能力和强大数据资产能力，预示其未来良好的价值增长潜力。拼多多与利润相比反差巨大的市值证明它得到了市场投资者的认可。本案例也显示了现有会计计量数据对互联网平台商业模式价值反映上的缺陷。

关键词：社交电商；商业模式；企业绩效；拼多多

一、引言

在当今复杂多变、充满不确定性的商业环境下，商业模式对企业绩效有着重要影响（David J. Teece，2009）。随着"提速降费"在近年来的深入开展，互联网普及率得到不断提升，电子商务在这一时代红利下取得长足发展，商业模式亦伴随着不断推陈出新。社交电商作为"社交＋电商"的产物，通过利用社会化移动社交网络对商品信息进行传播、分享，充分发挥了社交领域强大用户资源的作用，从而推动了电商的发展。一方面，越来越多的经营者涌入电商领域。这给同行业带来了更大的竞争压力，但大部分进入者仅看到电商市场有利可图，而较少关注如何建立自己独特的商业模式，因而没有将自己与竞争对手区分开来，最终只能是昙花一现。因此找寻适合自己的发展方向十分重要。另一方面，当前以互联网为依托进行社交活动的行为十分普遍。人与人之间可实现随时随地互联互通，微信、微博、QQ 等社交应用成为很多互联网用户日常生活中不可或缺的组成部分，充分的网络社交活动让电商行业具备更大的发展空间。基于此，本文运用张敬伟博士、王迎军教授提出的商业模式三维度概念模型，该模型从市场定位、经营模式、盈利模式三个维度出发，通过对企业商业模式的要素构成进行分析，帮助企业设计适合自身的商业模式（张敬伟和王迎军，2010）。本文以该模型为基点，分析了拼多多商业模式的构成要素，并研究其对企业绩效的影响及影响路径。

二、文献综述

1. 社交电商研究

社交电商（Social Commerce）是一种新型的电子商务模式，其概念最先是由雅虎于 2005 年在其网站提出的。目前，相关学者从不同角度对社交电商进行了解释：史蒂芬和托比亚（Stephen and Toubia）对社交电商给出的定义是一种基于互联网的社交媒体，它能使人们积极响应由在线市场提供的产品和服务销售活动（Andrew T. Stephen and Olivier Toubia，2010）。马尔斯登（Marsden）总结整理了 22 个对社交电商不同的定义，这些定义涉及社交电商不同方面的特征，认为社交电商利用社交技术帮助用户与商家进行良好的沟通，并在很大程度上提升了用户的购物体验（Marsden P，2011）。社交电商在社交媒体下，通过整合社交图谱（基于人际关系互动）和兴趣图谱（信息流互动）达到推广销售产品和服务的目的（宗乾进，2013）。充分利用沟通、讨论、关注、分享、互动等社交元素来开展电商交易活动（程振宇，2013）。社交性、内容自生性、需求被动性、信息双向传播性以及信任传递性是社交电商与其他电商模式区别开来的重要特征（石卉，2015）。

社交电商在其发展过程中主要存在三方面的问题：一是信任机制存在缺陷。在开展社交电商时许多操作需要用户授权才能登录，这样容易让商家更便利地获取用户的个人隐私，从而为其挖掘商机提供更多机会，导致用户隐私得不到有效保障；由于社交电商行业规范不健全，让许多消费者对于推送的不知名企业的产品望而却步，选择规避（周正丽和曹艺文，2016）。二是缺乏有效的供应链平台和必要的售后保障。由于社交电商属于新兴的电子商务模式，社交电商企业在供应链管理方面经验不足，难以充分利用社交背后强大的市场潜力，供应链平台缺乏，厂家难以找到长期合作的商业伙伴，导致企业之间很难形成产业集群规模；而消费者在所购商品出现问题时，难以及时通过网络平台有效解决所购商品存在的诸如产品质量、外观、时效等问题，售后服务得不到有效保障，无法及时维护自身的权益（刘湘蓉，2018）。三是透支熟人信任。熊恒晓通过研究社交电商平台 UGC（User Generated Content，用户生成内容，也叫作用户原创内容）伦理失范问题，发现社交电商存在用户价值观扭曲、UGC 内容虚假、透支熟人之间的信任等现象时有发生（熊恒晓，2017）。

2. 商业模式研究

对于商业模式的研究，学者们主要从系统角度、价值角度、经济角度、整合角度加以研究。从系统的角度看，商业模式的基本逻辑最终是为了获得利润、为企业创造价值，在价值网络中向客户提供产品与服务，其运作模式包括参与者角色、收入来源和潜在利益（Timmers and Paul，1998）。它是企业中每位参与者之间的关系网络，是特定实体为了达成交易额、获得利润，对目标客户提供特定产品与服务的过程（Osterwalder A，Pigneur Y and Tucci C L，1998）。通过公司、客户、供应商与合作伙伴之间形成网络架构的特定方式，决定企业的整体创造；从价值的角度看，商业模式是组织价值创造与传递的核心逻辑，是企业根据已有的资源进行价值创造与价值传递的过程（Christoph Zott and Raphael Amit，2007）。企业为了满足客户需求、实现自身利益，在进行价值创造与价值增值过程中和其他合作伙伴以网络的形式形成一种商业体系（Magali，Dubosson-Torbay and Alexander，2002）。通过战略性设计，由价值创造、价值传递和价值实现三个过程组成一个全面结构（Teece Business models，2009）。从经济的视角看，商业模式是用来阐述企业如何赚钱、如何创造利润增长点的经济逻辑（David Stewart and Qin Zhao，2000）。它是企业赖以生存与发展的经营方式，企业能用这种方式实现交易并获得利润。产品、服务、信息流三个维度共同组成商业模式的架构，它描述了企业收入来源、各个参与者角色和利益相关方的潜在利益（Paul Timmers，2003）。从整合的视角看，商业模式是对企业战略实施过程与组织内部关系的一种解释说明（Magretta Joan，2002）。从经济、运营及战略三个角度对商业模式进行有效实施，最终在同行业中获得竞争优势（Michael Morris，Minet schindehutte and Jeffrey allen，2003）。从而帮助企业在经营活动中找准自己的市场定位，明确企业的产品内容和服务对象；在运营过程中学会经营之道，增强自身的运作能力；采用一系列整体的战略组合实现企业的盈利目标。

3. 企业绩效研究

企业绩效是效率与绩效的统一，既包括事件的效率也包括活动的结果（Armstrong，Michael，Baron and Angela，1998）。它是对企业运营业绩进行评价的晴雨表（苏武康，2003）。通过对企业进行整体评估能为企业树立效率榜样，能判断企业在市场活动中获得价值能力的高低（杜昱锦，2017）。对企业绩效的衡量，在目前的评价方法中，对财务指标进行测量的方法使用频率最高、最具代表性。但随着研究逐渐深入，业界为了对企业绩效进行全面评价，慢慢引入一些非财务评价因素。通过从非财务绩效和财务绩效两方面对企业绩效进行划分，能进一步深入描述企业经营的市场特征。在财务绩效指标选择方面，经常采用营业收入增长率、资产收益率等指标进行评价；对非财务绩效进行衡量时，可以采用品牌认知度、相对市场份额、客户满意度与客户忠诚度等指标。

4. 商业模式对企业绩效影响的相关研究

商业模式对企业绩效影响深远。马龙和威尔（Malone and Weill）整理了过去四年时间内在美国上市的公司情况，并对他们的商业模式进行分类，从公司的销售和交易权力、资产变化程度以及相关核心资产这几个角度开展研究，然后用六个绩效指标来分析商业模式对绩效产生的影响。结果发现不同的商业模式在一定程度上会影响企业绩效，但商业模式并非会对全部六项指标都产生明显影响（Malone，Weill and Lai，2006）。佐特和阿米特（Zott and Amit）进行实证研究后发现，在设计商业模式时，创新、效率、锁定和互补这四个导向因素会影响到企业绩效，其中效率和创新具有显著的正向影响，而锁定和互补对企业绩效水平没有显著影响（Christoph zott and Raphael amit，2007）。项国鹏等选取了零售行业中 65 家上市公司，结合单因素方差分析方法对他们开展研究，选取 13 个指标为划分依据，将该行业的商业模式分为38 种，最后得出研究结果：商业模式在较大程度上影响企业的盈利能力和每股指标（项国鹏和周鹏杰，2013）。

社交电商时代，商业模式融入了许多新元素，具备了群体性、互动性、真实性等新特征，借助社交网络的相互信任和分享机制，对自身满意的产品和服务进行线上反馈和口碑营销，促成消费者在线完成支付业务，从而对企业绩效产生不同以往的新影响。然而，已有文献对新型成功社交电商公司商业模式的研究不足。基于此，本文以社交电商代表拼多多为例，通过运用商业模式三维度概念模型，分析其商业模式对企业绩效有何影响，从哪些路径对其产生影响，为社交电商平台下商业模式的构建提供理论启示。

三、案例分析

（一）拼多多简介

拼多多是由两家社交电商公司合并产生的。2015 年 4 月，创始人黄峥先创办了拼好货，随后在 2015 年 9 月，黄铮创办的公司上海寻梦科技推出了一款新产品——拼多多。2016 年 9 月，拼好货与拼多多进行合并，合并后沿用拼多多为统一品牌并开始运营。合并当年的"双十一"当天的交易流水超过 2 亿元；合并一年后拼多多用户规模超过 2 亿人。2018 年 7 月 26 日，拼多多正式在纳斯达克挂牌上市，发行价为 19 美元/股，也就是说，仅用三年多时间拼多多就成长为国内仅次于淘宝和京东的第三大电商平台。上市之后，拼多多加大"双打活动"，提升品牌入驻。2018 年 8 月，拼多多强制关闭 1 128 家店并下架 430 万件商品、拦截疑似假冒商品链接逾 45 万条①。2018 年 10 月，国美、当当、小米等品牌入驻拼多多平台，品牌形象得到明显提升。2019 年 9 月 7 日中国商业联合会、中华全国商业信息中心发布 2018 年度中国零售百强名单，拼多多排名第 3。拼多多的快速发展离不开资本的支持。从融资历程来看，拼多多自创办至上市前，共完成四轮大融资，腾讯已成为公司的重要股东。腾讯从 B 轮开始投资拼多多，C 轮大额加持，到拼多多上市前夕还认购了 2.5 亿美元的 IPO 份额，腾讯的加入对拼多多商业模式的改进提供了更多便利。

（二）拼多多商业模式分析

拼多多的商业模式瞄准了下沉市场这一广大的用户群体，以低价和拼团

---

① 杨砺. 拼多多"双打行动"：8 天内关店 1 128 家下架商品近 430 万件 ［EB/OL］. （2018 - 08 - 23）. https：//tech. china. com. cn/internet/20180823/344980. shtml.

为主要特色，借助微信流量，实现用户拉新①与留存。黄铮在致股东信中提到拼多多最终目的是成为好市多（Costco）与迪士尼的结合，两者分别代表性价比和娱乐体验。向Costco学习，集中用户需求，采用C2M模式向厂商反向定制商品，这样能降低成本、向用户提供高性价比商品；向迪士尼学习，在用户购物过程中添加娱乐化游戏形式，给用户带来愉悦的购物体验。本文分析拼多多商业模式采用商业模式三维度概念模型，分别从市场定位、经营模式及盈利模式进行描述。

1. 市场定位分析

拼多多作为平台电商，同时面向商家与用户，三方关系如图1所示，从商家角度看，商家入驻拼多多，拼多多为他们提供平台服务；从用户角度看，拼多多为用户提供商品展示及选购服务，用户则在拼多多上进行消费。在实物流转方面，现金流从用户方流出，在拼多多平台进行中转后流入商家，商家直接发货给用户。这是三方共生、合作互利的过程。市场定位着重回答企业做什么这一话题，解释企业所针对的目标客户群体有哪些共性，为他们提供怎样的产品或服务来创造价值，市场定位又包括客户定位与产品定位两方面。

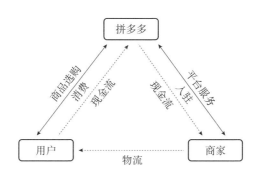

图1　拼多多、商家、用户三方关系

（1）客户定位。客户定位由用户和用户消费观构成。根据腾讯科技旗下互联网产业趋势研究、案例与数据分析专业机构企鹅智酷的报告，从性别、城市、年龄、学历等不同角度观察各电商平台用户结构可以看出，相较于其他主流电商平台，拼多多的女性用户、四线及以下城市用户分别占70.1%、38.4%，其占比均高于淘宝、京东和天猫电商平台，而拼多多用户的学历较

---

① "拉新"是指通过各种运营方式拉入更多的新用户。

传统电商淘宝、京东偏低。根据这些特点可以推测出拼多多用户属于价格敏感型。相对于天猫、京东，拼多多能更好满足价格敏感型用户的真实需求。另外，拼多多的用户中仍有约40%来自一、二线城市，说明中高收入群体也存在拼多多的潜在用户群体。

从用户消费观来看，无论是选择在线上还是在线下购买商品，用户都能被分为以下两种：第一类用户目标明确、知道自身购物需求，并根据需求有目的性搜索商品，在衡量性价比等因素之后进行购买，比如男士为了抗寒去商场购买羽绒服。第二类用户没有明确的购物需求，在广泛浏览感兴趣的商品后进行随机消费，比如女生在商场购物时浏览了上百件衣服但最后只买了其中一件。根据企鹅智酷的研究，淘宝、京东有93.1%的用户在购物时直接在搜索栏输入想买的商品，这些用户属于上述第一类用户，被称为有目的性客户。而拼多多用户中，52.7%在购物时会选择从秒杀/特卖/清仓/免单等区域购买，28.4%用户会从首页、服饰、鞋包等分类下滑浏览，这些都属于第二类用户，即无目的性用户。在拼多多上架的商品中有很多售价都低于20元，这个价格恰好符合用户进行随机消费时能承受的价格区间。观察拼多多用户的购物动机，便宜是驱动用户购买行为的第一大因素，这类用户占41.3%，紧随其后的数据显示驱动用户购买的第二个动机是来自拼团模式的刺激。有40.9%的用户购买行为更多体现是为了囤货，这说明确实有很多用户刚开始并没有强烈购物需求，只是在平台浏览时被低价和页面显示的"只差1人即可拼团"字样所吸引，产生了大量随机消费。除此之外，有24.8%的用户表示"原来没用过，在拼多多上看到了买来用用"，这说明拼多多显示了创造新的购物需求的潜力。

（2）产品定位。拼多多作为第三方平台，现阶段并无自营业务，所有在售商品都是由入驻平台的商家提供，因此有必要对商家特点及商品品类进行分析。2019年底拼多多的活跃商家数达到510万，其中中小商户占主要比重。这些商户大部分来自淘宝升级后的长尾商家①，某种意义上也是被淘宝无意中放弃的下沉商家②。一方面，随着淘宝规模的不断扩大，商家间的竞争十分激烈，中小企业由于资金限制、营销投入不够多，导致资源不断向大型商家倾斜，市场受到严重挤压。在这种处境下，很多中小长尾厂商选择离

---

① "长尾商家"是指生产需求较少或非热销产品的商家。
② "下沉商家"是指针对三四五线城市生产相对低端和低价产品的商家。

开淘宝，越来越多的尾部商户加入拼多多。另一方面，阿里巴巴自 2015 年起开展打假工作，从阿里巴巴发布的《2017 年阿里巴巴知识产权保护年度报告》中得知，2017 年有 24 万家淘宝店铺因为疑似侵权而被迫关闭。同时由于拼多多运营规范还未完善，其开店门槛相对较低，这部分商家就选择来到拼多多继续营业。在拼多多上，商家只需要缴纳一定数量的保证金就可以开店，大部分入驻商家能够在覆盖各项成本的同时标出有竞争优势的低价，拼多多平台的入驻商家相对淘宝和京东的商家来说，所需支付的整体费用率更低，也没有类目佣金①和技术服务费等，所以商家在商品定价上拥有更多的灵活性。但这也有一定隐患，由于商品价格低，部分商家对于商品质量可能会把控不严或有意降低质量，以获取更多利润空间。

从商品品类来看，拼多多销售的核心品类是百货食品，而淘宝主要是服饰，京东主要是 3C，这样在商品品类上形成了一定的差异化。百货食品本身就有低价属性，使得拼多多平均售价更低，在拼多多上大部分商品的销售价格都不超过百元。另外，百货食品类商品还具备高频、功能性强、产业链条短等等特点。但是，无品牌、小品牌甚至涉嫌假冒品牌商品所占比例比知名品牌商品更大，这些商品在"低价"的同时也产生了"低质"。现阶段拼多多正加强品牌管理，减少涉嫌假冒品牌商品数量。总的来看，拼多多销售的大部分都是高频易耗品，消费者对这类产品的品牌要求比较低，对低质量的容忍度高，再加上商品价格在可接受范围内，所以许多用户抱着试一试的心态对商品进行购买。

2. 经营模式能力分析

经营模式分析在商业模式中主要解决企业"营运能力"的问题。拼多多在运作过程中其下单模式主要有三种：单独购买、参与拼团和发起拼团。平台设计的初衷不是让用户选择单独购买，其主要作用是为用户提供一个价格比较标准，通过参与拼团和发起拼团给用户心理带来一种更便宜的切实感；在产品设计方面，拼多多的界面设计核心是秒杀、清仓、补贴。整个界面设计充分考虑了下沉市场用户价格敏感特征，最大限度增加用户的购物欲望。在功能设计方面，拼多多没有购物车的功能。所有商品都只能在商品页面直接付款购买，这种设计方式能在用户处于消费欲望顶峰、无法先加购物车再

---

① "类目佣金"是指该类目所有产品的佣金。

考虑、对所购买的商品总价无概念的情况下，迅速促成交易；在用户激励机制方面，无论用户是为了消磨时间或是有目的的购物，只要他们进入拼多多，都会逐渐融入拼多多的用户激励机制：用户通过群链接、App、小程序进入拼多多之后，一般会产生砍价助力、签到、游戏、购物、闲逛几种行为，用户需要完成特定指示动作，主要分为分享或邀请、拼单、长时间停留在某商品页面三种，才能最大限度获取优惠、赢得游戏或实物奖励。用户激励机制靠其强有力运营机制尽量让用户保持沉浸状态，以此将用户锁定。拼多多采用 C2M 模式，将用户引入供应链决策与管理环节，改变供需关系。通过将消费者需求进行集中、对接给厂商进行定制化生产，可以压缩供应链、避免渠道商层层加价、降低成本，给消费者提供拥有高性价比的商品。

对拼多多而言，若是仅仅依靠自身的流量拼团模式，则始终只能在体系内运行，无法产生大规模裂变，不利于其社交化发展，订单规模增长也会受到抑制。与微信进行合作，可以用低成本换取巨大的流量，发现和触达更多潜在用户，最后还可以通过交易订单转化扩大拼多多自身的商业模式闭环。拼多多由此快速打通电商业务流程的所有环节，通过综合利用多种营销方式，在广告投放、娱乐营销、公益营销上发力，树立品牌形象，给消费者留下了深刻的印象。

3. 盈利模式分析

商业模式中的"盈利模式"分析，主要解决的是企业"如何挣到钱"的问题。在进入电商市场早期，拼多多尝试做过自营，其营业收入来源可以分为在线市场服务与商品销售两大部分，但是拼多多在 2017 年第一季度后转向完全平台模式，终止了商品销售板块。其中，在线市场服务又可以分为在线营销服务和佣金/交易服务两项。其中在线营销服务是指拼多多平台用多种形式为商家或商品提供系列推广营销服务，让其更高频率、更优先地进入消费者视野，以促成商品交易，具体形式包括搜索推广、明星店铺、Banner 广告、场景推广，从拼多多公司公告可以看出，公司的收入来源主要是在线营销收入，占到公司总收入的将近 90%。佣金是指拼多多平台在商品交易完成时从交易额中抽取的部分。拼多多实行"0 佣金政策"，仅向商家代收 0.6%的第三方支付平台交易丁务费。所以在拼多多报表中，截至 2018 年第三季度都用"佣金"来命名该项收入，从 2018 年第四季度开始改用"交易服务"命名。

从成本角度看，在 2017 年第一季度以前，拼多多的销售成本包含在线市场服务成本与商品销售成本；在 2017 年第一季度后停止自营，所有成本均为在线市场服务成本。从整体上看，拼多多销售成本呈增长趋势，但是成本占收入百分比占比稳定在20%左右，如图2所示。

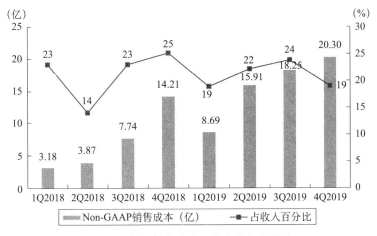

图2　调整后销售成本及其占收入百分比

注："1Q18"表示2018年第一季度，其他以此类推。
资料来源：作者根据拼多多公司公告绘制。

从费用角度看，拼多多的费用包括三项：销售和市场费用、行政管理费用、研发费用，如图3所示。观察各项费用占收入百分比发现，目前拼多多销售和市场费用率非常高，保持在80%以上，是成本费用的构成重点；研发费用率保持在10%左右，行政管理费用率则处在低水平，2019年第四季度行政管理费用率为1%，影响可以忽略不计。调整后各项费用占收入百分比如图4所示。

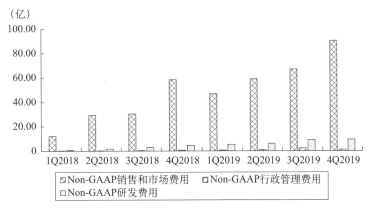

图3　拼多多各项费用

资料来源：作者根据拼多多公司公告绘制。

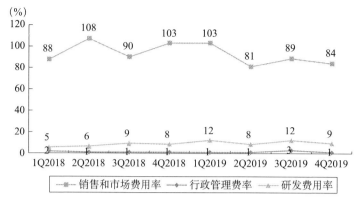

图4　调整后各项费用占收入百分比

资料来源：作者根据拼多多公司公告绘制。

（三）商业模式对企业绩效的影响及路径

1. 商业模式对企业绩效的影响

追求绩效是企业的立身之本，企业的各项经营活动成果需要通过企业绩效进行反映，企业绩效又分为财务绩效与非财务绩效。其中市场绩效是非财务绩效的重要内容。衡量市场绩效的指标通常包括勒纳指数、贝恩指数、托宾 Q 值（Tobin Q）。托宾 Q 值描述的是企业市场价值与企业资产重置成本的比例，考虑到电商行业主要企业都是在纳斯达克上市，证券市场相对成熟，本文采用托宾 Q 值来进行分析。在操作中一般用（股价×股数)/净资产进行计算，托宾 Q 值的比例越大，企业市场价值超过资产重置成本越多，获得的超额利润也就越多。

通过对电商行业几家主要企业的商业模式对比（见表1），发现拼多多采用拼团模式，而其他如阿里系的淘宝网和天猫商城、京东与唯品会都是传统模式。

表1　　　　　　　　　　　　　　各电商平台模式对比

电商平台	上线时间	商业模式	主要入驻商家类型	线上主要流量获取方式
拼多多	2015 年	三方平台拼团模式	工厂/产地直供 个人店铺 品牌旗舰/专卖/专营店	腾讯系（微信/QQ）
淘宝/天猫	2003 年/2009 年	三方平台	企业店铺 品牌旗舰/专卖/专营店 个人店铺（淘宝）	阿里站内外生态

电商平台	上线时间	商业模式	主要入驻商家类型	线上主要流量 获取方式
京东	2003 年	自营 三方平台	企业店铺 品牌旗舰/专卖/专营店 拼购店铺	App/微信一二级入口
唯品会	2008 年	自营 三方平台	品牌旗舰/专卖/专营店	App

拼多多于 2018 年 7 月 26 日上市，故选取上市以来每季度末的市场信息进行分析。截至 2019 年 12 月 31 日，阿里在净资产、股价、股本三项指标上都是最高的；由于商业模式影响，拼多多属于轻资产，没有自营业务，其净资产规模与唯品会类似，股价高低与京东类似，所以能很好地融合两方面优势，综合结果使得拼多多托宾 Q 值非常高，远超同行业水平。这意味着拼多多有着高投资回报率，市场绩效亮眼，如表 2 所示。

表 2　　　　　　　　　　各电商平台市场绩效

项目	拼多多	阿里	京东	唯品会
净资产（亿美元）	35.40	1 234.33	121.61	31.96
股价（美元/股）	37.82	212.10	35.23	14.17
证券总股本（万股）	11.63	26.73	14.62	6.71
市值（亿美元）	439.66	5 670.17	515.12	95.01
托宾 Q 值	12.42	4.59	4.24	2.97

资料来源：作者根据纳斯达克官网、公司公告整理。

从托宾 Q 值增长趋势上看，拼多多经历了先下降后上升的过程，尤其是在 2019 年下半年增长迅猛，第三季度与第四季度末增长率分别为 57.17%、20.47%。而其他企业出现了增长乏力的现象，拼多多已与其他企业拉开距离，如图 5 所示。

对拼多多财务绩效进行分析时，本文将从营运能力、偿债能力、盈利能力与成长能力四方面着手，同时采用纵向对比分析与横向对比分析法进行全方位考察。

（1）营运能力分析。在分析拼多多营运能力时，由于拼多多无自营业务，所以没有存货，故本文选取流动资产周转率、固定资产周转率与总资产周转率三项指标进行比较分析。观察拼多多营运能力指标可以发现，企业各项指标在 2016～2019 年不断提升，整体营运能力表现良好。由于企业固定资产总体较少，导致固定资产周转率非常高，2019 年更是超过了 800 次。同时企业流动资产较多、占总资产权重较大，企业总资产周转率受其影响，导致总资产周转率与流动资产周转率十分接近，如表 3 所示。

图 5　各电商平台托宾 Q 值对比

资料来源：作者根据纳斯达克官网、公司公告绘制。

表 3　　　　　　　　　　　　拼多多营运能力指标

指标	2016 年	2017 年	2018 年	2019 年
固定资产周转率	224.58	302.61	684.15	856.94
流动资产周转率	0.29	0.23	0.49	0.53
总资产周转率	0.29	0.23	0.46	0.51

资料来源：作者根据公司公告整理。

　　由于拼多多固定资产周转率十分特殊，我们通过进一步获取其他企业的该指标进行对比后发现，并不是电商行业的固定资产周转率都如拼多多这般，由于商业模式不同，京东与唯品会都做自营且都自建物流体系（唯品会现已终止自营物流），固定资产较拼多多更多，所以固定资产周转率指标表现不如拼多多。从表 4 变动趋势看，京东与唯品会固定资产周转率在不断下降，表明这两家企业营运能力不如以往。

表 4　　　　　　拼多多、京东、唯品会固定资产周转率对比

企业	2016 年	2017 年	2018 年	2019 年
拼多多	224.58	302.61	684.15	856.94
京东	30.8	29.24	21.29	21.33
唯品会	14.91	12.79	10.73	8.97

资料来源：作者根据公司公告整理。

（2）偿债能力分析。对偿债能力进行分析时，本文选取最常用的流动比率、速动比率与资产负债率指标。拼多多没有存货，因此流动比率与速动比率结果一致。由于拼多多成立不久，企业资产负债率较高，但是2018~2019年的资产负债率已经相对之前有所下降。另外，资产负债率也描述了企业的资本结构，负债占比多说明其他方愿意借钱给拼多多，侧面表现了拼多多拥有良好的信用评价。而观察流动比率/速动比率，拼多多这两项指标每年都大于1，说明拼多多现有流动资产/速动资产能完全覆盖现阶段的流动负债，且这一比率也是在整体上升过程中，债权人不必过度担心其偿债能力，如图6所示。

图6　拼多多偿债能力指标变动趋势

资料来源：作者根据公司公告绘制。

图7通过对比三家企业的流动比率值可以看出，拼多多的表现优于京东与唯品会。从变化趋势角度看，京东该指标先下降后上升，唯品会则是先上升而后连续下降，到2019年两者水平十分接近。从绝对值角度分析，2019年这两家企业指标值均小于1，并与拼多多存在一定差距，短时间内无法超

图7　拼多多、京东、唯品会流动比率变动趋势

资料来源：作者根据公司公告绘制。

越。所以拼多多的偿债能力比京东和唯品会更强。

（3）盈利能力分析。分析拼多多盈利能力时，本文选取毛利率、净利率与净资产收益率进行对比。前面在拼多多盈利模式分析中已经对其收入来源与成本费用结构进行了说明，可以了解到拼多多销售成本并不多，除了2016年创立初期毛利率为负以外，其余各期都为正且处于高水平，整体呈增长趋势，2019年毛利率达到了78.97%。由于销售与市场费用居高不下，占企业收入80%以上，影响了最终利润，使得净利润与净资产收益率长期为负。这与拼多多作为市场新进入者需要花费大量营销费用打开知名度获取新用户有关，在创立初期企业不盈利属于正常现象。除此之外，我们应看到，净利率与净资产收益率虽然为负，但这一局面正在扭转，2019年较2018年净利率、净资产收益率分别提高了54.75个百分点与26.01个百分点，表现出了未来向好趋势。

首先，比较三家企业的毛利率。从表5可以看到，拼多多毛利率远高于京东与唯品会，且在经过前三年高速增长后2019年毛利率同比增长并不快，逐渐趋于稳定。京东毛利率以缓慢的速度每年增长零点几个百分点，唯品会则是先下降后上升。但总体而言，两者毛利率水平分别稳定在13%~15%、20%~25%。

表5   拼多多、京东、唯品会毛利率对比   单位：%

企业	2016 年	2017 年	2018 年	2019 年
拼多多	- 14.46	58.54	77.86	78.97
京东	13.69	14.02	14.28	14.63
唯品会	24.60	22.89	20.94	23.31

资料来源：作者根据公司公告资料整理。

其次，比较三家企业的净利率。京东净利率逐年增加，但是增长幅度较小，整体盈利能力较低。唯品会净利率是这三家企业中最高的，四年间经历了先下降后上升的过程。拼多多的净利率变动趋势则比较复杂，升降情况交替出现，尤其是在2018年，净利率达到 - 77.87%，下降幅度非常大。分析拼多多2018年净利率大跌的原因，发现是由于拼多多在2018年上市，在这一年需要投入更多销售和市场费用去打开知名度，该项费用由2017年的13.45亿元直接增长到2018年的134.41亿元，增加了8.99倍。如果不考虑2018年特殊数据的影响，拼多多净利率整体上依然是增长的（见图8、图9）。

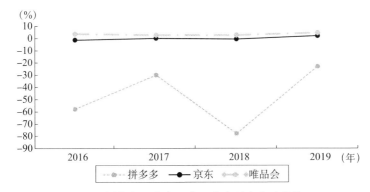

图8 拼多多、京东、唯品会净利率变动趋势

资料来源：作者根据公司公告绘制。

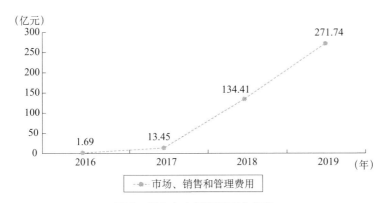

图9 拼多多市场费用变化趋势

资料来源：作者根据公司公告绘制。

最后，比较三家企业的净资产收益率，唯品会 > 京东 > 拼多多。拼多多净资产收益率依然受市场与营销费用的影响，四年内均为负值。观察其变化趋势，在 2018 年也是一个转折点，因为上市不仅增加了市场费用，导致利润下降，还会使股东权益增加，双重因素共同影响净资产收益率。由此可见，企业上市使得拼多多短期净资产收益率下降，但从长期来看是增长的（见表6）。

表6 　　　　　　　拼多多、京东、唯品会净资产收益率对比 　　　　单位：%

企业	2016 年	2017 年	2018 年	2019 年
拼多多	− 82. 02	− 67. 26	− 102. 03	− 32. 06
京东	− 9. 49	− 0. 03	− 4. 34	13. 40
唯品会	42. 43	18. 89	13. 56	20. 20

资料来源：作者根据公司公告整理。

（4）成长能力分析。在分析成长能力时，本文选取了营业收入增长率、营业利润增长率与总资产增长率三项指标。显而易见，拼多多表现了高速增长，2019年拼多多营业收入增长率、营业利润增长率与总资产增长率分别为129.74%、133.02%和76.13%，并且未来还有增长空间。观察指标变化趋势发现，由于拼多多仍处在高速发展阶段中，指标增长变化并不稳定，近三年增速在放缓，如表7所示。

表7　　　　　　　　　　　　成长能力指标　　　　　　　　　　　单位：%

指标	2016年	2017年	2018年	2019年
营业收入增长率	—	245.35	652.29	129.74
营业利润增长率	—	1 498.63	900.49	133.02
总资产增长率	—	651.78	224.34	76.13

资料来源：作者根据公司公告整理。

比较行业内三家企业的营业收入增长率可以看到（见表8），2019年京东与唯品会的增长率分别为24.86%与8.85%，远低于拼多多的129.74%。另外，这两家企业的指标值呈现逐年下降趋势，表明其成长性不断减弱。综合来看，拼多多拥有更大的发展潜能。

表8　　　　　　　　拼多多、京东、唯品会营业收入增长率对比　　　　　　单位：%

企业	2016年	2017年	2018年	2019年
拼多多	—	245.35	652.29	129.74
京东	42.67	40.28	27.51	24.86
唯品会	40.27	28.74	14.53	8.85

资料来源：作者根据公司公告整理。

2. 商业模式对企业绩效的影响路径

不同企业有不同的商业模式，从商业模式到企业绩效又有诸多不同的路径，需要结合企业实际进行深入分析。根据前面对拼多多商业模式的分析，本文提出拼多多商业模式对企业绩效的影响路径如图10所示。

就收入端而言，腾讯作为拼多多第二大股东，为拼多多提供了诸多帮助，利用微信巨大的用户资源向拼多多引流是拼多多获取用户的重要手段。根据《微信小程序洞察报告》，拼多多有61.97%的流量都是来自微信平台。拼多多利用微信巨大的用户资源向拼多多引流，获取大量活跃用户，在拥有大量用户基础上通过随机消费和用户激励促进商品交易、提高总交易额，然后总交易额通过货币化率转化成企业收入，即 GMV × 货币化率 = 收入。其中 GMV 表示某段时间总交易额，多用于电商平台，实际中指拍下的订单总额（包含未付款金额），货币化率反映企业 GMV 转化为收入这一过程的效率。对比主要电商平台年度活跃用户，拼多多的增长也十分迅猛，其 2018 年活跃买家已经赶超京东，成为行业第二。在 2019 年达到 5.85 亿人，真正实现了口号里说的"5 亿人都在用的 App"。在增长率上，2019 年拼多多、淘宝、京东、唯品会的活跃用户增长率分别为 39.83%、11.79%、18.69%、13.11%。拼多多这样的高速增长确实给竞争对手带来了压力。2018 年以来，拼多多货币化率不断提高，转化效率不断提升。在 2019 年第四季度拼多多年化货币化率为 3%，指标值趋于稳定。在 GMV 与货币化率同时增长的作用下，拼多多平台收入保持着高速增长态势，2019 年第四季度收入达 107.93 亿元，同比增速高达 90.89%。由于收入的主要构成是在线营销服务，所有未来拼多多货币化率提升的关键将在于在线营销服务变现率上。

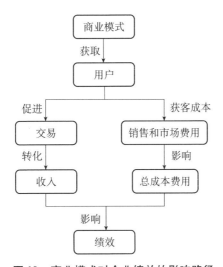

图 10　商业模式对企业绩效的影响路径

就成本费用端而言，用户通过获客成本影响销售和市场费用，由于该项费用占总成本费用比例高，直接影响成本费用结果；收入与成本费用共同作用于企业绩效。

在细化的活跃买家数、单客购买频次、客单价三项影响因子中，活跃买家数与单客购买频次是驱动成交总额增长的核心因素，因为拼多多一直以低价为特点，一个使用过拼多多购物的用户曾经在拼多多用 1 元买过一把雨伞，包括物流费共计 1 元。怎么做到的呢？其实也不难做到，在规模足够大的情况下，用本量利分析思路可知，当业务量超过企业盈亏平衡点后，只要价格大于单位变动成本，企业就能有利可图。在拼多多网络平台模式下，单位产品变动成本几乎为零，所以商品以 1 元的价格卖出也不会亏。但在 2019 年百亿元补贴的影响下，客单价①相较 2018 年会有较大的提升，不过百亿元补贴是为了获取一、二线城市用户，与拉新有关，当用户结构合理之后，客单价增长将会放缓。单客购买频次也叫平均年下单次数或复购率，复购行为来自拼多多对用户不同场景的满足。对于三线城市及以下用户来说，拼多多满足了日常消费甚至是升级消费的需求，而对于一、二线城市用户来说，拼多多则满足了追求日用消费品性价比的比价需求，在一、二线城市用户部分，拼多多与同行业企业竞争夺取的不是用户，而是同一批用户的不同场景。单客购买频次的提升短期来自营销与销售开支中在线广告的花费，长期则来自用户需求的挖掘以及用户购物场景的满足。

截至 2019 年第四季度的滚动 12 个月，拼多多活跃买家年均消费（也叫每用户平均收入）为 1 720.1 元，同比增长 53%；实现 GMV 10 066 亿元，同比增长 113%。从增长的态势来看，2017～2019 年拼多多每个单季度 GMV 都是指数级增长，这在过去的任何平台都未曾见到。突破 1 000 亿元 GMV 用时，京东用了 10 年，淘宝用了 5 年，美团用了 6 年，而拼多多仅用了 2 年的时间。拼多多作为电商领域最年轻的进入者，成立仅仅 3 年，上市仅 1 年，目前还将长期处于 GMV 积累的过程。

另外，企业 GMV 决定了市场份额，2018 年中国电商零售市场份额中，阿里巴巴旗下的淘宝、天猫以 58.2% 占据首位，京东占 16.3%，两家电商合计占据 3/4 份额，拥有绝对竞争优势。快速崛起的拼多多占 5.2%，苏宁、唯品会及国美电器的市场份额分别为 1.9%、1.8% 和 0.7%。如图 11 所示。

对于拼多多而言，微信用户的社交行为已成为其发展的命脉，赋予拼多多突出的获客成本、用户复购以及用户黏性优势。2017 年拼多多获客成本为 7 元/人，远低于阿里和京东同行。而到了 2018 年才上升到了 77 元/人，同期淘宝的获客成本为 390 元/人，京东约 1 500 元/人，唯品会为 1 200 元/人，拼多多的获客成本优势突出。在 2019 年拼多多获客成本为 172 元/人，依然是处于低水平，如图 12 所示。

①　"客单价"指平均每个成交访客的消费金额。

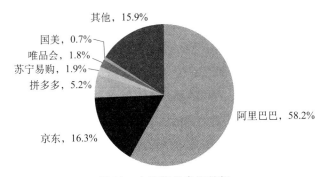

图 11 电商行业市场份额

资料来源：作者根据公司公告整理绘制。

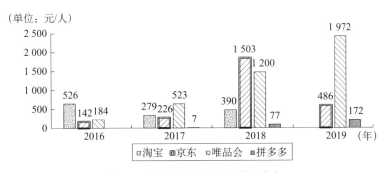

图 12 主要电商平台平均获客成本

注：拼多多2016年数据及淘宝2019年数据暂无。

资料来源：作者根据公司公告整理绘制。

　　2019 年第四季度，拼多多调整销售与市场推广费用为 90.35 亿元，较 2018 年同期的 58.32 亿元同比增长 54.92%（见图 13）。拼多多作为市场的新进入者，面临更加激烈的市场竞争。为了在已经成熟的电商高壁垒中进行获客，拼多多不得不投入巨大的品牌广告开支进行知名度拓展，同时以补贴和大规模线上广告买量不断拉动复购与点击。现阶段，拼多多的用户规模仍在不断增长，表明拼多多在营销和市场费用上的投入是有成效且必要的。高营销投入一般存在于电商获客的早期。尤其大规模品牌广告，一般适用于新品类或者新产品推广，以跑马圈地的方式迅速圈出目标用户。随着拼多多进入用户增长的稳定期，这部分费用可能会适时下降，另外，在补贴部分，由于补贴与一、二线城市用户占比与复购率相关，当拼多多的用户结构趋于合理后，补贴可能会相对减缓。就利润端而言，受收入与成本的双重影响，拼多多 2018 年经调整后归属股东净亏损达 34.6 亿元，净亏损率 26.3%，相较 2017 年亏损率扩大 4.4 个百分点；2019 年第四季度公司经调整后归属股东净亏损 8.15 亿元，净亏损率 8%（见图 14）。销售及市场费用的大幅投入是拼多多短期无法盈利的主要原因。可以理解，作为一家典型的中国互联网公司，拼多多需要在前期投入资金获取用户、拓展市场，等达到一定规模后再进行盈利。拼多多创始人黄峥坚信其花钱换增长的方式是有效且值得的。他在财报会议上表示，在给股东信中所提到的"长期"是一种长远增长战略，所以需要与变现进行取舍……并认为拼多多"百亿补贴"计划所投入的资金都是有用的，是为了抓住机会进行投资，更是基于长期的考量。从图 15 可以看出，拼多多自 2018 年 7 月上市以来，其市值总体呈上升趋势，到 2019 年底已由刚上市的 292.85 亿美元上升至 439.66 亿美元，可见其上升速度是非常快的，也说明其被投资者普遍看好。

图 13　拼多多调整后销售和市场费用

资料来源：作者根据公司公告整理绘制。

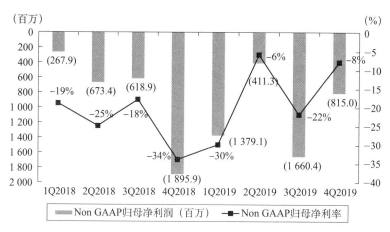

图 14　经调整后归属股东净利润及净利率

资料来源：作者根据公司公告整理绘制。

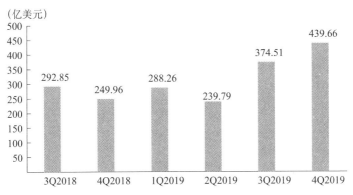

图15 拼多多市值比较

资料来源：作者根据纳斯达克官网和公司公告整理绘制。

四、结论

本文以社交电商代表拼多多为例，探究了其商业模式对企业绩效的影响及影响路径。本文首先从市场定位、经营模式和盈利模式全面描述了拼多多商业模式的构成要素，并将其归纳为依靠"社交＋电商"发展起来的以低价和拼团为核心的商业模式，把目标瞄准三线及以下城市为主的消费群体；其次，从非财务绩效和财务绩效入手，分析了拼多多商业模式对企业绩效的影响；最后，从收入与成本费用角度剖析商业模式影响企业绩效的路径。研究发现，通过拼团为主的商业模式能够实现用户裂变，企业绩效优于其他传统电商平台；依托微信等社交平台实现流量转化能够获取大量活跃用户，提高平台交易额；在拥有大量用户基础上通过激励用户、刺激随机消费能促进交易完成，提高总交易额，最后交易额通过货币化率转化成企业收入，从而影响企业绩效；拼多多商业模式对企业绩效的影响路径分为收入与成本费用两方面，通过拼团模式获取大量活跃用户，并采用激励、刺激随机消费等方式提高总收入额，以补贴和大规模线上广告赢取更多的新用户，获客成本的持续投入使其销售和市场费用不断增加，从而影响总成本，拼多多销售及市场费用的大量投入是导致其短期无法盈利的主要因素。但从市值来看，拼多多的市值处于快速上升阶段，其企业价值得到了投资者的广泛认可。本案例也证明了目前会计系统的计量数据无法对互联网平台企业未来盈利能力和估值作出合理估计。

参考文献

［1］程振宇．社交网络下网络互动对购买意愿影响及信任保障机制研究［D］．北京：北京邮电大学，2013．

［2］杜昱锦．技术创新、公司治理与企业绩效的关系研究：分行业比较［D］．济南：山东大学，2017．

［3］刘湘蓉．我国移动社交电商的商业模式——一个多案例的分析［J］．中国流通经济，2018，32（8）：51－60．

［4］石卉．社会化电子商务环境下信任动态演化的影响因素研究［D］．北京：北京化工大学，2015．

［5］苏武康．中国上市公司股权集中度与公司绩效实证研究［J］．经济体制改革，2003（3）：111－114．

［6］项国鹏，周鹏杰．商业模式对零售企业绩效的影响——基于顾客价值创造视角的分析［J］．广东商学院学报，2013，28（1）：25－33．

［7］熊恒晓．基于社交电商平台的 UGC 伦理问题研究［D］．广州：暨南大学，2017．

［8］张敬伟，王迎军．基于价值三角形逻辑的商业模式概念模型研究［J］．外国经济与管理，2010，32（6）：1－8．

［9］周亚丽，曹艺文．社交电商发展中的问题及建议［J］．合作经济与科技，2016（11）：164－165．

［10］宗乾进．国外社会化电子商务研究综述［J］．情报杂志，2013，32（10）：117－121．

［11］Andrew T. Stephen，Olivier toubia. Deriving value from social commerce networks［J］．Journal of marketing research，2010，47（2）．

［12］Armstrong，Michael，Baron，Angela. Out of the tick box［J］．People management，1998．

［13］Christoph zott，Raphael amit. Business model design and the perform-ance of entrepreneurial firms［J］．Organization science，2007，18（2）．

［14］Christoph Zott，Raphael Amit. Business model design and the perform-ance of entrepreneurial Firms〔J〕. Organization science, 2007, 18（2）.

〔15〕David J. Teece. Business models, business strategy and innovation〔J〕. Long range planning, 2009, 43（2）.

〔16〕David W. Stewart, Qin Zhao. Internet marketing, Business models, and Public policy〔J〕. Journal of public policy & Marketing, 2000, 19（2）.

〔17〕Magali, Dubosson-Torbay, Alexander, et al. E-business model design, classification, and measurements〔J〕. Thunderbird international business review, 2002.

〔18〕Magretta Joan. Why business models matter〔J〕. Harvard business review, 2002, 80（5）.

〔19〕Malone T W, Weill P, Lai R K, et al. Do some business models perform better than others?〔J〕. Mpra paper, 2006.

〔20〕Marsden P. Commerce gets social：How your networks are driving buy〔N〕. Social commerce today, 2011 － 01 － 29.

〔21〕Michael Morris, Minet schindehutte, Jeffrey allen. The entrepreneur's business model：toward a unified perspective〔J〕. Journal of business research, 2003, 58（6）.

〔22〕Osterwalder A, Pigneur Y, Tucci C L. Clarifying business models：Origins, Present and future of the concept〔J〕. Communications of the association for information systems, 1998, 16（1）.

〔23〕Paul Timmers. Lessons from B2B E-Business models〔M〕// Die zukunft des electronic business. Gabler verlag, 2003.

〔24〕Teece D J. Business models, business strategy and innovation〔J〕. Long range planning, 2009, 43（2－3）：172－194.

〔25〕Timmers, Paul. Business models for electronic markets〔J〕. Electronic markets, 1998, 8（2）：3－8.

（本文原载《财会通讯》2021 年第 2 期，

作者：刘运国、徐瑞、张小才）

如何利用财务报告分析垂直电商的商业模式

——以唯品会为例

摘要："十四五"规划提出购物消费的数字化。本文以唯品会为例，使用商业模式三要素分析框架，运用财务报告信息分析了垂直电商企业的商业模式。本文使用收入和毛利率分析了市场定位，使用销售费用和合同履约成本分析了运营模式，使用研发费用、经营现金流和销售净利率分析了盈利模式。唯品会的市场定位于年轻中产女性，聚焦销售大品牌时装尾货。唯品会的营销围绕固定用户提高复购率；物流则通过外包和"货不入仓"的方式降低成本。与综合电商不同，唯品会作为垂直电商市场规模较小，其盈利并不来源于技术研发，而是较高的用户黏性、灵活调整品类保持较高毛利的能力。

关键词：商业模式；垂直电商；唯品会

一、引言

党的二十大提出建设数字中国；"十四五"规划提出了购物消费的数字化。落实这些政策的微观主体是互联网企业。我国的互联网企业目前处于成熟阶段。抖音、快手、小红书等互联网企业已经开始将电商业务作为变现手段。然而，目前的网络零售增长率呈下降趋势；2002 年的增长率接近200％，2016 年增长率开始平稳下降，2022 年的增长率仅为 4％。互联网企业在不同生命周期阶段的估值逻辑不同。初创期和成长期的互联网企业价值主要取决于非财务指标，例如流量。处于成熟期和衰退期的互联网企业，其价值主要受财务指标的影响，企业有盈利的压力；其流量不再是互联网企业估值的核心驱动因素，而市盈率、现金流等指标成为估值驱动要素；企业体现为收益性价值（段文奇和宣晓，2018）。因此，在互联网企业和电商企业进入成熟阶段后，如何使用财务指标分析其商业模式，对于投资者和管理层来说具有一定的意义。

现有研究分析了如何使用财务报告分析互联网企业的商业模式（薛云

奎，2022）。销售货物的互联网平台被称为"电商"。电商企业按照销售商品的品类数量可大致分为两类：第一类是在某个行业或细分市场中深耕，被称作垂直电商；第二类是在多个行业以及市场中运营的，被称作综合电商。综合电商业务较多、市场广阔、增长空间较大，例如京东。垂直电商专注于细分市场，产品相对较少、市场规模有限，专注于盈利而不是开拓市场，较早实现了盈利，积累了运营经验。因此，分析垂直电商的财务报告有利于对成熟阶段的互联网企业提供借鉴。

本文拓展了使用财务数据分析互联网企业商业模式的理论，将综合电商拓展到了垂直电商，能够为投资者分析垂直电商商业模式和竞争优势、为管理层提高管理水平提供借鉴。

二、垂直电商的商业模式

（一）商业模式

20 世纪末 21 世纪初，互联网企业不断涌现，且其商业模式与传统企业存在区别。这引发学者对商业模式的研究兴趣。尽管如此，目前对商业模式的定义并未统一，其包含的要素也存不同的观点。佐特和阿米特（Zott and Amit，2011）对欧美 59 家电子商务企业进行研究后提出，商业模式是"为了利用商业机会创造价值而设计的交易内容、交易结构和交易治理机制"，只有运营模式一个要素。板见和西野（Itami and Nishino，2010）进一步认为，商业模式还要满足企业的盈利要求。切斯布罗和罗森布卢姆（Chesbrough and Rosenbloom，2002）则认为商业模式还应该给目标客户带来价值。魏炜等（2012）认为，除了市场定位、盈利模式、运营模式三个要素，商业模式还包括关键资源能力、现金流结构和企业价值三个要素。其中，关键资源能力是强调支撑交易结构的重要资源和能力，现金流结构和企业价值是商业模式的落脚点。此外，奥斯特瓦尔德等（Osterwalder et al.，2005）提出了核心能力、资源配置、价值主张等九要素观点、杜博松-托尔贝等（Duboson-Torbay et al.，2002）提出了价值主张、目标客户、核心能力等十二要素观点。

本文认为，市场定位、盈利模式、运营模式的三要素观点既能覆盖其他要素又较为简洁。例如，关键资源能力的作用是支撑交易结构，可以将其纳入运营模式要素；现金流结构和企业价值可以单独作为企业经营的结果来评价，这受到商业模式以外的因素影响。因此，本文从市场定位、盈利模式、运营模式三方面展开案例分析。

（二）唯品会的商业模式

电商企业通常会投入大量资源来建立品牌、开发产品、营销推广和客户服务等，以吸引并留住消费者。电商企业为消费者提供一种新型的购物场景，即消费者在网络上购物并在网络上支付。2000～2004年，我国最早期的电商企业主要以书籍销售为主，如卓越网、当当网。当时，由于信用卡普及率低，支付方式主要是货到付款。而到2005～2010年，大型电商平台崛起。淘宝网和京东商城相继成立，并开展了各自的电商业务，支付宝和快递物流行业也得到了飞速发展，这些都为电商的快速发展提供了基础支撑。2011～2014年智能手机普及，移动电商开始兴起。淘宝、京东等大型电商平台都推出了移动端应用，并积极开展移动电商业务。此外，一批新兴电商公司，如拼多多、小米之家等也迅速崛起。近年来，电商行业已经进入了线上与线下融合的新阶段。截至2022年底，我国电子商务市场份额各电商企业占比如下：淘宝系为53.0%，京东为20.0%，拼多多为15.0%，苏宁易购为1.6%，唯品会为1.2%。值得注意的是，抖音与快手电商突飞猛进，成为仅次于"淘宝、京东、拼多多"三大巨头的一股势力。

垂直电商与综合电商是根据其市场定位来区分的。综合电商在多个行业以及市场中运营；垂直电商在某个行业或细分市场中深耕，如当当网、蘑菇街、聚美优品等。但随着时代的发展，垂直电商行业逐渐衰落。当当网被收购，蘑菇街亏损超40亿元，聚美优品退市，目前仅有唯品会保持盈利。因此本文选择唯品会作为垂直电商的案例加以分析。

三、唯品会简介

唯品会成立于2008年，是中国最大的"垂直特卖"电商平台之一。唯品会购入有品牌的产品并低价线上销售，以时装为主，具有稳定的品牌合作方和忠实的用户。其发展历程可分为三个阶段：第一阶段为2008～2012年。唯品会获得了两轮融资，通过快速扩张成为南方地区最大的电子商务公司，并在2012年在美国上市。第二阶段为2013～2017年。唯品会开展了"电商＋物流＋金融"三大业务。品类和业务不断扩张。第三阶段为2017年以后。京东与腾讯在2017年12月投资了唯品会后，唯品会重新将发展重心放在服装特卖行业，减少了服装的品类，关停了自建的物流业务。2019 年唯品会开展线下特卖模式，但是收入占比较低。

唯品会主要销售服装。服装一般具有以下两个特点：第一，由于服装品牌天然分散，唯品会更容易在产业链中建立优势。中国服装鞋帽市场行业集中度远远不及美妆个护以及家电 3C 市场，服饰品牌龙头市场占有率不超过 5%。较为分散的产品品牌，一方面使得唯品会作为渠道商的合作伙伴众多，渠道议价能力较强；另一方面使得唯品会可以帮助用户做商品的初筛与背书，进一步提高了唯品会的服务价值。第二，服装特卖具有充足的、持续的货源，这是因为服装产品的属性是"有品牌的衣服非标品"，尤其是女装。由于用户需求在不断变化，且服装需求具有季节性特征，服装价格会随着产品已上架时间的推移逐步下降。为实现产品生命周期价值最大化、快速回笼资金，服装品牌商大多有剩余库存并有库存处理需求。

唯品会的用户定位于年轻中产女性。根据其最近三年的财务报告，25～34 岁用户占比达到一半以上，女性用户达七成。从城市分布角度看，二线及二线以上城市用户数量约占一半，高于淘宝、拼多多和京东。由此可见唯品会用户占比主要为年轻中产女性，其收入预期状况好。该群体有两个明显的特征：一是追求性价比，但品质优先，价格次之；二是以劳动收入为主要经济来源，喜欢建立信任并重复购买信赖产品。因此，以年轻中产女性群体为主要目标用户的唯品会市场潜力较大，并且收入较稳定。

四、从财务指标分析商业模式

对于电商企业，现有研究认为，可以从收入的增长率判断商业模式是否迭代、从主营业务收入判断是否直营、从海外收入判断是否全球化、从销售毛利率判断是否具有差异化、从研发投入判断是否属于高科技。综合电商与垂直电商之间存在如下区别：第一，综合电商业务较多、市场广阔，长期资产的投资回报率较高，如研发、海外市场拓展。而垂直电商专注于细分市场，市场规模有限，研发、海外业务拓展等长期投资的回报率相对较低，且投资能力有限。第二，综合电商业务较多，业务之间可以形成协同。因此综合电商实施产品差异化的空间较大，而垂直电商没有这个优势。第三，由于业务多、市场广阔，综合电商增长率一般较高。而垂直电商专注于细分市场，市场规模相对较小，增长潜力有限，增长率不高。所以，本文接下来使用新的财务指标分析垂直电商的商业模式，即市场定位、运营模式、盈利模式。

唯品会从 2017 年开始接受京东和腾讯的投资，并开始逐步专注于既有的细分市场。这代表唯品会进入成熟阶段。为了更好地与综合电商对比分析，本文选择直营的综合电商京东进行对比分析。

（一）市场定位

1. 收入：目标用户定位

唯品会与京东均以自营为主。图 1 展示了唯品会和京东 2022 年的收入占比。唯品会销售自营产品的收入高达 94%，而京东销售产品的收入占 83%。京东的其他收入包括广告服务等。由此可以看出，唯品会的业务相对单一。

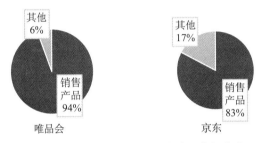

图 1　唯品会与京东 2022 年的收入来源占比

资料来源：两者的年度财务报告。

唯品会与京东 2017~2022 年的收入如图 2 所示。从图中可以看出，唯品会的收入与京东之间存在数量级差异。唯品会在 2022 年已经出现了收入下降的趋势，表明其所在的细分市场已经饱和。而京东的收入持续上涨。

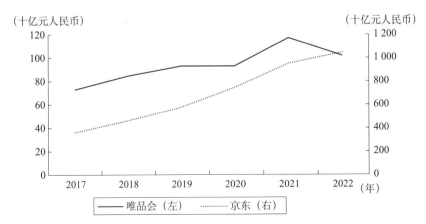

图 2　唯品会与京东历年收入

资料来源：年度财务报告。

在现阶段，综合电商专注于"流量为王"，而垂直电商则专注于"存量"，以既有用户为中心。增加存量用户的购买频率是垂直电商的主要收入来源，即提高活跃用户占比。活跃用户是指一个财务报告期间内线上购物超过一次的用户。如图3所示，唯品会的活跃用户占比持续提升，到2022年已经达85%以上。这些活跃用户也贡献了大部分的订单。2017年订单中的95%来自活跃用户，2022年这一比例几乎达到了100%。因此，唯品会主要是把货物卖给忠实的活跃用户。

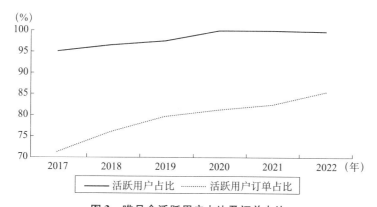

图3　唯品会活跃用户占比及订单占比

资料来源：年度财务报告。

总之，唯品会的收入增长已经放缓；且主要的收入来源于既有的活跃用户。因此，其主要将货物销售给细分市场中有限的活跃用户。这也正是垂直电商的特点。而京东是综合电商，收入多元，目前的收入仍然在增长，市场广阔。

2. 毛利率：产品定位

唯品会既然将货物卖给规模有限的活跃用户，那么把哪些产品卖给用户才能获取更高的毛利呢？对于电商企业而言，毛利是其利润的最初来源。唯品会与京东2017~2022年的毛利率如图4所示。可以看出，唯品会的毛利率高于京东，约是京东的1.5倍。这是因为唯品会专注于细分市场，选择产品时更加专业。京东作为综合电商，销售的产品品类丰富。

唯品会的高毛利来源于三方面：专业采购团队、平台正品形象以及较多的合作品牌商。第一，唯品会拥有由3 000名专业员工组成的时尚采购团队，能够精准挖掘用户喜爱的产品。第二，唯品会悉心维持"平台正品"的形象。入驻唯品会的品牌大多具有一定的知名度。作为国内唯一一家购买货物正品保险的电商企业，唯品会在一定程度上消除了用户对商品质量的疑虑，并在用户心目中树立了"平台正品"的形象。第三，唯品会在平台形象与用户维护的经营也促进了唯品会的发展。由于唯品会共拥有 1 600 多个品牌的独家授权特卖及 1 亿活跃用户，大品牌倾向于与唯品会合作，并提供专享促销政策。并且，唯品会采用限时特卖模式集中销售商品，每种商品在售期只有 3～5 天，从而使得商品价格可以达到一折，而急于去尾货的品牌商也乐于与唯品会合作。正是因为唯品会具有在服装领域的成功运营经验，使其具备了一定的关键资源能力，才使得京东在 2017 年选择通过投资唯品会进入时装领域。

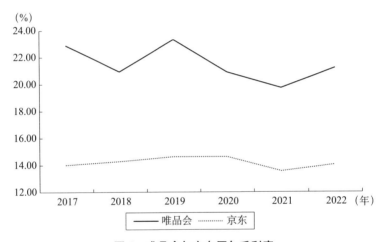

图 4　唯品会与京东历年毛利率

资料来源：年度财务报告。

具备上述能力后，唯品会可以及时调整产品品类，提升毛利率。例如，唯品会 2019～2021 年的毛利率由于客观原因下滑后，其在 2022 年及时调整了产品品类，提升了毛利率。与之对比，京东并没有针对其细分品类进行细致的选品运营，因而其产品的毛利率相对较低。

（二）运营模式

1. 销售费用：营销的运营模式

唯品会是如何将货物销售给消费者呢？本文以唯品会与京东的销售费用为切入点进行分析。从图 5 可以看出，唯品会的销售费用占销售收入的占比高于京东。销售费用主要是销售人员的工资、营销活动产生的费用。其目的是提升活跃用户的比例、增加新用户以及提高品牌知名度。从 2019 年开始，唯品会的销售费用持续上涨，逐渐超过了京东，直到 2022 年大幅下降。然而，唯品会的活跃用户平均订单量却稳定上涨，即便在 2022 年销售费用下降的情况下仍然小幅增长。这表明唯品会的活跃用户受到销售活动的影响较小，具有相对稳定的需求。唯品会未出现电商行业中营销费用和用户黏性同步下滑的通病。

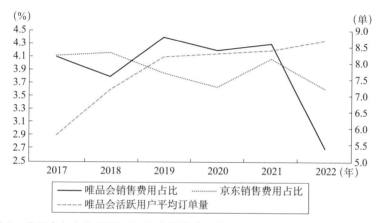

图 5　唯品会与京东 2017～2022 年销售费用占比及唯品会活跃用户平均订单量
资料来源：年度财务报告。

2022 年第四季度的数据能更直接地体现这一结论：2022 年第四季度，唯品会的销售费用同比下降 17.6%，但其季度活跃用户仅同比减少 150 万人，是全年流失最少的一季。并且由于下单频次提升，唯品会的订单反而增长了 1%。唯品会 2022 年第四季度的活跃用户为 4 770 万，而其 SVIP 数量为 670 万。占比不到 1/5 的活跃用户却贡献了将近一半的收入，这说明这批忠诚度高的活跃用户能持续稳定为唯品会贡献收入。因此，唯品会的销售费用主要影响的是新用户的增长，且营销力度高于京东；对于存量用户而言，销售费用减少并无较大影响。

尽管唯品会的活跃用户的购买行为受到营销活动的影响较小，但是其在 2022 年并未将销售费用削减到零，表明其仍然进行了营销。那么唯品会是如何营销的呢？一是使用内容营销：与网红合作，网红与用户互动营销；鼓励用户写文章分享购物体验，并在文章中放入购物链接，以此提高用户的购买力度。二是推广品牌，增加新用户。具体手段包括电视广告、电视节目中植入广告。2022 年减少的销售费用主要是这部分品牌宣传的支出。

京东在内容营销方面合作方的级别更高，不仅包括网红，还与互联网公司达成战略合作。京东的品牌进行宣传方面使用了大数据技术帮助消费者、供应商提高对京东品牌的认知，并使用微信、QQ 等针对下沉市场进行营销。此外，京东还帮助供应商进行品牌宣传。同时使用大数据技术帮助消费者加深对供应商的品牌认知。尽管京东营销的目的更多，但是其销售费用占比仍然略低于唯品会。这也表明了唯品会的目标客户有限，难以通过营销增加非用户的需求。

2. 履约成本：物流运营模式

在用户下单后，唯品会需要将货物配送给用户。履约费用是为了完成订单而付出的成本，主要包括货物的仓储费用和物流费用。唯品会与京东 2017 ~ 2022 年的履约成本占比如图 6 所示。可以看出，唯品会的履约成本较高。在 2019 年前，唯品会与京东均使用自建的物流来运输货物，包括仓储中心和快递公司。京东的物流公司是完全自建的，而唯品会的物流公司是通过收购小的物流公司组建的，内部并未完成整合，因此物流服务质量较低、服务成本较高。此外，唯品会的订单量远远低于京东，难以形成规模优势。因此唯品会的物流成本高于京东。2019 年，唯品会关停物流公司，仅保留仓库。快递服务则外包给顺丰等快递公司，这进一步增加了其履约成本。

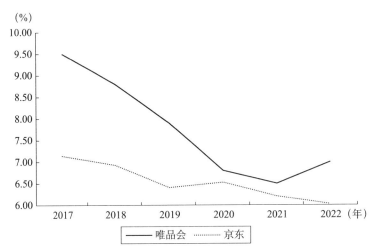

图 6   唯品会与京东 2017 ~ 2022 年的履约成本占比

资料来源：年度财务报告。

从图 6 可以看出，其履约成本在不断下降，这源于唯品会业务模式的创新。2015 年之前，唯品会先向供应商采购货物并运送到仓库，在消费者下单后将货物从仓库运送给消费者。2015 年唯品会同时采用 JIT（Just In Time）模式。消费者下单后，唯品会才将货物从供应商那里运输到仓库，再配送给消费者；或者直接从供应商的仓库配送给消费者。通过 JIT 模式，唯品会实现了"货不入仓"，降低了物流成本和履约成本。总之，唯品会之前自建物流、外包物流的成本较高，但是其通过改变货物配送方式降低了履约成本。

（三）盈利模式

1. 现金流和销售净利率：盈利状况

唯品会与京东 2017～2022 年的经营活动现金流和销售净利率如图 7 所示。可以看出，唯品会持续保持盈利，而京东长期亏损。尽管如此，京东经营活动产生的现金流持续增加，趋势好于唯品会。这是因为：京东是综合电商，市场较大，处于扩张阶段；而且京东的规模较大，可以在一定程度上挤压供应商的现金流，产生更多的应付账款；而唯品会的市场较小，较早处于成熟阶段，专注于盈利。从纵向来看，除去 2021 年，唯品会的销售净利率在不断增加。2022 年，唯品会通过调整产品品类提升了毛利率，并减少了销售费用和研发费用，从而有利于提高销售净利率。

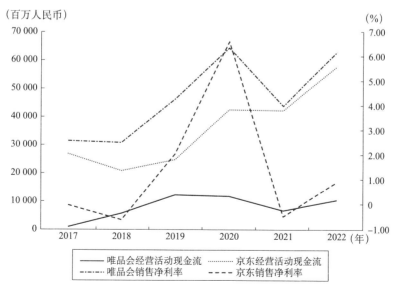

图 7　唯品会与京东 2017～2022 年经营活动现金流和销售净利率
资料来源：年度财务报告。

2. 研发费用与销售收入：能否吸收研发产生的外溢效应

电商企业具有技术属性。那么其研发投入的收益如何呢？唯品会与京东2017～2022年的研发费用占比及成果（包括新增收入与新增专利倍数）如图8所示。可以看出，唯品会的研发费用占比高于京东，直到2022年下降到与京东持平。唯品会的研发费用主要用于平台的维护成本、大数据的技术开发，京东的研发费用还用于云服务等。从效果来看，唯品会的研发投入产出比较低。图8展示了唯品会与京东每件新增收入与新增发明专利的比值。发明专利的技术含量更高，更能够代表其研发成果（对于极端值，使用了相邻年份的数据加以替代）。从图中还可以看出，唯品会新增专利带来的新增收入低于京东。研发产生的技术具有较强的外溢性，只有在企业规模足够大时才能产生溢出效应和正收益。唯品会专注于细分市场，其规模小于京东。其投入研发产生的专利带来的收入低于京东。2022年，唯品会裁撤了部分IT员工，降低了研发费用。简言之，唯品会每年投入的研发费用较高，但是由于其市场规模较小，无法吸收研发产生的溢出效应，因此研发带来的收益有限。

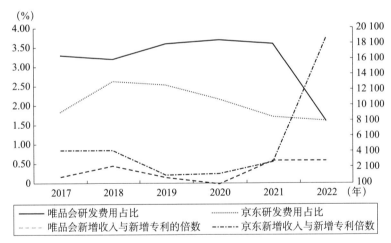

图8 唯品会与京东2017～2022年的研发费用占比及成果

资料来源：年度财务报告。

3. 依靠什么盈利

从以上分析可以看出，唯品会作为垂直电商专注于细分市场，其市场的增长潜力有限。与综合电商相比，唯品会在品牌宣传、物流、技术研发等长期、高风险投资方面优势较弱，规模效应较低。这导致其销售费用、履约成本、研发费用占收入的比重均高于京东。唯品会的优势是用户忠诚度较高，用户购买频率与销售费用的黏性较低；减少销售费用不会导致用户减少购买频率。由于更了解其用户的需求，唯品会在选择产品方面的经验更丰富，可以及时调整产品品类，保持高毛利率。例如，在 2022 年，唯品会减少对研发、营销、物流等长期投资的投入，通过调整产品品类提升了毛利率，进一步扬长避短，提升了其盈利能力。

五、结论

本文以唯品会为例，研究了如何使用财务报告信息分析垂直电商的商业模式，即市场定位、运营模式、盈利模式。本文通过收入和毛利率分析垂直电商企业的用户定位和产品定位，通过销售费用和合同履约成本分析营销和供应链的运营模式，通过研发费用、现金流和销售净利率分析盈利能力，并最终总结其核心竞争能力。

与综合电商相比，垂直电商专注于细分市场。已有文献分析了如何使用财务报告分析综合的商业模式，但是并未细化到垂直电商。本文对此进行了拓展。此外，目前互联网企业已经进入成熟阶段，资本市场对其有盈利的要求。近年来互联网企业纷纷发展电商业务，将其作为流量变现的手段。而垂直电商进入成熟阶段的时间较早，已经实现了稳定的盈利。本文对理解和认识垂直电商的商业模式以及优化类似垂直电商企业的经营具有一定的借鉴意义。

参考文献

［1］段文奇，宣晓．基于价值创造视角的互联网企业价值评估体系研究［J］．财贸研究，2018，29（9）：85 - 97.

［2］魏炜，朱武祥，林桂平．基于利益相关者交易结构的商业模式理论［J］．管理世界，2012（12）：125 - 131.

［3］薛云奎．如何利用财报分析互联网的商业模式［J］．会计之友，2022（16）：2 - 18.

（本文原载《财会月刊》2024 年第 5 期，
作者：刘运国、郭瑞营、张新宇）

中美电商企业业绩差异及其形成机理研究

——基于京东和亚马逊的案例

摘要： 电商企业由消费互联网与零售业融合发展而来，是我国互联网行业中的重要组成部分。文章选取商业模式相似的京东、亚马逊进行案例比较研究发现，亚马逊的盈利能力具有明显的优势；两者偿债能力差异较小；亚马逊的议价能力较强、利润增长更快，京东的资产营运效率较高、收入增长更快。进一步分析两者商业模式影响企业绩效的内在机理发现：盈利能力上，亚马逊以服务收入为驱动、以自营产品为主，以数字媒体产品为新增长点，形成了较强的盈利能力；在议价能力上，亚马逊凭借在美主导地位与商家建立仓储物流密切合作关系，提供供应链金融服务，议价能力更强。京东涉足消费金融，以"白条"等形式为客户提供的贷款，不敌国内同业竞争，议价能力提升有限；在成长能力上，亚马逊采用的"逆向工作法"，充分地评估和推进新产品、新业务，其营业利润增长率受到业务扩张的负面影响较小。同时，具备较强的成本费用控制能力抑制费用增长率，保持稳定的成长性。而京东营业利润增长率多次因业务扩张而较大幅度下滑，通过费用控制快速止损能力弱，成长性不稳定。

关键词： 企业业绩；电商企业；商业模式

一、引言

近年来，我国互联网行业发展迅速，与美国等发达国家之间的差距缩小，中美共同处于互联网发展的第四阶段——DT（Data Technology）时代。我国互联网行业的发展得益于国内巨大的消费经济体量，而电商企业将互联网与零售业结合起来，是我国互联网行业中的重要部分。据商务部电子商务司负责人介绍，2022年全国网上零售额达到13.79万亿元，同比增长4%。我国已连续10年保持为全球最大网络零售市场，相关产业涉及电子支付、物流运输和信息技术服务等领域，吸纳及带动就业超过 6 700 万人。目前我国市场份额最大的三个电商企业为淘宝、京东、拼多多，同时内容电商①、直播电商②等新的电子商务形式兴起，抖音、快手等短视频平台的电商业务发展态势良好。电商企业备受关注，其商业模式、发展路径和财务业绩亦引起实务界和学术界的兴趣。

2022 年《财富》世界 500 强排行榜发布，进入排行榜的中国企业数量更多、规模更大，但盈利能力不强的短板依然突出。以电商企业为例，尽管世界 500 强排行榜肯定了企业的营收规模，但也在对比中暴露出了我国企业盈利能力较弱的问题。具体而言，美国亚马逊公司、中国京东集团和阿里巴巴集团分别排在 2022 年世界 500 强的第 2 位、第 46 位和第 55 位，它们在盈利能力指标上的表现差异较大，其中亚马逊的净利率为 7.1%，总资产收益率为 8.0%；京东的净利率为 -0.37%，总资产收益率为 -0.7%，阿里巴巴的净利率为 7.3%，总资产收益率为 3.6%。将中美两国的电商平台企业进行业绩差异对比，探寻差异形成的内部机理，有助于剖析我国电商企业"大而不优"的问题，探索出将其做强做优做大的解题方法，找到提高核心竞争力的有效路径。

二、相关文献及理论基础

国内学者对电商企业的研究紧跟企业的发展动态，涵盖了许多方面，从电商企业所特有的发展模式、平台经济的特性，到互联网生态圈的构建、互联网金融，再到下沉市场的开拓、跨境电商及直播电商等发展方向。比如，黄海龙（2013）将电商金融分为消费者信贷和中小微企业贷款，细化总结了电商金融模式。周文辉（2015）选取淘宝电商平台与买卖双方之间价值共创案例为研究对象，分时期探讨总结电商平台与双边市场的价值共创对网络效应的作用机制。邵鹏和胡平（2016）按照电商平台创新演变阶段进行讨论，分阶段总结电商平台商业模式的创新关键。钟涛（2020）分析了直播电商的

---

① 内容电商是指在互联网信息碎片化的时代，通过优质的内容传播（通常为短视频、直播或图文等），利用大数据技术收集人群喜好并进行标签分类，再针对人群兴趣点输出内容，进而按偏好引导用户进行消费的电商形式。
② 直播电商是指主播（明星、网红、创作者等）借助视频直播形式推荐卖货并实现"品效合一"的新兴电商形式。它是内容电商的高级形态和最新形式，能够通过更紧密的互动与用户建立起难得的更为长久的"信任感"，更好地输出品牌价值。

发展动力，并对直播电商的未来成长持续性作出预测。

针对电商企业的研究大多采取案例研究的方法，许多研究关注这类企业的盈利模式及业绩评价指标体系。比如，采用盈利模式五要素理论作为分析框架，并建立相应的业绩评价体系，一些研究分析了京东（李建颖，2018）、拼多多（邵子贤，2021；王景河、王阳和石媚，2020）、苏宁云商（梁晨，2017）和唯品会（钱敏，2021）等我国电商企业的盈利模式及其存在的问题，据此提出建议。还有一些研究关注电商企业业绩评价指标体系的构建（杨欢，2018；杨莹莹，2015），以及企业财务绩效发生变化的机理（毕海娇，2017）。学者们针对电商企业商业模式、业绩评价体系的研究成果为本文的开展奠定了理论基础。但本文并非单纯地用财务指标和非财务指标去评价电商企业的业绩，亦不是纯粹研究电商企业商业模式，而是通过选取世界知名、中国一流的电商企业做对比案例研究，从商业模式视角去发现企业绩效表现优异的原因，深入分析商业模式中形成核心竞争力的关键要素，探究其与业绩成果之间作用的内在机理，分析视角更"向前看"，为企业发展探寻更多发展的可能性。

三、案例企业业绩差异对比

我国三大电商企业分别为阿里巴巴、京东和拼多多。2022 年阿里巴巴、京东进入了《财富》世界 500 强排行榜，拼多多则进入了《财富》中国 500 强排行榜，其中京东由于营业收入规模最大，因而排名最高，位列世界 500 强的第 46 位，且与美国最大的电商企业亚马逊的商业模式较为相似。故本文以京东、亚马逊为研究对象，剖析中美电商平台企业的业绩差异以及差异的形成机理。

企业的业绩反映了其综合的经营成果，以 2013～2019 年[①]为观测时间段，本文对盈利能力、偿债能力、营运能力和成长能力四个方面的历年财务指标进行对比考察[②]发现，在反映盈利能力的销售毛利率和销售净利率指标上，亚马逊的表现整体优于京东；在反映偿债能力的流动比率和速动比率上，除 2014 年京东的流动比率 1.72 接近 2 以外，其他各年度亚马逊和京东的两个

---

① 以 2013～2022 年为观测时间段，并剔除全球经济受新冠疫情影响的 2020 年、2021 年和 2022 年。
② 考察盈利能力采用的指标为净利率和毛利率；考察偿债能力采用的指标为流动比率、速动比率；考察营运能力采用的指标为存货周转天数、总资产周转率、应付账款与应收账款周转天数之差；考察成长能力采用的指标为营业收入、营业利润的同比增长率。

比率均控制在 1 左右，两家企业部分年度数据相近甚至趋于一致（如 2015 年两家企业的速动比率均为 0.77），总体上偿债能力差异不大；在反映营运能力的存货周转天数和总资产周转率指标上，京东优于亚马逊。其中，京东的存货周转天数最短为 32.09 天，最长为 40.80 天，而亚马逊的存货周转天数最短为 40.96 天，最长为 46.58 天。京东的总资产周转率在 2.10 ~ 3.16，而亚马逊的总资产周转率①在 1.45 ~ 2.05。但亚马逊的议价能力优于京东；在反映成长能力的营业收入同比增长率上，京东处于优势，而在营业利润同比增长率上，亚马逊却占优势。针对盈利能力、议价能力和成长能力三个方面存在的差异具体分析如下。

（一）盈利能力差异

毛利率和净利率是考察盈利能力强弱的常用指标，且使用这些指标比较多家企业时，比较结果不受企业规模差异的影响。一般来说，企业的毛利率较高，说明该企业的产品拥有较大的竞争优势；企业的净利率较高，说明该企业获取利润的能力较强。

从毛利率来看，京东的毛利率明显低于亚马逊的毛利率，亚马逊的毛利率还呈现出上升的趋势（见图 1）。京东在 2014 年上市，直至 2016 年，其毛利率逐年上升，随后在 2017 年小幅下滑至 14%，并在这之后维持在 14% 左右。自 2013 年开始，亚马逊的毛利率维持在 27% 以上，同时保持上升的趋势，在 2019 年达到了 41%。这七年中，京东、亚马逊在毛利率上的差距逐步拉大，2019 年两者的毛利率之差为 26%。

图 1　2013 ~ 2019 年京东、亚马逊毛利率变动趋势

资料来源：根据京东、亚马逊公司年报数据整理。

---

①　根据 2019 年年报数据显示，亚马逊的总资产规模是京东的 6 倍，营业收入规模是京东的 3 倍，两家企业的体量差异将影响两者的总资产周转率的计算和比较。

从净利率来看，京东的净利率低于亚马逊的净利率，且基本为负，京东的整体盈利能力较弱（见图2）。直至2019年，京东的净利率才在近十年间首次达到零以上，为2%。在此之前，京东并未实现盈利，这种亏损的情况在2014年、2015年尤为严重，净利率分别为 - 4%、 - 5%。在2015年后，京东的亏损状态有所减弱，净利率在 - 1%左右，并于2019年实现盈利。与京东相比，亚马逊在净利率上表现较好，尽管在2014年有过亏损的情况，但随后其净利率呈现上升的趋势，在2019年达到4%。在这七年中，京东与亚马逊的净利率保持4%左右的差距。

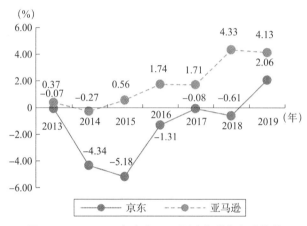

图2　2013～2019年京东、亚马逊净利率变动趋势
资料来源：根据京东、亚马逊公司年报数据整理。

（二）议价能力差异

商业信用情况反映了企业的议价能力，市场地位高、议价能力强的企业因为无须将商业信用作为竞争手段，所以往往获得更多的商业信用，且对外提供的商业信用较少。因此应付账款周转天数、应收账款周转天数两项指标不仅衡量了企业的营运效率，还从侧面反映了企业在行业上下游的议价能力。

2013～2019年，京东的应付账款周转天数、应收账款周转天数分别为60天、10天左右，而亚马逊的应付账款周转天数、应收账款周转天数分别为90天、20天左右。整体而言，亚马逊的两项指标表现相对稳定，京东的应付账款周转天数明显上升，而应收账款周转天数则明显下降，可见京东的议价能力增强（见表1）。

表1   **2013~2019 年京东、亚马逊的应付账款、应收账款周转天数**

公司	指标	2013 年	2014 年	2015 年	2016 年	2017 年	2018 年	2019 年
京东	应付账款周转天数	55	49	53	60	68	70	62
	应收账款周转天数	3	5	12	19	17	11	5
亚马逊	应付账款周转天数	95	91	93	93	96	94	93
	应收账款周转天数	20	21	20	20	22	23	24

资料来源：根据京东、亚马逊公司年报数据整理。

    为了直观地呈现京东、亚马逊的议价能力差异，本文比较了两家企业的应付账款、应收账款周转天数之差，该项差值越大，说明企业在行业中的地位越强势，获得更多的商业信用。尽管京东的差值在 2016 年后大幅提高，但与亚马逊的表现仍有 10 天以上的差距，说明京东在行业上下游中的议价能力较弱（见图3）。综合来看，在议价能力方面，京东逊色于亚马逊。

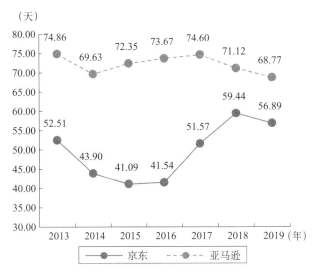

图3   2013~2019 年京东、亚马逊应付账款、应收账款周转天数之差变动趋势
资料来源：根据京东、亚马逊公司年报数据整理。

（三）成长能力差异

    从 2013~2019 年营业收入增长率的各年数据分析，京东的营业收入增幅在24.86%~67.57%，而亚马逊的增幅最低年份为19.53%，最高年份为30.93%。在该指标上，京东占有优势。企业收入增长为其更好地发展提供了可能性空间，最终实现利润才能为后续的成长积蓄足够的财富。比较京东、亚马逊之间的营业利润增长率，发现京东的成长性较差，且比较不稳定（见图4）。七年中，尽管京东的营业利润增长率最高达297%，但除此以外基本低于35%，在2014年、2015年和2018年为负数，最低为－902%，成长性较差，且波动幅度较大。相比之下，亚马逊在大多数年份中保持了较高的成长性，达到70%以上的营业利润增长率，且其营业利润增长率在2015年达到了最高的1 154%。亚马逊偶尔也出现营业利润增长率为负的情况，最低的营业利润增长率为－76.11%，依然高于同年京东的－902%。

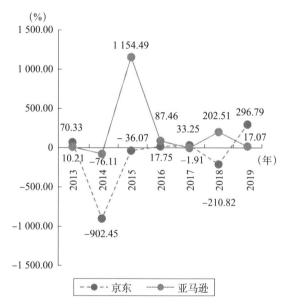

图4 2013~2019年京东、亚马逊营业利润增长率变动趋势

资料来源：根据京东、亚马逊公司年报数据整理。

四、案例企业的商业模式及业务发展布局分析

（一）京东的商业模式分析

（1）市场定位。京东是以自营为主的电商平台企业，推行正品行货、优质服务的企业理念，核心业务为京东商城零售业务，坚持"全品类扩张"的战略定位。京东零售销售家用电器、图书、食品、医药保健等日用百货及房

产、汽车和工业品，也提供订票、金融、维修回收等服务，这些在售商品由供应商和第三方商家提供。京东零售在发展初期凭借 3C 产品①网购平台的形象进入电商行业，后优势品类延伸至家电商品，进而拓展至超市快消品。京东零售差异化的实现离不开京东物流的支持，京东物流实行仓配一体化的形式，具有较高的履约效率。此外，应用零售业务的客户基础和物流业务的物流体系，京东还开展了商业地产、技术服务、健康管理等领域的业务。

京东主要面向具备中高消费能力，或具有中高消费需求的客户。根据移动大数据服务商极光大数据的报告，京东的用户画像以一线、新一线城市为主，二、三线城市次之，且男性用户居多。近年来京东延续正品、效率的竞争优势，通过发展美妆护肤、母婴等品类和超市即时零售模式增加了较多女性用户。

（2）经营模式。通过与腾讯达成战略合作，京东获得大量的流量支持。自 2014 年腾讯与京东首次签订战略合作协议起，腾讯便持续为京东提供流量支持，包括在移动应用微信和移动 QQ 的突出接入点，及其他关键平台的支持。腾讯帮助京东从腾讯庞大的移动用户基础中产生移动用户流量，同时增强客户的移动购物体验。

京东的创始人刘强东认为，行业价值链可分为"创意""设计""研发""制造""定价""营销""交易""仓储""配送""售后"十个环节（"十节甘蔗"），其中前五个环节归品牌商，后五个环节归零售商，且每个环节的利润水平相对固定，企业只有整合更多的环节才能创造更大的价值。目前京东的零售模式分为两大类，分别是京东自营、第三方店铺模式。京东自营即由京东代理、销售商品，负责"十节甘蔗"中的后六个环节。第三方店铺模式又称为 POP 模式（Platform Open Plan），京东不负责其商品的售后服务。POP模式之下可再细分成三种商家入驻方式，差异主要体现在仓储、配送及税票等方面（见图5）。最常见的商家入驻方式是 SOP 店铺（Sale On POP），京东仅负责"十节甘蔗"中的"交易"环节，提供交易平台。其次，SOP 入仓店铺则是在 SOP 店铺的基础上，将"仓储""配送"环节交由京东负责。第三种商家入驻方式是 FBP 店铺（Fulfilled By POP），与京东自营模式相近，但商家保留对商品的定价权，且账期较灵活。此外，为保证平台内的商品品质，

① 3C 产品指计算机类（computer）、通信类（communication）、消费类（consumer）电子产品。

京东不仅对自营商品设置较高的筛选门槛，还对平台内的假冒产品实施严格的零容忍政策。

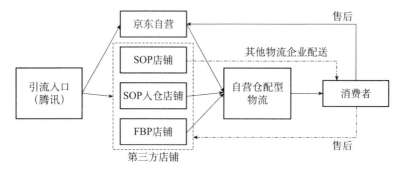

图5 京东的经营模式

注：实线箭头表示该步骤由京东完成，虚线箭头表示京东不参与该步骤。

京东采取自营仓配型物流模式，快速、准确地完成零售订单。从2010年的"211"战略到2019年的"千县万镇24小时达"，京东已实现在90%自营线上订单中全国93%的区县、84%的乡镇实现当日和次日达。京东的物流体系主要由自行运营的全国性仓库和配送网络组成，辅以未覆盖服务区域的第三方快递员。京东物流的仓库网络几乎覆盖了全国的所有县和区，包括自有运营的1 300多个仓库，以及1 700多个第三方仓库所有者运营的云仓库。在京东的物流模式下，仓库管理系统可通过需求预测提前备货，并辅助员工高效提货、包装和分拣，从而提高配送速度。同时，京东内设专业部门研究探索智能物流，推出无人仓库、无人配送、无人驾驶车辆、无人配送站和便利店等一系列尖端技术应用，持续提高物流系统的智能化水平。

（3）盈利模式。京东的营业收入来源分为产品收入和服务收入两大部分，以产品收入为主，服务收入的比重逐步增大。根据产品的特征，产品收入可划分为两类，分别为带电产品收入、一般产品收入。前者指来自电脑、通信和消费电子产品、家用电器的销售收入，后者则是来自其余百货产品的收入。服务收入亦可划分为两类，分别为平台及营销服务收入、物流及其他服务收入。从收入结构来看，京东的主要收入来自零售业务中的自营模式，占比85%以上，次要收入则来自第三方店铺交纳的平台佣金及营销费用。此外，自2016年年末京东物流正式开始向社会开放以来，通过提供仓配一体化供应链服务、快递和物流云等物流服务，物流及其他服务收入亦成为京东收入的重要部分。从成本角度来看，京东的销售成本是成本费用的构成重点，主要与自营产品有关。京东的销售成本包含购买自营产品的成本、相关的入境运费、库存损失及流量获取成本和为第三方提供物流服务的成本。随着议价能力的提升与营运效率的提高，京东的销售成本占收入的比重较发展初期减小，并相对稳定在85%左右。从费用角度来看，除履约费用外，京东的各项期间费用率处于较低水平。京东的费用包含四项：履约费用、市场营销费用、研发费用和行政管理费用。其中履约费用主要来自仓配物流网络的运作、第三方快递、场地租赁及设备的折旧摊销。根据各项费用占收入的比重，目前京东履约费用率保持最高，在7%左右；市场营销费用、研发费用和行政管理费用分别保持在4%、2%和1%左右，处于低位。

（二）京东业务发展布局

京东自2004年开始发展电子商务，至2014年上市，销售的范围从最初的电脑产品，先后填充消费电子产品、家用电器、百货产品、电影、电子书等品类，并基于平台为第三方店铺提供交易处理服务及增值服务，如营销服务、仓储和配送服务。此外，京东已经开始发展C2C业务、互联网金融及O2O业务。上市以来，京东与腾讯达成战略合作，整合了腾讯旗下拍拍网、QQ网购和上海易迅等电商平台；与易车、易鑫金融、途牛和爱回收等服务公司达成合作，增加运营的产品；与永辉超市、达达集团、沃尔玛等线下零售平台达成合作，收购线下零售商五星电器，积极从线上发展到线下；投资了Farfetch、唯品会和Tiki等电子商务平台，持续深化线上零售业务。2017年，京东物流集团、科技集团正式成立，同年，京东与中国联通达成战略合作。2018年，京东成立京东房产，并与万达商业地产战略合作。2019年，京东成立京东健康，提供药品和服务。目前，京东形成零售、物流、技术、健康、地产业务五大业务。

（三）亚马逊的商业模式分析

（1）市场定位。亚马逊是美国最大的电商平台企业，坚持"以客户为中心"的理念。亚马逊力图为客户提供全球最多的选择及尽可能低的价格，已从起初的低价、折扣网络书店转变成为全品类的线上零售电商。目前亚马逊的在售商品涵盖电子产品、家居用品、图书等实体类产品和音乐、软件、电影等数字类产品。根据专注消费电子行业的B2B内容品牌TWICE的调查，服饰鞋子、消费电子①两大品类的商品在亚马逊商城中最受欢迎。亚马逊推出的 Prime 会员计划是其发展理念的集中体现，该项目为客户提供了高性价比的服务。客户成为 Prime 会员可以享受商城中数百万件商品的快速免费送货，还可以享受数字媒体产品②、云存储服务等全生态服务。据 TWICE 的调查，美国 56% 的网购使用者订阅了 Prime 会员，且 40% 的亚马逊用户认为物流速度是决定是否网上购物的最重要因素。此外，亚马逊还拓展了云计算业务与支付业务。

亚马逊在高收入人群中渗透率较高，客户购买力较强，追求消费效率与品牌。据 TWICE 的调查，相比其他电商平台，亚马逊的用户更年轻，收入和学历更高，十分看重网购的物流速度。据美国投行 Piper Jaffray 统计，年收入在 11 万美元以上的家庭中，有 82% 为 Prime 用户。根据综合数据资料库 Statista 的数据，Prime 用户的消费金额约为非 Prime 用户的 4.6 倍，偏向由品牌端开始搜寻、购买商品，而非产品端。

（2）经营模式。亚马逊的创始人贝索斯坚信"飞轮效应"，并将该思想应用到亚马逊的经营中。他认为，如果亚马逊坚持"以客户为中心"的理念，通过增加商品选择、提高便利性、提供高性价比的用户体验，那么形成的口碑效应将吸引更多客户，实现更高的销量，进而吸引更多的第三方商家入驻亚马逊商城，并向亚马逊支付佣金、购买商家服务，最终亚马逊可赚取更多的利润。

亚马逊提供三种类型的零售及物流模式（见图 6）。第一种是亚马逊销售，即亚马逊自营，由亚马逊完成商品配送与售后，商品标有"Ships from and sold by Amazon.com"字样。第二种是第三方商家销售，由亚马逊负责仓储、包装及配送，并向商家收取服务费用，商品标有"Fulfilled by Amazon.com（FBA）"字样。第三种是第三方商家销售并配送，亚马逊按照销售额、成交单数等收取佣金，商品标有"Ships from and sold by ××"字样。

仓储物流服务（FBA）是亚马逊零售业务的有力支撑，应用先进技术持续优化改进。FBA 物流可以保证商品在 2 天内送到、部分商品当天甚至 2 小时内送到，而美国其他物流需要一周的配送时间，FBA 的物流速度具有较强

---

① 消费电子指供消费者日常生活使用的电子产品。

② 数字媒体产品是指亚马逊通过收购与合作积累起来的版权丰富、类型多样的数字多媒体资源，包括视频类、音频类、有声书以及游戏、漫画、教育等领域的内容。

竞争力。亚马逊拥有遍布美国的仓库，将配送服务外包给专业物流公司，并综合利用大数据、人工智能和云技术等先进技术进行仓储物流管理。亚马逊还借助仓储机器人 Kiva、八爪鱼技术、无人机等提升仓储和配送效率，并根据管理实际与客户需求保持优化、改进。

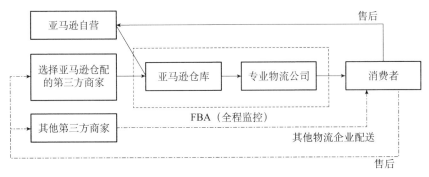

图6 亚马逊的经营模式

注：实线箭头表示该步骤由亚马逊完成，虚线箭头表示亚马逊不参与该步骤。

（3）盈利模式。亚马逊的产品销售收入、服务收入各占总收入的50%左右。按照产品的类型，亚马逊的收入分别来自商品销售、第三方店铺销售服务、订阅服务、广告服务、云科技服务（AWS)[①] 及其他服务。其中，第三方店铺销售服务包括平台佣金、配送费用等卖家服务；订阅服务主要包括亚马逊 Prime 会员，也包括其他非 AWS 的数字媒体产品订阅服务，如视频、有声读物、音乐和电子书等；AWS 则是为企业提供的按需技术服务，包括计算、存储、数据库、分析和机器学习等。从收入结构来看，亚马逊的商品销售收入占收入的主要部分，比重保持在50%以上，对应的 Prime 会员订阅服务亦相对稳定，而第三方店铺销售服务、广告服务和 AWS 的收入增长较快，是亚马逊收入的重要组成部分及增长动力。从成本来看，亚马逊的销售成本主要来自商品销售及订阅服务。亚马逊的销售成本包括自营产品的进价及入库成本、出入境的运输成本、仓储物流成本和数字媒体产品成本，约占总收入的60%，受商品销售额、仓储物流营运的影响较大。2018 年、2019 年亚马逊的运输成本分别为 277 亿美元、379 亿美元，分别占销售成本的 20%、

---

① 云科技服务指的是亚马逊的云计算 IaaS 和 PaaS 平台服务，简称 AWS（amazon web service）。面向用户提供包括弹性计算、存储、数据库、应用程序在内的一整套云计算服务，能够帮助企业降低 IT 投入成本和维护成本。

23%，且亚马逊预计其运输成本将继续增加。从费用角度来看，亚马逊在履约、技术和内容上支出较大。亚马逊的费用包含四项，分别为履约费用、技术和内容开支、市场营销费用和行政管理费用。其中履约费用包括物流费用、支付处理等交易成本，AWS 的成本基本归类于技术和内容开支之中。根据各项费用占收入的比重，目前亚马逊的履约费用率、技术和内容开支占比较高，分别为15%、11%左右，市场营销费用和行政管理费用分别保持在6%和2%左右。亚马逊的履约费用率高是因为亚马逊将大部分配送业务委托给了专业的物流公司。

（四）亚马逊的业务发展布局

亚马逊奉行"如果无法击败它，那么就买下它"的商业法则，其进行企业收购的历程正是业务扩张的体现。因此，通过梳理亚马逊历年的收购事件，可了解其业务布局的变化情况。自 1998 年收购当时英国最大的网上书店之一 Bookpages 后，亚马逊又陆续通过多次收购扩大业务范围、补充商品品类，至 2012 年，亚马逊商城的销售范围涵盖数百万种产品，包括各类日用百货、电子产品、家具、服饰珠宝、数字媒体产品、生活服务和工业配件等。2013～2014 年，亚马逊先后收购 Goodreads、TenMarks、Double Helix Games、comiXology、Twitch[1] 和 Rooftop Media，涉及阅读社交、教育、游戏、漫画、直播和喜剧等数媒领域。2014 年后，在互联网技术方面，亚马逊收购了 Elemental、Biba 的部分股权和 eero[2]；在线下渠道方面，亚马逊收购全食超市[3]，交易对价达 137 亿美元；在医疗护理服务方面，亚马逊收购了 PillPack 和 Health Navigator[4]；在海外市场方面，亚马逊收购了 SOUQ.com 和 INLT[5]。

（五）案例企业商业模式和业务布局异同对比

从业务布局上看，京东和亚马逊的业务布局高度相似。从零售板块扩展

---

① 2014 年 4 月，《华尔街日报》将 Twitch 列为美国互联网流量高峰排名第四的网站，确认了 Twitch 作为娱乐行业领导者、游戏玩家社交视频中心的地位。
② Elemental、Biba 和 eero 的主营业务分别为移动视频技术、互联网软件与服务和路由器制造。
③ Whole Foods Market，是美国第一家全国性的"有机认证"杂货商，在美国、加拿大和英国拥有 460 多家商店。
④ PillPack、Health Navigator，分别为医药电商平台、医疗技术公司。
⑤ SOUQ.com、INLT，分别为中东电商平台、国际运输的成本管理和清关软件。

到物流、技术、金融和医疗等多个领域，对应亚马逊的 FBA，京东自建物流，对外提供仓储、配送、冷链、限时达业务；对应亚马逊的 Prime 会员服务，京东退出 PLUS 会员；对应亚马逊的 AWS，京东云平台亦同样对外开放提供服务。京东发展跨境电商、进军欧洲市场开拓国际业务板块，海外市场布局与亚马逊形成竞争。

从商业模式上看，尽管京东与亚马逊在商业模式上相类似，都属于自主销售型的 B2C 电商平台，注重打造自建物流仓储体系，从单一的商品品类起家，经过多年积累发展成为具有区域影响力的综合性电商销售平台。但两者之间商业模式中的差异亦客观存在，并影响着企业的业绩表现。其中突出的方面有三点：一是市场定位中的产品定位差异。京东以 3C 产品为主，亚马逊以数字媒体产品为主。二是经营模式中物流运营模式差异。京东的物流体系主要由自行运营的全国性仓库和配送网络组成，辅以未覆盖服务区域的第三方快递员。亚马逊亦将仓库遍布美国，但将配送服务外包给专业物流，同时借助先进技术提升仓储配送效率及过程监控。三是盈利模式中的收入增长动能差异。京东收入的主要驱动仍是其自营产品中销售收入，亚马逊的平台对外服务收入已经成为其重要的收入驱动。

五、案例企业业绩差异的形成机理

（一）盈利能力差异的形成机理

（1）媒体内容产品减轻成本费用压力。京东、亚马逊营业收入中的重要部分来自自营产品，两家企业自营产品的收入构成差异影响了两者的盈利能力差异。与京东相比，数字媒体产品是亚马逊的重要自营产品，为亚马逊提供了一定的成本费用优势。

京东的自营产品收入占营业收入的 85% 以上，且由于京东的平台声誉特征，京东的大部分自营产品收入来自带电产品，即 3C 产品、家用电器等实物产品（见图 7）。对于自营产品，京东主要通过进销差价来赚取利润。除了购进成本之外，京东还需要完成仓储、订单分拣、包装、配送和售后等工作，对应的营业成本、履约费用随着交易产品量的增加而增加。

直至 2016 年，亚马逊的自营产品收入占营业收入的 90% 以上，自营产品中的数字媒体产品是收入的重要来源（见图 8）。2005 年，来自数字媒体产品的收入占亚马逊营业收入的 70%，后来随着亚马逊营业收入规模的逐步

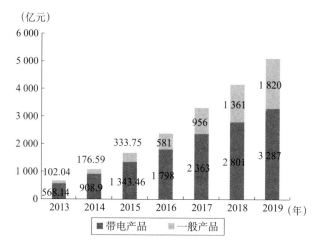

图7 2013～2019年京东自营产品收入的构成

资料来源：根据京东年报数据整理。

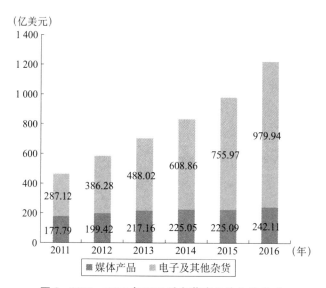

图8 2011～2016年亚马逊自营产品收入的构成

注：2016年以后，亚马逊未披露自营产品收入构成的明细。

资料来源：根据亚马逊年报数据整理。

增大，来自媒体内容产品的收入占比逐步下降，但在2016年依然达到18%。由于媒体内容产品的网络特征，亚马逊通过许可协议获取内容或自制产品后，销售数字媒体产品的边际成本接近于零，因而在营业成本、履约费用上具有较大的优势。截至2018年末，亚马逊发生有关视频和音乐的总资本化成本为38亿美元，2018年发生的视频和音乐费用总额为67亿美元。若采用2016年的数字媒体产品收入进行估算①，数媒产品的销售净利率达到 72%。

（2）服务收入拉动盈利增长。经过多年发展，服务收入已成为亚马逊收入的重要驱动，京东、亚马逊的服务业务发展差异对两者的盈利能力差异产生影响。

在零售业务之外，京东发展了平台佣金、营销服务和物流业务作为收入来源，三者均为京东根据自身在技术、基础设施上的优势发展而来，对应的服务收入以 48% 的增长率逐年增大。至 2019 年，京东的平台及营销服务收入、物流及其他服务收入分别占营业收入的 7.4%、4.1%，合计占比 11.5%。服务业务的发展速度较快，是京东收入增长的重要来源，但不是京东的核心收入（见图 9）。

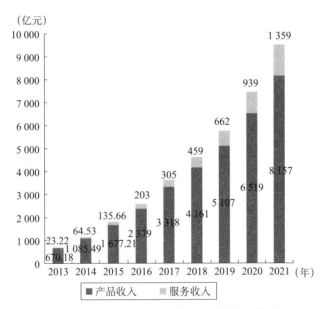

图 9　2013 ～ 2019 年京东产品、服务收入构成

资料来源：根据京东年报数据整理。

亚马逊的服务业务主要包括第三方销售服务、云科技服务和订购服务，分别对应着其三个方面的优势（见图 10）。第一，与京东相比，亚马逊的第三方销售服务收入规模较大。若以两家企业的产品收入为衡量标准，京东、亚马逊的第三方销售服务收入分别占各自产品收入的 8%、34%。收入占比

---

① 2017 年亚马逊改变了年报中收入的划分方式，不再披露来自媒体内容产品的收入，因而采用 2016 年的数媒产品收入进行估算，亚马逊在 2016 年的数字媒体产品收入为 242.11 亿美元。

差异较大的原因，一方面在于亚马逊向第三方商家收取的费率较高，以平台佣金为例，亚马逊的扣点标准为 8% ~ 15%，而京东的扣点标准集中在 5% ~ 8%①，部分扣点标准低至 1%；另一方面则是因为第三方店铺数量相对不多，截至 2019 年末，京东商城中第三方商家仅 27 万家左右。第二，亚马逊开拓了云科技服务业务，该业务成为其收入与利润的核心增长点，以相对不高的边际成本，创造了更多的收入。作为最大的全球电商平台和位居世界前列的云计算提供商，亚马逊的网络基础架构具有可弹性扩容、存储空间大、稳定性强、可拓展性和兼容性高等优势，连续 12 年位列 Gartner 行业魔力象限报告的领导者象限，其云科技服务收入以年均 46% 的速度增长，占营业收入的比例于 2019 年达到 12%。根据公司年报，亚马逊云科技服务的部门销售净利率为 27% 左右，处于较高水平。第三，订购服务连接了亚马逊的全部线上业务，在成为新的收入增长点的同时，拉动了其他业务的收入增长。亚马逊Prime 会员服务提供商城中数百万件商品快速免费送货服务以及亚马逊的全

图 10　2013 ~ 2019 年亚马逊产品收入、服务收入的构成

注：由于收入的划分方式不同，2013 年与其他年份的收入明细不具有可比性。
资料来源：根据亚马逊年报数据整理。

① 亚马逊扣点标准来源：ESG 跨境电商，https：//www.eservicesgroup.com.cn/news/21203.html；京东扣点标准来源：卖家网，https：//www.maijia.com/article/536805。

生态服务，涵盖数字媒体资源和云存储服务等。根据当年第四季度的财报，2019 年亚马逊拥有超过 1.5 亿 Prime 会员，且 Prime 会员服务是假期购物季业绩增长的重要原因。另外，根据综合数据资料库 Statista，Prime 用户的消费金额约为非 Prime 用户的 4.6 倍，且偏向品牌购买。可见，亚马逊的订购服务通过连接线上业务来提供优质的客户体验，从而吸引客户购买，同时拉动了其他业务的收入增长，如自营产品业务、第三方零售服务等。2018～2019年，亚马逊的订购服务收入以年均 40% 的速度增长，占营业收入的比例于2019 年达到 7%。

（二）议价能力差异的形成机理

如前所述，京东的议价能力逊色于亚马逊，在行业上下游中的议价能力较弱。这是因为两家企业所处的电商行业竞争格局不同，占据的行业地位也不同。在美国，电商行业内部竞争不如中国市场激烈，亚马逊作为网络上最早开始经营电子商务的公司之一，占据先发优势，是美国主流电商平台，通过不断地并购发展，其在行业内占据了主导地位。加之美国地广人稀的地理特征及不够发达的物流体系，商家高度依赖亚马逊提供的平台服务、仓储物流服务、商家贷款计划[①]等，使其增强了对商家的议价能力。

电商平台具有互联网特征，存在网络效应，用户规模大、活跃度高和平台成交额高的电商平台在行业内拥有更强的话语权。第一，京东的用户规模和活跃度处于劣势，与竞争对手的差距越大。根据各公司的财报，2017～2019 年，京东的年活跃买家分别为 2.93 亿、3.05 亿和 3.62 亿，而竞争对手淘宝的年活跃买家分别为 5.15 亿、6.36 亿和 7.11 亿，拼多多的年活跃买家分别为 2.45 亿、4.19 亿和 5.85 亿。第二，在平台的成交额上，京东的年成交总额[②]低于淘宝，但高于拼多多，排在国内的第二名。根据各公司的财报，2017～2019 年，京东的年成交总额分别为 12 945 亿元、16 769 亿元和 20 854亿元，而竞争对手淘宝的年成交总额分别为 37 670 亿元、48 200 亿元和57 270 亿元，拼多多的年成交总额分别为 1 412 亿元、4 716 亿元和 10 066 亿

---

① 商家贷款计划是亚马逊为商家提供的商业融资项目。商家可以通过简单的在线申请、快速审批获取流动资金用以支付存货成本、开发新商品或支付广告营销费用。符合要求的小企业可以申请最多 500 万美元的商业贷款。

② 年成交总额又称"GMV"，是指平台内所有产品和服务订单的总价值，包括被退回的货物。

元。此外，根据上述数据计算，2019 年京东、淘宝和拼多多的客单价①分别为 5 761 元、8 055 元和 1 721 元。综合来看，京东的行业地位次于淘宝，且与淘宝有不小的差距，与拼多多的行业地位则不相上下，与拼多多相比，京东的用户规模相对较小，但客单价更高。与中国的电商行业格局不同，美国的电商行业集中度较高，亚马逊在行业内占据主导地位。根据 eMarketer 的行业研究报告，2018 年亚马逊美国站的成交额为 2 346 亿美元，占据了 44.8% 的市场份额，而排名第二的美国电商平台 eBay 的成交额仅为 356 亿美元，占据了 6.8% 的市场份额。中国拥有成本低廉、运送速度较快的快递体系，而美国由于地广人稀的地理特征，快递体系并不发达。凭借投入大量资产②建设的仓配体系，亚马逊的仓储物流服务可以保证商品在 2 天内送到、部分商品当天甚至 2 小时内送到，与之形成对比的是美国其他物流所需的一周配送时间。客户购买亚马逊 Prime 会员即可免费使用商品配送服务，方便快捷的配送服务也构成了亚马逊在美国的强势竞争力。

除行业格局以外，与上下游商家的关系亦对议价能力产生影响，增大了案例企业的议价能力差异。第一，亚马逊的第三方商家十分依赖其仓储物流服务，以保证发货和商品配送速度。而中国拥有较发达的开放快递体系，京东的第三方商家无须依靠京东物流来保证商品配送速度。第二，亚马逊和京东均涉足了金融领域，债权人的角色让亚马逊对第三方商家的议价能力更强。根据公司年报，2017 年、2018 年和 2019 年年末，亚马逊因为商家贷款计划分别形成了 6.92 亿美元、7.1 亿美元和 8.63 亿美元的应收款，主要涉足供应链金融；而京东因为为客户提供贷款形成应收账款 143 亿元、63 亿元和 10 亿元（1 亿美元），主要涉足消费金融。在重视客户体验的互联网环境下，针对客户的议价能力不易因为市场地位的提高而增强，尤其是在电商行业竞争更为激烈的中国。京东通过"白条"等形式为客户提供的贷款，与当时同样提供消费金融服务的蚂蚁金服相比，竞争力较弱。因而京东议价能力的提高程度有限。

---

① 客单价（Average Order Value，AOV）是指每个订单的平均交易金额。它可以用来了解顾客的消费习惯和购物行为，也可以作为评估营销活动效果和提升销售额的性能指标之一。

② 根据公司年报，2017 年、2018 年和 2019 年，亚马逊在美国的房地产和设备净值分别为 355 亿美元、451 亿美元和 530 亿美元，在美国以外的房地产和装备净值分别为 134 亿美元、167 亿美元和 197 亿美元。

（三）成长能力差异的形成机理

相对于京东，亚马逊在成长能力上的优势来源于两个方面，分别对应着"Bias for Action""Frugality"这两条亚马逊的核心管理准则，即深思熟虑后的冒险、尽可能降低成本。

第一，亚马逊采用"逆向工作法"（柯林·布里亚和比尔·卡尔，2022），充分地评估和推进新产品、新业务，其营业利润增长率受到业务扩张的负面影响较小。亚马逊的逆向工作法是指从客户体验角度出发全面评估新产品、新业务，包括可能的收益、成本与挑战。该工作法用于决定亚马逊何时及如何投入开发资源，要求公司团队充分地完成评估和准备工作，使得业务扩张对公司营业利润增长率的负面影响相对较小，营业利润保持为正。然而，京东的营业利润增长率则多次因业务扩张而较大幅度的下滑，导致营业利润为负数，反映出其在推出新业务前的技术准备不充分。如2018年京东的营业利润增长率从33%降至−211%，正是由于新增大量的技术员工和基础设施投资导致研发费用增加了55亿元，增幅达到74.1%。

第二，亚马逊控制成本费用的能力较好。观测时间段内，在2014年营业利润增长率呈现为负数的第二年，亚马逊的毛利率上升3%左右、各项费用增速下降10%左右，通过控制成本费用使其营业利润增长率提高较大幅度，从而弥补损失。2017年亚马逊的营业利润增长率为−2%，通过控制营业成本、期间费用，2018年亚马逊的毛利率上升了3%，各项费用的增速下降了约10%，营业利润增长率也因此上升至203%。按增长率的变化情况，2018年亚马逊的营业利润相当于2016年的三倍，较好地弥补了在2017年因增速下降而带来的损失。与亚马逊相比，京东控制成本费用的能力较弱。观测时间段内，京东的营业利润增长率三次呈现为负数，分别为−902.45%、−36.07%和−210.82%，但京东仅一次能够迅速提高增速至弥补损失。

六、结论

本文通过对比发现，亚马逊的盈利能力相对京东具有明显的优势；两者偿债能力差异较小；亚马逊的议价能力较强、利润增长更快，京东的资产营运效率较高、收入增长更快。针对盈利能力、议价能力和成长能力三个方面探寻差异的形成机理发现，盈利能力差异的形成机理在于亚马逊的自营产品收入占比达 90% 以上，媒体内容产品以逐渐趋于零的边际成本减轻了其成本费用压力，同时以服务收入持续拉动盈利增长，特别是云科技服务收入以年均 46% 的速度增长，2019 年达到营业收入占比的 12%，增长势头强劲。而京东的成本则与销量随增，同时服务业务发展明显弱于零售业务，尚未成为京东的核心收入；议价能力差异的形成机理在于两家企业所处的电商行业竞争格局不同，占据的行业地位也不同。亚马逊在美国占据绝对主导地位，加上其提供的仓储物流服务、商家贷款计划等供应链金融服务，增强了其对商家的议价能力，而京东涉足消费金融，以"白条"等形式为客户提供的贷款，在国内不敌蚂蚁金服，其在行业上下游中的议价能力有限；成长能力差异的形成机理在于亚马逊采取了"逆向工作法"，对新产品和业务的评估和准备工作充分，且控制成本费用的能力较好，因而可以保持较稳定的成长性。京东推出新业务前的技术准备不充分，导致营业利润增长率多次因业务扩张而较大幅度下滑，加之控制成本费用的能力较弱，无法快速实现止损补亏，成长能力不如亚马逊。

在互联网环境下，既能有效满足需求又价格低廉的互联网产品才具备竞争优势。电商企业应重视成本领先战略，提升自身控制成本费用的能力，以保持盈利。此外，在追求规模扩张的同时，应当注重对拓展的业务进行充分的评估和准备，如参考"逆向工作法"判断收入、成本费用可能受到的影响，同时把握"量"与"质"，确定合适的可行性方案，避免造成不必要的损失和大量调整工作，确保有能力承担各种可能的成本和风险，以促进电商企业提质增效、做强做优做大。

参考文献

[1] 毕海娇. 从苏宁电器到苏宁云商：蜕变还是退变？——财务绩效恶化的原因分析 [D]. 兰州：兰州财经大学，2017.

[2] 黄海龙. 基于以电商平台为核心的互联网金融研究 [J]. 上海金融，2013（8）：18 – 23 + 116.

[3] 柯林·布里亚，比尔·卡尔. 亚马逊逆向工作法 [M]. 黄邦福，译. 北京：北京联合出版公司，2022.

[4] 李建颖. 京东盈利模式及其业绩评价研究 [D]. 青岛：青岛大学，2018.

[5] 梁晨. B2C 电商企业盈利模式及其财务业绩评价研究——以苏宁云商为例 [D]. 蚌埠：安徽财经大学，2017.

[6] 钱敏. B2C 电商企业盈利模式及其业绩评价研究——以唯品会为例 [D]. 南昌：东华理工大学，2021.

[7] 邵鹏，胡平. 电子商务平台商业模式创新与演变的案例研究 [J]. 科研管理，2016，37（7）：81－88.

[8] 邵子贤. 社交电商盈利模式及其财务质量评价研究——以拼多多为例 [D]. 绍兴：绍兴文理学院，2021.

[9] 王景河，王阳，石媚. 社交电商平台拼多多盈利模式存在的问题及对策 [J]. 哈尔滨师范大学社会科学学报，2020，11（2）：62－69.

[10] 杨欢. 电子商务企业业绩评价体系构建——以 SN 公司为例 [D]. 青岛：青岛理工大学，2018.

[11] 杨莹莹. 我国电商企业业绩评价指标体系研究——以京东为例 [D]. 长春：吉林财经大学，2015.

[12] 钟涛. 直播电商的发展要素、动力及成长持续性分析 [J]. 商业经济研究，2020（18）：85－88.

[13] 周文辉，邱韵瑾，金可可，李宇雯. 电商平台与双边市场价值共创对网络效应的作用机制——基于淘宝网案例分析 [J]. 软科学，2015，29（4）：83－89.

（本文原载《财会通讯》2024 年第 6 期，

作者：刘运国、谢思敏、李婷婷）

游 戏 篇

互联网平台商业模式对企业
绩效管理的影响研究
——基于腾讯的案例分析

摘要： 本文以腾讯集团为例，分析了企业商业模式对企业绩效考核的影响。本文从市场定位、系统经营和盈利模式三方面，总结、概括了腾讯集团的商业模式，并探究了企业商业模式对企业绩效考核体系设计的影响及企业绩效考核模式对企业经营发展的作用。本文研究发现，腾讯集团现有的商业模式可归纳为网络平台（流量＋游戏）商业模式，注重用户体验和提供相应增值服务是腾讯集团现有商业模式的两大主要特点。基于这一商业模式，腾讯集团建立了结果导向型的 KPI 考核模式和全面认可激励机制。这有助于加速企业产品迭代升级、拓宽企业业务范围、提高企业的盈利能力。本文丰富了互联网商业模式下企业绩效管理的相关文献，亦为互联网企业绩效考核体系的建立提供参考依据。

关键词： 网络平台；商业模式；绩效管理；腾讯

一、引言

互联网时代的到来改变了企业的商业模式。如何建立符合企业自身发展的商业模式及与之相应的绩效考核方式是学术界和实务界共同关注的热点话题。本文以互联网巨头腾讯集团为例，在分析总结腾讯集团商业模式的基础上探究了企业商业模式对企业绩效管理的影响及企业绩效考核模式对企业经营发展的作用。本文研究发现，腾讯集团现有的商业模式可归纳为网络平台（流量＋游戏）商业模式，注重用户体验和提供相应增值服务是腾讯集团现有商业模式的两大主要特点。基于网络平台（流量＋游戏）的商业模式，腾讯集团建立了以用户体验为中心的结果导向型 KPI 考核模式和全面认可激励机制。而这种绩效评估方法和激励机制的建立有利于企业加速产品更新升级、拓展业务范围，提升企业竞争力。

二、腾讯简介

腾讯在 1998 年 11 月成立于深圳市南山区，是一家以互联网为基础的科技与文化公司。2004 年 6 月，腾讯集团在香港联交所挂牌上市，成为第一家在香港上市的内地互联网公司，股票代码为 00700。经过多年的发展，腾讯集团已发展成为全球知名的互联网巨头企业，业务范围涵盖社交和通信服务 QQ 及微信/WeChat、社交网络平台 QQ 空间、腾讯集团游戏旗下 QQ 游戏平台、门户网站腾讯集团网、腾讯集团新闻客户端和网络视频服务腾讯集团视频等。

从 1998 年创建至今，腾讯集团已历经 20 多个春秋。在 20 多年发展史中，腾讯集团经历了以下三个重要的转折点。第一个转折点发生在腾讯集团建立初期。1999 年腾讯集团推出了自己的社交通讯软件 QQ，并展开了与外国社交软件 MSN 的竞争。凭借着本土化信息优势和对产品社交功能的不断强化，QQ 最终击败 MSN 成为我国具有垄断性质的社交通信软件。而腾讯集团也通过 QQ 积累了广泛的用户基础。第二个转折点始于腾讯集团和奇虎 360 的用户争夺大战（3Q 大战）。尽管 3Q 大战最终以腾讯集团胜利告终，但这一事件给腾讯集团的企业形象造成了极大负面影响。3Q 大战促使腾讯集团转变自身发展战略，即由原来的封闭式发展转为开放式平台发展，并加强了与第三方的业务拓展合作。互联网技术的迅猛发展使腾讯集团迎来了企业发展的第三个转折点。2011 年，腾讯集团推出了即时通讯产品微信（WeChat）。微信的推出迅速获得了用户的广泛支持，为腾讯集团赢取了巨大的行业竞争优势。

经过 20 多年的发展变化，腾讯集团已经形成了包括社交、娱乐、金融、咨询、人工智能、平台等在内的 7 大业务体系。其具体业务分类见表 1。

表 1　　　　　　　　　　　**腾讯集团业务体系分类**

业务分类	具体产品/服务
社　交	QQ、微信、QQ 空间、腾讯集团微博
金　融	财付通、微信支付、QQ 钱包、腾讯集团理财通、腾讯集团微黄金、腾讯集团大金融安全
娱　乐	腾讯集团游戏、腾讯集团影业、腾讯集团动漫、腾讯集团电竞、阅文集团（腾讯集团文学）、QQ 音乐、腾讯集团视频、企鹅影视、腾讯集团体育、企鹅电竞、NOW 直播、兴趣部落、腾讯集团课堂、企业 FM

业务分类	具体产品/服务
资　讯	腾讯集团网、腾讯集团新闻、天天快报
工　具	应用宝、QQ 浏览器、腾讯集团手机管家、腾讯集团电脑管家、腾讯集团地图、QQ 邮箱、自选股、天天 P 图
平　台	开放平台、腾讯集团云
人工智能	腾讯集团 AI Lab、优图实验室

资料来源：作者根据腾讯集团官网资料整理。

三、腾讯集团商业模式分析

国内外学者从不同角度对商业模式的定义进行了研究。如有学者的研究认为，商业模式是一个涵盖多方面内容的复合概念，具体包括以下三方面内容：一是关于产品、服务和信息流的体系结构；二是关于商业活动参与者的潜在利益描述；三是有关收入来源的描述（Timmers，1998）。有学者研究发现，商业模式是组织价值创造的核心逻辑（Linder and Cantrell，2000）。有学者认为商业模式是商业系统价值创造的逻辑（Petrovic，Kittl and Teksten，2001）。荆林波（2001）研究表明商业模式是指企业从事某一领域经营的市场定位和盈利目标，以及为了满足目标顾客主体需要所采取的一系列的、整体的战略组合。张敬伟等（2010）从市场定位、盈利模式和系统经营三方面总结概括了商业模式。魏炜等（2012）则将商业模式定义为利益相关者的交易结构。本文采用张敬伟等（2010）的定义，从市场定位、系统经营和盈利模式三方面对腾讯集团的商业模式进行了分析总结。

（一）市场定位分析

商业模式中的"市场定位"分析主要回答企业"做什么"的问题。那么，腾讯集团是做什么的呢？通过对腾讯集团的年度财务报告分析可知，即时社交平台与数字内容是腾讯集团的两大核心业务。一方面，腾讯集团通过微信和 QQ 等社交平台实现人与人、服务与设备的智慧对接。另一方面，腾讯集团通过腾讯集团网络等媒介为用户提供新闻、视频、音乐、游戏文学等数字内容产品及相关服务。此外，腾讯集团还通过移动支付等技术支持，推动智慧交通、智慧零售和智慧城市等领域的发展。

（二）系统经营分析

商业模式中的"系统经营"分析主要回答了企业"怎么做"的问题，即企业如何经营？梅特卡夫定律中的"网络效应"认为，网络经济的一个显著特点是增加一个用户的边际成本极低，几乎为零。只要增加用户的边际成本小于边际收入，用户的增加就会为企业带来几何级的利润增长。网络平台的价值取决于用户的多少。

腾讯集团的经营模式可以概括为吸引、留住客户和培养用户消费习惯两方面。QQ 和微信是腾讯集团旗下两款即时通讯社交软件。其中，QQ 可以在陌生人之间建立通信联系，属于弱关系连接；微信的通信关系则是基于熟人关系，属于强关系连接。腾讯集团通过构建强关系沟通平台（微信）和弱关系沟通平台（QQ）以满足用户不同社交需求的方式，吸引了大量用户。对于习惯使用微信或 QQ 的用户而言，转移使用其他社交平台要付出巨大的转移成本（维持已有社交关系的成本）。因而，腾讯集团可以通过培养用户使用习惯的方式留住客户，从而获得广泛、稳定的客户基础。

除了采取措施吸引、留住客户外，腾讯集团也积极布局，培养用户的消费习惯。除社交产品以外，腾讯集团还提供了金融、娱乐、资讯、工具、平台、人工智能六大业务分类产品。以社交网络平台为连接中心，用户只需要登录自身的 QQ 账户或微信账户，就可以便捷地获得相应业务产品的服务。这种"一站式"在线服务不仅提高了用户的账户活跃度，而且增加了用户黏性。

（三）盈利模式分析

商业模式中的"盈利模式"分析，主要回答企业"怎么赚钱"的问题，即企业通过什么方式获得利润。获取流量优势，并发展出与之相对应的获利模式是互联网企业赚取利润的主要方式。在对以往经验教训总结分析的基础上，腾讯集团提出了"为用户打造一站式在线生活、娱乐服务"的盈利模式。

通过对 2014 ~ 2017 年腾讯集团年度财务报告的分析可知，腾讯集团的营业收入可分为网络广告、增值服务和其他三大类。其中，增值服务包括网络游戏收入和社交网络收入等，其他收入则包括支付服务和云服务等。由图 1

可知，增值服务为腾讯集团收入的主要来源，约占集团总收入的 60% ～ 70%。其他收入增长较快，由 2014 年的 10% 左右增长至 2017 年的 18%。

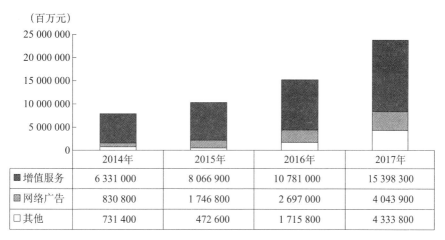

（百万元）

	2014年	2015年	2016年	2017年
■ 增值服务	6 331 000	8 066 900	10 781 000	15 398 300
▨ 网络广告	830 800	1 746 800	2 697 000	4 043 900
□ 其他	731 400	472 600	1 715 800	4 333 800

图 1　腾讯集团 2014 ～ 2017 年营业收入构成
资料来源：作者根据腾讯集团 2014 ～ 2017 年年度财务报告整理。

通过对腾讯集团的营业收入构成进行分析可知，腾讯集团的客户主要包括对腾讯集团旗下社交、金融、娱乐等分类产品有需求的产品用户、利用腾讯集团流量优势进行广告投放的广告用户和对腾讯集团有技术服务需求的企业客户三类。针对不同类型的客户，腾讯集团采取了不同类型的营销手段。

产品用户尽管不直接为企业贡献利润，却是企业获得其他用户类型的基础。因而，针对产品用户，腾讯集团采取了增强用户体验、提高用户满意度的经营策略。这不仅有助于扩大用户基础，增强用户黏度，而且有助于部分产品用户进一步向付费用户演化。广告客户的需求是将广告信息有效传递给目标对象。而这离不开庞大的产品用户基础。一方面，庞大的产品用户基础为腾讯集团提供了多样化的广告投放渠道；另一方面，庞大的产品用户基础有助于腾讯集团更好地利用大数据、人工智能等技术手段进行数据分析，增强广告投放的精准度。利用企业旗下的开放平台和云服务为客户提供技术支持和问题解决方案是腾讯集团吸引企业客户的主要手段。广泛的产品用户基础既为腾讯集团的开放平台提供了流量支持，吸引企业客户使用开放平台，也为腾讯集团提供了种类丰富的数据样本，为腾讯集团的云服务分析提供了数据支持。

综上所述，腾讯集团的市场定位可概括为提供社交服务和数字内容的连接平台；系统经营可归纳为以免费即时通信工具为入口为用户提供"一站式"在线生活、娱乐服务；盈利模式则可总结为通过挖掘用户需求提供针对性的产品和服务，引导客户由产品客户向付费客户转变，同时利用产品客户基础，吸引广告客户和企业客户。由此，我们可以将腾讯集团现有的商业模式归纳定位为网络平台（流量＋游戏）商业模式。

四、腾讯集团绩效考核模式简介

关注用户体验并提供相应的增值服务是腾讯集团的核心经营理念。这一理念同样体现在腾讯集团的绩效管理上。通过员工访谈及对腾讯集团的公开资料进行归纳分析可知，腾讯集团"关注用户体验"绩效管理实践体现在围绕用户体验设计的结果导向型 KPI 考核评估以及全面认可激励机制两方面。

（一）围绕用户体验设计的结果导向型 KPI 考核评估

在详细介绍腾讯集团的 KPI 考核模式之前，我们有必要了解腾讯集团的人员组织结构。腾讯集团由七个事业部组成。根据不同的产品和服务需求，每个事业部下辖不同的大项目组。每个大项目组根据不同的用户需求又分为不同的小项目组。各个事业部在负责各自对应的产品和服务的同时，亦会根据用户需求组成不同的临时项目组，如新年期间的微信红包项目团队。综上所述，腾讯集团由数个固定或临时的小项目组构成。腾讯集团对员工的绩效评估与考核也是以项目组为单位的。

不同于传统企业以盈利指标衡量员工绩效，腾讯集团主要通过"用户体验"指标评价员工绩效。在这里，"用户体验"即指产品在最终用户那里的口碑、成长性以及影响力等。为更好、更精确地衡量"用户体验"，腾讯集团设计了顾客满意度模型。顾客满意度模型由顾客期望和感知绩效两个维度构成，具体表现为顾客对产品的抱怨情况以及顾客对产品的忠诚度两方面。为精准量化顾客满意度模型，腾讯集团设计了诸如产品注册用户数、用户活跃度、付费用户转化率等共性量化指标。此外，鉴于不同互联网产品间差异度较大，腾讯集团也为旗下每一款产品设计了不同的量化指标，构建了各自的满意度衡量框架。

因而，与传统企业的业绩考核指标相比，腾讯集团围绕用户体验设计的结果导向型 KPI 考核体系能更好地激励员工关注用户体验与用户满意度，更好地与企业战略目标保持一致，进而推动企业的长期发展。

（二）全面认可激励机制

1. 物质激励计划

恰当的绩效考核机制加之完善的绩效激励机制是促使员工目标与企业目标相一致的关键。为此，除设计围绕用户体验设计的结果导向型 KPI 考核体系外，腾讯集团还建立了涵盖物质报酬与精神报酬两方面的全面认可激励机制。

由图 2 可知，腾讯集团的员工绩效考评分为鞭策后进者、认可绝大多数员工及充分激励排头兵 5 个等级。根据不同的员工绩效考评等级，腾讯集团设计了不同的包括物质激励与精神激励两方面在内的全面激励体系（见图3）。其中，物质报酬包括薪酬、股份酬金和安居计划三部分。薪酬又包括年度调薪、绩效奖金和特别奖金。安居计划则为员工提供 50 万元住房贷款，帮助员工缓解首付压力。

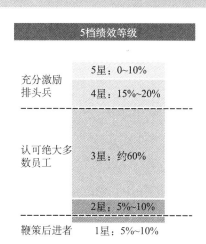

图 2　腾讯集团绩效考核等级

资料来源：作者根据腾讯集团资料整理。

物质报酬中最具吸引力的是对员工的股权激励，而这又分为对高级管理人员的股权激励与对普通员工的股权激励两部分。由表 2 可知，腾讯集团支付给高级管理人员的薪酬中股权激励占比在 76% ~ 80% 浮动。股份酬金是高管人员薪酬支付的主要项目。除实施高管股权激励外，腾讯集团亦通过实施"购股权计划"对员工实施股权激励（具体见表3）。由表3知，员工股权激励约占员工总薪酬支出的 15% ~ 19%，仅次于工资、薪金及花红支出。通过股权激励，腾讯集团将企业绩效与员工绩效连接在一起，激励员工更好地执行"注重用户体验"的经营理念，实现企业价值最大化。

图 3　腾讯集团员工全面激励体系

资料来源：作者根据腾讯集团资料整理。

表 2 　　　　　　　　　　　腾讯集团高级管理人员薪酬构成

项目	2017 年		2016 年		2015 年	
	金额（人民币千元）	比例（%）	金额（人民币千元）	比例（%）	金额（人民币千元）	比例（%）
薪金、花红、福利及津贴	285 322	19.54	227 989	22.67	165 607	23.59
退休计划供款	891	0.06	826	0.08	699	0.1
股份计划开支	1 174 316	80.40	776 788	77.25	535 733	76.31
合计	1 460 529	100	1 005 603	100	702 039	100

资料来源：作者根据腾讯集团 2015 ~ 2017 年年度财务报告整理。

表 3 　　　　　　　　　　　腾讯集团普通员工薪酬构成

项目	2017 年		2016 年		2015 年	
	金额（人民币千元）	比例（%）	金额（人民币千元）	比例（%）	金额（人民币千元）	比例（%）
工资、薪金及花红	24 194	69.39	15 626	66.68	13 377	72.41
退休计划供款	1 934	5.55	1426	6.09	1 112	6.02

续表

项目	2017 年		2016 年		2015 年	
	金额（人民币千元）	比例（%）	金额（人民币千元）	比例（%）	金额（人民币千元）	比例（%）
股份酬金开支	6 253	17.93	4 455	19.01	2 841	15.38
福利、医疗及其他开支	2 400	6.88	1 841	7.86	1 076	5.82
培训开支	85	0.25	85	0.36	69	0.37
合计	34 866	100	23 433	100	18 475	100

资料来源：作者根据腾讯集团 2015~2017 年年度财务报告整理。

2. 精神激励计划

腾讯集团同样注重对员工的精神激励。腾讯集团的精神激励计划包括荣誉认可和职位晋升两方面。在荣誉认可方面，集团设立了腾讯微创新奖，分月度和年度对员工进行奖励。集团内的员工自行申报项目，并由公司投票产生月度和年度的微创新奖。腾讯微创新奖强调"注重用户体验"的经营理念。这促使员工关注用户意见反馈，更好地促进企业产品的迭代升级。此外，有些荣誉奖项不仅有助于团队成员获得丰厚物质报酬，而且有助于团队成员的职位晋升。例如，公司最高荣誉奖项，年度"名品堂"。以腾讯集团旗下的手游产品《王者荣耀》为例，2016 年《王者荣耀》风靡整个手游市场，为腾讯集团集聚了庞大的用户基础和巨额的经济利润。《王者荣耀》因此获得腾讯集团 2016 年度"名品堂"奖项。"名品堂"奖的获得不仅给团队成员带来了巨大的荣誉，而且为团队成员的晋升积累了资本。

综上所述，腾讯集团的全面认可激励机制始终贯彻集团"注重用户体验"的经营理念。这有助于提高各个项目组成员对产品用户体验的重视，激发员工对产品微创新的热情，提升产品质量，增强用户黏性。此外，腾讯集团的全面认可激励机制将企业利益与员工利益相挂钩，提高了员工的工作积极性，提升了企业价值。

五、商业模式对企业绩效管理的影响分析

商业模式影响企业的绩效管理方式。腾讯集团网络平台（流量＋游戏）商业模式影响集团绩效评估方法和绩效激励方式的选择。

（一）对绩效评估方法的影响分析

腾讯集团网络平台（流量＋游戏）商业模式的关键在于获得庞大的产品用户基础，并在引导产品用户向付费用户转化的同时利用产品用户基础吸引广告用户和企业用户。此类商业模式的成功运作离不开对用户体验的关注。注重用户体验既有利于腾讯集团获得新增产品用户，也有助于留住现有产品用户。庞大、活跃的产品用户基础为吸引广告用户、企业用户提供了可能性。因此，区别于传统企业以盈利指标为核心的绩效评估方法，腾讯集团的绩效评估侧重于对用户体验感的关注。为此，集团设计了围绕用户体验感的结果导向型 KPI 考核制度，并建立了顾客满意度模型对用户体验进行量化衡量。

（二）对激励机制的影响分析

由前述分析可知，"注重用户体验"是腾讯集团网络平台（流量＋游戏）商业模式成功运行的关键所在。因而，如何促使企业员工认同并践行企业"注重用户体验"的经营理念是腾讯集团激励机制设计需要考虑的首要因素。为此，腾讯集团采取了重视股权激励的物质激励体系。通过股权激励，集团可以更好地将员工利益与企业利益相联系，激发员工注重用户产品体验感，进而增强用户黏性、提升企业价值。

此外，腾讯集团也通过颁布腾讯微创新奖、年度"名品堂"等奖项对员工进行精神激励。此类荣誉奖项同样贯彻企业"注重用户体验"的经营理念，强调员工对用户产品反馈的重视，激发员工对产品的持续创新和迭代升级。

六、腾讯集团绩效管理体系对企业绩效的影响分析

基于网络平台（流量＋游戏）的商业模式，腾讯集团建立了围绕用户体验的结果导向型 KPI 考核模式和涵盖物质激励与精神激励两方面的全面认可激励机制。这一绩效评估方法和激励机制的建立有助于企业扩大业务范围、提升企业竞争力。

（一）拓宽企业业务范围、加速产品更新升级

当前，互联网行业的竞争日趋激烈。这不仅要求企业对市场情况作出快

速反应，根据行业环境变化、技术变化和用户需求变化及时对现有产品进行更新升级，抢占市场先机；而且要求企业不断拓宽现有业务领域，进行产品的多元化布局。腾讯集团以用户体验为核心的绩效管理模式就能很好地服务于企业这一战略目标。以用户体验为核心，腾讯集团为旗下每一款产品建立了顾客满意度模型。海量用户反馈信息的收集、分析有助于企业更好了解产品运营情况和用户使用偏好，有针对性地实现产品性能的改进与更新迭代。此外，注重用户体验的绩效激励机制使企业利益与员工利益相挂钩，激发员工的创造力和工作热情。这既有助于对现有产品的开发改进，也有助于企业拓展新的业务领域。在这一绩效管理模式的刺激下，腾讯集团的业务范围已涵盖社交、金融、娱乐、咨询人工智能等七个领域，实现了产品的全方位、多元化布局。在产品创新上，零售、生活服务、政务服务等微信小程序的开发和《王者荣耀》《绝地求生》等游戏的推出均深受市场好评，获得了广泛的用户基础。

（二）提升企业竞争力

腾讯集团围绕用户体验的结果导向型 KPI 考核模式注重的是结果的实现，而非过程。只要员工能提高用户的产品体验感，就能获得相应的物质或精神奖励。腾讯集团结果导向型的绩效考核模式不关注实现过程和实现方式。这一弹性考核模式有利于激发员工的创造力和工作热情，进而提高企业竞争力。

七、结论

本文以腾讯集团为例，探究了企业商业模式对企业绩效管理的影响。首先，本文从市场定位、系统经营和盈利模式三方面分析总结了腾讯集团的商业模式，并将其归纳为网络平台（流量＋游戏）的商业模式。其次，本文研究发现，基于网络平台（流量＋游戏）的商业模式，腾讯集团建立了围绕用户体验的结果导向型 KPI 考核模式和涵盖物质激励与精神激励两方面的全面认可激励机制。最后，本文探讨了上述绩效管理模式对企业经营发展的影响。研究发现，腾讯集团的这一绩效管理模式加速了企业产品的更新升级、拓宽了企业的业务范围、提高了企业的竞争力。本文丰富了商业模式对企业绩效管理的相关文献，对"互联网＋"时代下互联网企业绩效管理体系的设计亦有参考意义。

参考文献

[1] 艾永亮，刘官华，梁璐. 腾讯之道 [M]. 北京：机械工业出版社，2016.

[2] 荆林波. 对新经济相关问题的研究 [J]. 世界经济与政治，2001 (5).

[3] 王琴. 基于价值网络重构的企业商业模式创新 [J]. 中国工业经济，2011 (1).

[4] 魏炜，朱武祥，林桂平. 基于利益相关者交易结构的商业模式理论 [J]. 管理世界，2012 (12).

[5] 吴晓波. 腾讯传 (1998 - 2016) [M]. 杭州：浙江大学出版社，2017.

[6] 张敬伟，王迎军. 基于价值三角形逻辑的商业模式概念模型研究 [J]. 外国经济与管理，2010 (6).

[7] Linder, J, S. Cantrell. Changing business models：Surveying the landscape [R]. Accenture institute for strategic change，2000.

[8] Petrovic，O.，Kittl，C, Teksten，R. D. Developing business models for ebusiness [R]. Vienna：International conference on electronic commerce，2001.

[9] Timmers. Business models for electronic markets [J]. Electronic markets，1998，8 (2)：3 - 8.

（本文原载《中国管理会计》2018 年第 4 期，

作者：刘运国、曾昭坤、刘芷蕙）

游戏直播商业模式对企业业绩的影响研究
——基于虎牙直播的案例分析

摘要：本文以移动互联时代虎牙游戏直播营运模式为例，分析了互联网游戏直播商业模式对企业业绩的影响。本文从收入动因和成本动因两个角度探究虎牙游戏采用互联网直播商业模式对企业业绩的作用。研究发现，虎牙游戏依托互联网平台直播构建的多元化运营保障，以技术创新为推手创造企业价值的商业模式，有助于引导互联网直播企业在内容和技术双驱条件下形成移动化、多元化发展的高效增长态势。本文丰富了游戏直播商业模式对企业业绩影响研究的相关文献，亦为互联网企业中影响业绩的动因指标的变化分析提供参考。

关键词：直播平台；商业模式；业绩评价；虎牙直播

一、引言

互联网商业模式的发展带来了新兴的游戏直播商业模式（罗琳，2020），在资本簇拥下国内的游戏直播平台已经实现了流量的变现（Lin Jih-hsuan., Bowman，Shu-fang，Lin.，Yen-shen and Chen，2019），同时如何通过保持用户的持续投入带来盈利增长从而体现出企业市场价值则成为了业内人士所关注的热点（Sjöblom，Törhönen and Hamari，2019）。本文通过深入剖析虎牙游戏直播商业模式，结合平台的运营策略分解虎牙游戏直播的收入和成本结构，从会计业绩和市场业绩两个角度出发，分析复杂商业环境下其商业模式对企业业绩的影响过程（David and Teece，2009）。本文研究发现，虎牙直播平台利用增加用户黏性、采取移动化策略、扩大规模效益、提升运营效率等手段带动财务绩效增长，企业业绩在资本市场中得到提升。由优化内容和技术双驱入手共同实现从"引流"到"盈利"的运作机理。这种机理分析对虎牙游戏直播平台未来盈利的持续性和成长性以及面对可能的运营风险在资本市场中企业价值的提升带来有效的指导作用。

二、虎牙直播的商业模式的构建及对企业的价值影响分析

虎牙直播是以技术驱动娱乐的弹幕式互动直播网络运作平台（邬关荣和蒋梦伟，2018），拥有丰富的独家游戏资源，如英雄联盟、王者荣耀、球球大作战、守望先锋等。在游戏直播领域的成功使其业务扩展到如才艺表演、动漫和户外活动等其他娱乐类型，为中国游戏爱好者创建一个充满激情、互动参与的游戏核心沉浸式社区。虎牙直播经历了三个重要的发展阶段。第一阶段是 2008 年起从欢聚时代（股票代码 YY）做好了内部孵化准备。依托 YY 上市之后的游戏直播业务，打造多玩游戏网、YY 语音和多玩盒子等深耕游戏领域的垂直流量，奠定了行业领跑者的优势地位。第二阶段是 2013 年 12 月~2015 年 3 月，虎牙直播通过 YY 游戏直播的流量积累，于 2014 年 11 月在激烈市场战中正式成立，随即投入 7 亿元用于技术和硬件的升级，加大对生态建设、品牌推广和运营活动的市场投入，打造长线战争中的平台硬实力，走技术驱动娱乐之路。第三阶段是 2015~2019 年，虎牙直播通过精耕游戏内容资源、搭建公会管理体系①、驱动培育主播等方式，牢牢占据了游戏直播市场。特别是在收获了中国平安领投的 7 500 万美元 A 轮融资之后，作为国内游戏直播第一股，同年 5 月 11 日，成功在纽约证券交易所上市（股票代码为 HUYA）。经历了 12 年的发展，虎牙直播持续在内容上进行深化和广化，多样化深度增加游戏直播种类；同时加强赛事运营管理，形成线上线下联动的生态链条；坚持推进 5G 技术在直播中的应用，以技术赋能内容生产者，促使线上与线下、真实与虚拟的结合，重点布局 5G 技术及基于 5G 的 VR 技术、边缘云技术等新技术的研究与应用，建立了三大电信运营商的 5G 商用合作关系，走在技术创新的前沿。

（一）直播商业模式客户价值

商业模式中的"客户价值主张"分析主要解决企业目标客户是谁？提供的产品和服务是什么？（张敬伟和王迎军，2010）对于虎牙直播游戏直播平台来说，在其立志成为中国年轻一代最热门的科技娱乐社区的使命之下，其

---

① "公会管理体系"是指由平台、公会和主播构成一个资源共享、相互扶持、和谐共生的生态体系。

目标客户是对游戏直播有强烈需求的游戏玩家，为其提供高清、流畅而且丰富的互动式视频直播服务。虎牙直播的产品覆盖 PC、Web、移动三端，拥有超过 2 600 款直播游戏，转播 760 多场电竞赛事，签约大量职业战队和知名主播。目前，虎牙已逐步引入多元化直播品类，拥有包括网游竞技、单机热游、手游休闲、娱乐天地 4 大品类近 300 个特色频道，涵盖电竞、音乐、体育、星秀、户外、真人秀、综艺、娱乐等热门内容。

（二）直播运营模式构建

商业模式中的"运营模式"分析主要解决企业如何开展经营？经营策略和方法是什么？如图 1 所示，虎牙游戏直播平台利用视频直播技术，搭建一个包含内容生产方和内容获取方的互动交流的平台。内容生产方由电竞组织、游戏主播和职业玩家等构成平台供应商，电竞组织通过组织电竞赛事向平台提供赛事直播资源，游戏主播通过自身游玩游戏或解说职业玩家的比赛场面向平台提供直播内容。内容获取方为直播平台的游戏玩家用户，注册登录自由进入心仪主播的直播间观看直播内容。此时，游戏直播平台的本质就是一个视频中介，提供了连接主播与用户的互动信号。用户在观看直播的过程中打赏喜爱的主播，平台实现流量的变现同时获得与主播分成后的打赏收入，既有以感情为依托的内在报酬型交换，也有以利益为基础的外在报酬型交换（张小雨，2018）。随着用户逐渐增多，广告主借助平台进行品牌宣传与推广，形成平台广告收入。此外，平台通过与游戏开发者和发行方合作，为其提供游戏游玩或下载的入口，从而获得游戏联运收入。从上述运营过程来看，虎牙直播的运营模式可以概括为"内容获取—流量获取—流量变现"。平台主要收入来源包括打赏收入、广告收入和联运收入三个部分，其中打赏收入是核心并占据较大比重。而成本构成是内容成本和带宽成本，内容成本包括主播的签约费用和向电竞组织、游戏开发商支付的赛事和游戏的版权费；带宽成本是为了维持直播的播放质量而付出的技术成本。为维持这种运营模式，虎牙直播通过技术领先升级用户体验和公会体系打造良性生态两种方式提升核心运营能力。在播放技术和产品设计上的持续提升和改善成为了众多用户选择使用该平台观看直播的重要理由；同时虎牙直播建立起平台赋能公会[①]、

[①] "平台赋能公会"指虎牙直播平台将自身的资源对公会开放，迅速扶持主播的策略。

公会驱动主播、主播反哺平台的三方共赢模式，具备相对公平的上升通道、良性的竞争关系，主播在与观众互动中通过持续的投资维系与发展社会资本（林南，2020），创造利于打造优质内容、快速成长、迅速变现的良好环境，极具黏性的生态体系是虎牙直播在业内的核心竞争力所在。

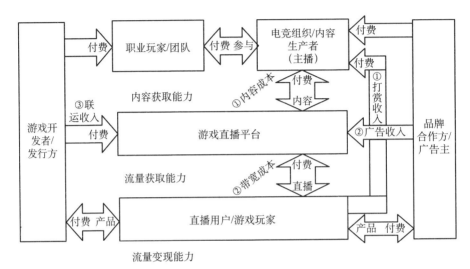

图 1　虎牙直播的商业模式

（三）直播盈利模式价值分析

商业模式中的"盈利模式"分析主要解决企业怎么挣到钱？企业获取利润的主要方式是哪些？稳定的流量来源即用户是互联网企业获取利润主要渠道。虎牙直播的盈利方式主要有打赏分成、广告收入和游戏联动、会员订阅（宋爽，李朔卿，2019）。其中，打赏分成是平台的主要收入来源，约占比95%；广告收入及其他收入的份额占比约为5%，盈利模式较为单一。2020年3月17日，虎牙直播2019年第四季度财报显示，虎牙直播总收入同比增长64.0%至24.68亿元。非美国通用会计准则下，归属于虎牙的净利润为2.42亿元，同比增长44.9%。如图2所示，虎牙直播的营业收入从2017年第一季度的3.99亿元持续增长至24.68亿元，2017年第四季度开始实现盈利，充分说明虎牙的内容获取能力、流量获取能力与流量变现能力增加，在用户黏性的培育、稳定价值源头，实现企业的价值流入上逐步增强。

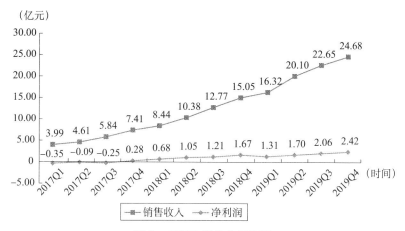

图2　虎牙直播的业绩情况

资料来源：作者根据虎牙直播公司公告绘制。

三、虎牙直播商业模式下的会计业绩和市场业绩

（一）虎牙直播的会计业绩

新兴互联网平台型游戏直播商业模式对会计业绩的作用机理分析，通过构建如图3所示的作用机理模型进行。模型选取利润和现金流量指标作为财务业绩的重点分析对象，分别从收入端和成本端着手，分解虎牙直播的收入和成本结构，并在此基础上深入用户的行为特征和平台的运营管理之中，通过剖析可能对收入和成本产生重大影响的指标和因素，探究虎牙直播运营模式中的收入动因和成本动因，清楚地界定游戏直播平台的收入来源和支出构成，并深入探究各项业务收入的占比变化及成本费用的发展趋势，有利于找到拉动企业营业收入的增长点，并发掘提升投入产出比的着力点。从收入端来说，探究虎牙直播收入结构的特征，而后聚焦于直播收入，从用户的行为特征入手，深入挖掘驱动付费用户数量和人均付费金额的重要因素，找出有利于营业收入增长的重点指标及相关的运营策略。就成本端而言，分解虎牙直播的成本和费用构成，主要从规模效益和运营效率两个方面，探究平台不断优化成本和费用的具体过程。最后结合游戏直播商业模式的收入和成本动因，探究这种商业模式对利润和现金流量等业绩指标的影响。

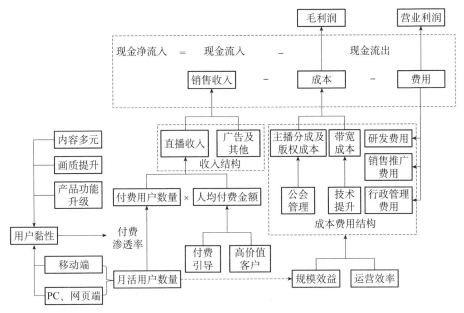

图3　游戏直播商业模式对会计业绩的作用机理模型

1. 盈利点分析

虎牙直播2017年以来销售收入呈现爆发性的增长，2017Q1[①]实现营收3.99亿元后，季度环比增长率一直保持在较高水平，2018年首次实现全年盈利。2019年之前销售收入增长率基本维持在15%以上，最高达到26.88%，2019年以后增速有所放缓，最低达到8.44%。到2019Q2销售收入突破20亿元，2019Q3实现收入22.65亿元，2019Q4已经达到24.68亿元。虎牙直播的收入来源由直播收入、广告收入及其他收入构成。主要通过用户购买虚拟道具付费打赏产生，占比持续超过95%；为广告主在直播界面或直播过程中植入广告以及举办专场直播推广活动取得的收入和为游戏开发者或发行方提供游戏进入或下载入口的联运收入为辅。其直播收入从2017Q1的3.83亿元大幅增长至2019Q4的23.46亿元，广告及其他收入也从2017Q1的0.16亿元不断做大，至2019Q4已经达到1.21亿元。营业收入整体上呈现出持续的增长趋势，但是收入结构也表现出很强的"直播为主，广告为辅"的特征，体现了非常单一的营收渠道。

在收入结构基本保持不变的前提下，游戏直播内容付费的商业模式决定

---

① "Q1"表示第一季度，其他以此类推。

了直播收入的增长取决于付费用户的增加及每个付费用户付费金额的增长。虎牙直播销售收入增长的驱动因素，由月活跃用户数量、人均付费规模、用户黏性度构成。虎牙直播活跃用户数量为在一定期间内从 PC 客户端、Web 网页和移动端进入直播平台界面的用户总和，月活跃用户数量反映为某一期间内平均每月的活跃用户数量。经统计，月活跃用户数量在 2017 年基本稳定在 8 000 万左右，进入 2018 年开始呈现一种持续的增长态势，从 2018Q1 的 9 300 万迅速增长至 2019Q2 的 1.44 亿，而后增速放缓，2019Q4 月活跃用户数量达到 1.5 亿。如此活跃用户规模转化为付费用户的比率由付费渗透率指标衡量，基于季度的数据口径，2017 年每季度的付费用户数量增长至 300 万左右，2018 年从 2018Q1 的 340 万增长至 2019Q1 的 540 万，增长幅度达到 58.82%。2019 年总体保持在 500 万左右。付费渗透率和付费用户数量的变化呈相似的趋势，整体上为从 2017Q1 的 3.21% 逐渐提高至 2019Q1 的峰值 4.36%，而后回落至 3.5% 左右。可见，2019Q1 之前，用户的付费意愿逐渐提升，直接形成用户付费规模。依据直播收入和付费用户数量的数据，人均付费金额根据直播收入、付费用户数量和人均付费金额计算。表 1 显示，虎牙直播的人均付费金额从 2017Q1 的 153.20 元逐步增长至 2019Q4 的 460.02 元，季度平均增长率高达 10.51%。与此同时，付费用户数量的季度平均增长比率为 6.70%，两者共同促成了直播收入季度平均 17.91% 的增长幅度。由此可以看出，付费用户数量的增长是直播收入提升的重要引擎，但是相对来说，人均付费规模的增长对营收的增加也发挥了更大的作用。

表 1　　　　　　　　　直播收入、付费用户、人均付费

季度	直播收入（亿元）	付费用户数量（百万）	人均付费金额（元）
2017Q1	3.83	2.5	153.20
2017Q2	4.42	2.4	184.17
2017Q3	5.52	3.0	184.00
2017Q4	6.93	2.8	247.50
2018Q1	7.93	3.4	233.24
2018Q2	9.92	3.4	291.76
2018Q3	12.17	4.2	289.76
2018Q4	14.42	4.8	300.42
2019Q1	15.53	5.4	287.59
2019Q2	19.22	4.9	392.24

季度	直播收入（亿元）	付费用户数量（百万）	人均付费金额（元）
2019Q3	21.56	5.3	406.79
2019Q4	23.46	5.1	460.02
季度平均增长率	17.91%	6.70%	10.51%

资料来源：作者根据虎牙直播公司公告整理。

用户黏性是衡量平台吸引力和用户忠诚度的重要指标，留住用户并且培养用户的付费习惯以获得持续的收入来源。虎牙直播的收入动因与用户付费转化的分析密切相关。从用户黏性的角度探究其对付费渗透率的影响，同时深入到平台在维护和提升用户黏性上所采取的运营策略，用以挖掘出用户付费转化的深层动因。如图 4 与图 5 所示，2017 年付费渗透率与单日人均使用时长存在着相似的走势；2018 年付费渗透率与次月留存率也存在着一定的拟合度，表现为从平稳到上升的过程。由此可见，用户黏性是影响付费渗透率的重要指标，其促进用户付费的逻辑在于随着用户黏性的增强，用户会更高频率地启动平台，形成使用习惯并逐渐产生对平台的归属感，从旁观用户逐步转变为付费用户。为维持和提升用户黏性，虎牙直播坚持移动化战略认准移动端用户的发展潜力，在碎片化时间利用上的优势推动移动端用户，使其用户黏性和变现能力相对于 PC 端和网页用户都会更强，其月活跃用户不断

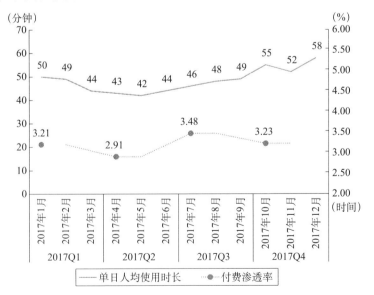

图 4　2017 年用户黏性与付费渗透率

资料来源：作者根据虎牙直播公司公告绘制。

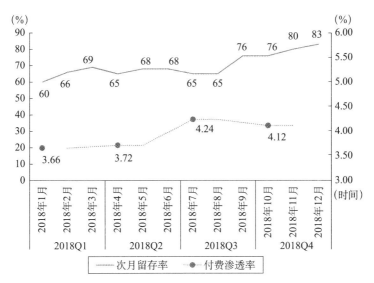

图5 2018年用户黏性与付费渗透率

资料来源：作者根据虎牙直播公司公告绘制。

增长对于直播收入的贡献比例达80%以上。同时，虎牙直播在内容多元、画质提升和产品功能升级三个方面进行了持续投入。能够向用户提供最新潮、最丰富的游戏直播资源、电竞赛事和娱乐空间，升级产品功能，提供高质量画质保证清晰度和流畅度，用户拥有高度的存在感和参与感，更多元化的体验从而增强用户黏性。

由此可见，销售收入的增长表面基于月活跃用户数量的增加，但深入探究其内在机理可以发现，基于用户黏性的付费渗透率的提升才是使其保持可持续的营业收入增长的重要因素，也就是说，销售收入的增长来源于用户规模的扩张，但更依赖于用户的使用行为，即用户黏性。从销售收入的构成来看，虎牙直播从2016年10月开始运营的广告收入等其他收入来源也随着直播收入的增长同步提升，意味着中国网络广告市场对直播商业模式认可度的进一步增加。

2. 成本及费用结构分析

虎牙直播的成本主要包括主播分成及版权费、带宽成本、薪酬与福利、折旧与摊销、第三方支付平台手续费和其他成本。其中，主播分成及版权费、带宽成本占据了总成本的绝大部分，前者包括主播依据签约合同从打赏收入中享有的分成，以及平台给予游戏和电竞赛事版权方的版权费用所形成的内容成本，后者是指为维持众多用户同时观看直播并保证清晰度和流畅度所必须付出的网络技术维护费用。如图 6 所示，2017Q1 开始内容成本呈现持续的上升趋势，从 2.43 亿元不断增加至 2019Q4 的 15.75 亿元，这主要是基于打赏收入的不断提升所带来的主播分成费用的增加，以及平台对国内外电竞赛事版权和内容创作的加大投入。同时带宽成本也成倍增长，从 2017Q1 的 1.03 亿元增长至 2019Q4 的 2.26 亿元，这与不断增加的月活跃用户数量以及不断提升的视频播放质量密不可分。从占比来看，内容成本和带宽成本合计占到总成本的 90% 以上，2017Q1 内容成本约占总成本的 63.65%，至 2019Q4，已提升至 80% 左右；而带宽成本的占比则呈现一定的下降趋势，从 2017Q1 的 26.98% 逐渐滑落至 2019Q4 的 11.36%，这与带宽价格的下降以及在内容分发上使用云计算技术以提升带宽的利用效率有所联系。内容成本占比的逐渐增加说明游戏直播业务对内容的依赖度非常高。

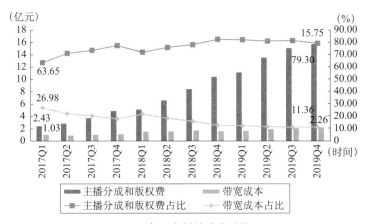

图 6 虎牙直播的成本结构

资料来源：作者根据虎牙直播公司公告绘制。

以上成本构成充分说明以内容为核心的游戏直播平台与主播的分成及获取直播授权产生的版权费密不可分。以做大流量为出发点的互联网平台特征决定了对带宽容量的持续投入。从用户层面入手，月活跃用户的增长在游戏直播这种典型的互联网平台型的商业模式下，一旦主播体系和赛事布局基本搭建完成，随着用户规模的增长，单位运营成本将不断降低。诱因在于主播和赛事资源具有一定的公共产品的性质，不会因为新增用户的消费而影响原有用户的体验，甚至随着互动用户的不断增多，平台将会形成更加浓厚的参与式互动氛围，不断增强用户的归属感并持续激发用户的付费意愿。也就是说，对于主播和赛事资源的投入，其边际成本较低而带来的边际收入很高，体现出很强的规模效应。此外，虎牙直播在降本增效方面也进行了持续的探索。在主播管理上精心打造的公会管理模式使得平台、公会和主播构成了一个资源共享、相互扶持、和谐共生的生态体系，形成利益相关的交易结构（魏炜，朱武祥，林桂平，2012）。在这个体系之中，公会强大的管理效率使得主播的内容创作成本不断降低，其对内容制作的专业性不断提升着直播视频的精品度。在与公会深度绑定、利益共享的前提下，主播越来越离不开公会对其作出的规划和扶持，因此，主播对公会和平台的依赖度将逐渐提升，其稳定性大大增强，头部主播的出走越来越少，平台为获取人气主播所付出的签约费用大幅降低。同时，公会强大的造星能力也为平台源源不断地输送着新鲜的血液，这种从腰部甚至底部主播身上挖掘潜力的方式比起大手笔地从外部"挖角"，成本显然较低，而且通过平台自行培植产生的头部主播对平台的归属感和忠诚度将会更强。总而言之，公会体系的构建对于平台培养一支成本更低、效益更高的主播团队，发挥了举足轻重的作用。另外，在带宽成本的投入上，随着直播间观众人数的增多，将会占用更多的带宽，但是虎牙直播通过在云计算等技术上的不断探索，极大地提升了带宽的运行效率，能够做到以更为低廉的带宽成本满足更多用户同步在线观看直播的需求，从而大大提升了带宽的投入产出比。

从虎牙直播的营业费用来看，主要包括研发费用、营销推广费用和行政管理费用。如图 7 所示，研发费用从 2017Q1 的 0.39 亿元稳步增长至 2019Q4 的 1.42 亿元，主要是由于虎牙直播不断加强对技术的投资，以改善用户体验和进行产品功能的升级。营销推广费用也逐步上升，从 2017Q1 的 0.15 亿元缓慢增长至 2017Q4 的 0.29 亿元，步入 2018 年后，随着虎牙直播的上市及海外市场的开辟，虎牙直播加大了平台推广的力度，营销推广费用的增速迅速加快，2019Q2 已经达到 1.19 亿元，并稳定在 1.2 亿元左右。营销推广费的增加不仅是基于虎牙直播在加强品牌知名度方面持续付出的努力，还是 2018 年以来深耕电子竞技领域，推广电竞赛事，与各种营销渠道的合作导致。行政管理费用从整体上也呈现增长趋势，体现为管理人员编制和薪资的增加。

以上运营费用的支出，体现了坚持技术驱动娱乐并持续开拓国内外市场空间的虎牙直播近年来的研发费用和销售推广费用不断走高，但是整体费用率在规模效应和运营效率的推动下呈持续下降趋势。其规模效应同样是基于用户规模的增长所带来的投入产出比的提升，即技术投入和营销推广的单位

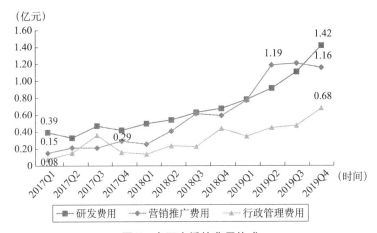

图7 虎牙直播的费用构成

资料来源：作者根据虎牙直播公司公告绘制。

费用率不断降低，但是能够在用户黏性和口碑营销的推动下带来更多的客流和营收。而运营效率的提升则源自虎牙直播近年来逐渐加大的费用管控力度，例如其精准投放的市场营销策略。

综上所述，虽然游戏直播的商业模式决定了其高额的主播分成、版权费及带宽成本，但是，虎牙直播凭借其逐步提升的用户规模及持续优化的运营模式，不断地降低其成本费用率，给平台带来了更大利润空间。

（二）虎牙直播的市场业绩

为分析游戏直播商业模式对市场业绩的影响，本文构建了如图8所示的分析模型，模型借鉴价值评估方法中的收益法，以盈利能力为收益指标，用运营风险代表未来收益的折现率，从这两个角度出发探讨游戏直播市场业绩的形成动因。在盈利能力方面，结合游戏直播的盈利模式，在描述行业当前盈利水平的基础上对盈利的持续性和成长性进行了进一步的探讨，以期能够反映其未来收益的情况；在运营风险方面，关注于游戏直播行业营收单一的特征以及面临的市场竞争压力，以此来判断未来收益被折现的程度。很显然，盈利能力越强，则市场对平台的价值预期越高；然而，运营风险的增加，也会削弱投资者对平台的价值判断，两者对市场业绩的走势起着截然相反的作用（王翔，李东，张晓玲，2010）。本文将以股价和托宾Q值的变化情况来描述游戏直播平台市场业绩的发展走势，结合平台的盈利能力和运营风险，探究该类商业模式下市场业绩的变化动因。

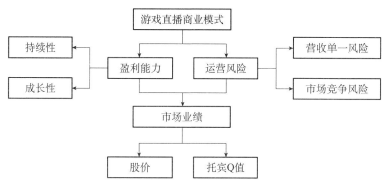

图8 游戏直播商业模式对市场业绩的作用机理模型

1. 股价走势对比的价值判断

虎牙直播和斗鱼 TV 作为我国已经上市的两支游戏直播股，其股价走势情况可以代表投资者对游戏直播行业的市场价值判断。虎牙直播作为中国首家在美上市的游戏直播公司，在纽约证券交易所挂牌上市之后，如图 9 所示，首日开盘报价 15.5 美元，较 IPO 发行价 12 美元高出将近 30%，当日最高价格达 17.07 美元，收盘市值约 32.37 亿美元。通过对其 2018 年 5 月～2019 年 12 月股价的分析，最高价格曾达到 50.82 美元，反映出美股投资者对中国游戏直播平台的看好。但是自达到股价峰值之后，虎牙的股价在 2018 年最低达 15 美元左右，2019 年在 20～30 美元间波动。

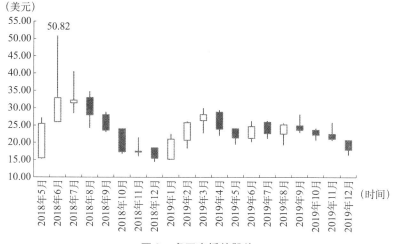

图9 虎牙直播的股价

资料来源：作者根据纳斯达克官网、公司公告绘制。

斗鱼 TV 作为虎牙直播最大的竞争对手，2019 年 7 月 17 日在纳斯达克证券交易所上市，如图 10 所示，首日开盘报价 11.02 美元，较之 11.5 美元的 IPO 发行价跌 4.17%，截至收盘收复全部跌幅，收于 11.5 美元的发行价。以收盘价计算，斗鱼 TV 的市值约 37.3 亿美元。当日虎牙直播的收盘价为 22.87 美元，市值约 49.9 亿美元，换言之，上市时资本市场对斗鱼 TV 的估值仅为虎牙的七成。斗鱼 TV 上市之后，股价也并未经历虎牙上市初期的高速增长，而是呈持续下跌趋势，2019 年底已跌至 8 美元左右。

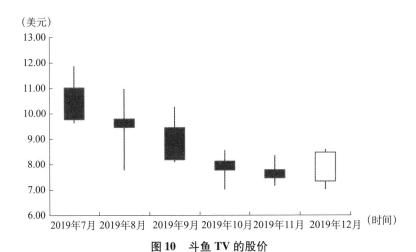

图 10　斗鱼 TV 的股价

资料来源：作者根据纳斯达克官网、公司公告绘制。

从两者的市场表现来看，虎牙直播作为中国首发上市的游戏直播股，其商业价值在上市初期得到了投资者的认可甚至追捧，但是，随着市场热潮的褪去，虎牙直播的股价在其业绩逐渐提升的情况下依然有所下跌，说明游戏直播这种商业模式依然存在保持价值稳定维护的持久性，让投资者对其持一定的观望态度，斗鱼 TV 上市即破发的市场表现也在一定程度上印证了这一点。

2. 托宾 Q 值

在资本市场上，托宾 Q 值是衡量企业市场业绩的常用指标，其计算方法为：托宾 Q 值 = 企业的市场价值/资产重置成本。如若 Q 值大于 1，说明投资者对该企业的发展前景看好，企业还有加大对资产投资的需求，反之则相反。在对托宾 Q 值的计算上，由于很难获取到资产的重置成本等数据，因此经常使用财务报表中的替代数据计算其近似值用以衡量。由于虎牙直播发行的股份均为流通股，所以托宾 Q 值的近似值 =（市值 + 负债账面价值）/资产账面价值，其中，市值 = 流通股×收盘价。表2统计了虎牙直播自2018年5月11日上市以来每个季度末的市值和托宾 Q 值，从中可以看出，虎牙直播的托宾 Q 值一直保持在2以上，较高的托宾 Q 值一方面是由于游戏直播平台轻资产的特性，另一方面也表现了市场投资者对虎牙直播商业模式的认可。具体到托宾 Q 值的变化趋势来看，在虎牙直播上市的初期，市场对其有较高的估值，2018Q2 市值接近70亿美元，托宾 Q 值达到7.36，显示出资本市场对游戏直播极高的热度。而后，市值有所回落，托宾 Q 值逐渐下跌至2018Q4的3.26，2019Q1 略有提升至5.40后，又再次回落至2 ~ 3的水平。从市值和托宾 Q 值的波动情况来看，虎牙直播的商业模式和市场价值正在不断地经历投资者的检验，其价值创造和价值实现模式逐渐体现出来，但在短期波动和长期价值中寻求平衡，让其股价反映真实的价值，还需要探索。

表2 虎牙直播的市值、托宾 Q 值

季度	市值（亿美元）	托宾 Q 值
2018Q2	67.03	7.36
2018Q3	48.06	5.13
2018Q4	31.55	3.26
2019Q1	57.51	5.40
2019Q2	53.90	3.81
2019Q3	51.75	3.60
2019Q4	39.39	2.65

资料来源：作者根据纳斯达克官网、公司公告整理。

3. 虎牙直播游戏平台盈利能力

（1）盈利的持续性。企业的盈利来源于其经济产出覆盖资源投入后的剩余部分，如若在企业的经营活动中，从投入端到产出端能够自发地形成一个完整的闭环，在主营业务上保持自主运转而非依靠偶然的收益来源获利，则该企业能够维持其盈利的持续性。

对于游戏直播平台来说，在其发展初期，由于平台正处于主播、赛事及技术资源的投资时期，用户数量虽然快速增长但黏性并不是很高，因此，平台从用户端获得的变现收益并不能覆盖其投资成本，整体上处于亏损的状态。然而，随着平台付费用户转化成果的显现，以及规模效应下成本费用率的降低，亏损程度将逐渐缩小，并最终实现盈利。这种在平台内容资源上的深入布局、用户潜力上的持续挖掘以及运营管理效率的不断提升，使其内生性的发展具有很强的可持续性。

（2）盈利的成长性。在维持持续经营的基础上，游戏直播平台也在商业模式的发展和创新上进行了探索，以期不断提升平台的盈利能力，加强内部价值链的转化（李玮玮，2017），其商业模式的演化主要体现在从 PC 端向移动端的战略迁移和从客户引流发展到加强对存量客户的经营两个方面。游戏直播发源于 PC 端，但随着移动设备的普及和手游的发展，各大平台开始在移动端发力，挖掘移动端用户的付费潜力，虎牙直播便是在移动化发展上最为深入的一个。虎牙直播近年来坚持移动化战略，认准移动端用户的变现潜力，大力扶持移动端的发展，其高用户黏性已经成为了拉动平台营收的重要引擎。从客户引流发展到加强对存量客户的经营来看，客户引流、增强用户黏性和提高变现能力是创造营收的三部曲，其各自对应的指标分别为月活跃用户数量、付费渗透率和人均付费金额。目前虎牙直播的付费渗透率仅达到 4%～5%，在人均付费挖掘上仍在持续地提升。这意味着游戏直播未来的付费转化和变现能力还有很大的成长空间，随着游戏直播商业模式的持续发展和创新，能够给游戏直播平台带来更多的盈利空间，其盈利能力将会得到进一步的成长和提升。

4. 虎牙直播游戏平台运营风险

（1）营业收入渠道单一的风险。虽然虎牙直播目前已经实现了从引流到盈利的跨越，并且盈利水平正在不断提升，但是其经营过程中仍然存在着痛难点，给未来的发展带来了不确定性。这些风险因素既有与平台本身商业模式直接相关的营业收入渠道单一风险，也包括由其商业模式特征所决定的行业内外的市场竞争风险（吴玥和杜梦丹，2019）。这种高度依赖直播业务的运营模式受到游戏热度减弱、用户增长乏力或者核心主播跳槽、游戏风向转变甚至节假日季节性的波动等因素影响，都可能使平台的营业收入产生较大的变动，在盈利模式上具有不稳定性。在用户规模层面，虎牙直播的月活跃用户数量近年来虽然持续增长，但增长速度已经趋缓，这意味着行业的大环境正在从增量市场向存量市场转变。由于人气主播所拥有的社会资本能够带来巨大的经济效益，而行业内对知名主播所采取的签约模式意味着合约到期后主播很有可能连同其高价值客户一起流入其他平台，从而给原有平台的营业收入产生很大的不确定性。

（2）市场竞争的风险。游戏直播行业高度依赖于游戏和赛事，内容同质化较为严重，因此行业内的竞争态势依然激烈；同时，由于游戏直播本质上是做流量的生意，因此还面临着其他大流量平台进军游戏直播市场所产生的外部冲击。游戏直播行业面临的市场竞争风险主要还是来自行业内部，虎牙直播的老对手斗鱼 TV 目前已经在用户规模和成长速度上对虎牙直播产生了一定的竞争压力。斗鱼 TV 的大主播战略，其月活跃用户数量明显高于虎牙直播，从净利润来看，斗鱼 TV 极力赶超的趋势非常明显。

2019 年开始，斗鱼 TV 从超 2 亿美元的亏损迅速扭亏为盈，其净利率已提升至接近虎牙直播的水平，如图 11 所示，其付费用户开始反超，付费渗透率也稳步上升，而虎牙直播的付费用户数量和渗透率指标却双双下滑，这使得斗鱼 TV 的用户端优势进一步拉大。就总资产收益率而言，相对于虎牙直播的稳扎稳打，斗鱼 TV 几乎以跳跃式的发展速度提升了每单位资产带来的收益，其总资产净利率从 2017 年的 -65.64% 迅速提升至 2019年的 4.5%（见表 3）。因此，在游戏直播商业模式已经趋于成熟的阶段，平台之间的竞争将会回归到游戏内容生态的构建，依靠核心内容争夺用户流量，商业模式内容创新，挖掘月活跃用户的价值需求，稳定资源利用模式上。

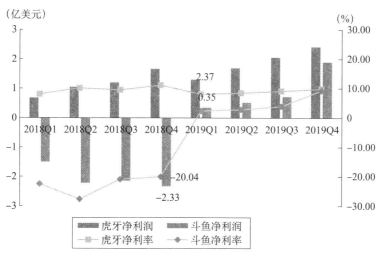

图 11　虎牙、斗鱼净利润对比

资料来源：作者根据公司公告绘制。

表3　　　　　　　　　　虎牙、斗鱼总资产收益率对比　　　　　　　　单位：%

年度	虎牙总资产收益率	斗鱼总资产收益率
2017	－5.59	－65.64
2018	10.97	－21.75
2019	8.11	4.50

资料来源：作者根据纳斯达克官网、公司公告整理。

四、虎牙直播商业模式对其业绩的影响与分析

游戏直播商业模式的价值判断是以其盈利能力的高低、成长空间的大小、营业收入渠道的稳定性以及市场竞争的风险为出发点的，通过对虎牙游戏直播商业模式下会计业绩与市场业绩的深入分析，发现其商业模式在企业利润率、盈利能力和持续运营能力上实现了对企业价值的创造，并不断地利用资源优势进行合理配置来稳定其互联网价值体系。对于资本市场来说，投资者更加关注于游戏直播平台的未来价值，虎牙游戏直播商业模式在吸引充满黏性的忠实用户以稳定收入来源、控制成本结构、进行客户价值细分、客户关系引导以及拓宽直播服务的营销渠道上均为其企业创造了独特的商业价值；网络化能力构建是虎牙游戏直播基于移动化策略提升核心技术资源的关键措施，对业绩增长作出了较大的贡献；顾客关系中月活跃用户数量的维护与用户黏性指标稳定的关系成为促使用户付费转化、人均付费金额快速提升的关键因素，其采取的多元化直播内容、提升直播视频质量、升级直播界面、更新礼物设计等产品功能提升的主要商业活动措施对提升用户黏性起也到了一定的促进作用；同时，其内部结构价值链的联系以用户参与热度和主播个人价值体现心理为切入点，打造精品内容、增加产品体验和构建公会体系，全面提升平台运营效率对于企业业绩的增长发挥了重要的作用。

虎牙游戏直播的商业模式具有其独特的价值，其盈利能力的增强必然对市场的估值有着正向积极的影响，但是其在将非付费用户转化为付费用户、维持稳定的付费用户群体并吸引新的用户付费以及驱动付费用户更多地付费等方面，仍然需要持续性地从"向客户提供的其所需要的核心价值"能力中去获取。作为依靠内容付费的运营平台，虎牙直播持续坚持内容驱动战略，构建内容生态系统，紧抓"技术驱动娱乐"的发展理念，坚定发展移动化策略，不断提升用户的直播体验；持续提升运营效率，打破营业收入渠道单一

的症结，落实多元化发展战略，实现持续价值增长预期。

五、结论与启示

（一）结论

互联网时代的飞速发展催生出的游戏直播商业模式是网络优势带动新兴产业发展的新生业态，持续线上黏性消费是互联网直播商业模式财务业绩增长的主要驱动因素，利用广泛的用户数量价值并深入挖掘其价值潜力，同时增强成本费用管控能力使其最终转换为企业实际的财务价值符合企业良性发展的盈利模式。本文选取了用户端和平台端的相应指标，从用户规模、用户黏性、收入和成本结构等角度，运用描述性统计的方法探究驱动虎牙直播财务业绩增长的具体因素，分析上述驱动因素对财务业绩的作用机理，发现用户黏性、人均付费金额、移动化程度、规模效益和运营效率对互联网企业财务业绩的增长具有巨大的拉动作用。在这些指标的背后，拥有着内容精品化、技术领先化、公会生态化等一系列完善的运营支撑体系。虎牙直播平台的盈利能力和运营风险对市场业绩的成因影响较大，随着游戏直播商业模式的发展与创新，平台未来具备持续获取现金流的能力和提升盈利空间的同时仍然面临着营业收入渠道单一的风险和行业内外市场竞争的不确定性。因此，虎牙直播在经营业绩较好的情况下，应结合对市场环境的分析向投资者证明其所拥有的长期价值，在持续提升盈利能力、拓展营业收入渠道以及在市场竞争中构建更高的竞争壁垒等方面拓展市场空间。

（二）启示

1. 持续优化内容生态系统的构建

作为依靠内容付费的运营平台，虎牙直播应持续坚持内容驱动战略，构建完整提供价值端口的内容生态系统，同时与各类合作伙伴构建行业共赢的生态链条。包括与电竞组织的合作，深化对电竞赛事的布局；与游戏开发者和发行方合作，获取宝贵的游戏资源并拓展游戏联运的业务；与主播和公会合作，为平台输送更多优秀的主播资源和更加优质的直播内容。互联网直播需更加持续提升对内容制作的参与度，使得直播内容精品化、差异化，给予用户与众不同的观看体验，从而不断地提升用户黏性。推进游戏直播平台内容严重同质化的 UGC（User Generated Content，用户输出内容）平台运营状态向 PGC（Professionally Generated Content，专业人士输出内容）转化（裴晓华、陈晨和姜伊楠，2018）。积极尝试组建和运营电竞战队、自制电竞赛事节目，丰富内容品类，从游戏直播业务扩展到娱乐、二次元和户外等多个领域，加大内容覆盖范围，扩大活跃用户群体，以期探索获取更多的收入。

2. 坚定走移动化、多元化发展策略，培育和增强核心竞争力

核心竞争力决定企业价值创造的途径。互联网直播企业从利用用户碎片化时间角度出发，紧紧抓住移动端用户具备更强的用户黏性的特征，加强对移动端的布局，关注移动端用户的需求，有利于发掘更多的变现机会，维持虎牙在移动端的竞争优势，能为平台贡献更多的收入；挖掘存量用户的付费潜力，坚持对新用户进行引流，通过产品功能设计的优化等运营策略，深度挖掘现有付费用户的变现能力，推动营业收入的进一步增长。在以直播业务为核心的基础上，充分利用平台的用户流量资源，发展精品广告、游戏联运等其他业务，创新收入渠道，打造多元化的收入形式。同时加强对成本费用的管控力度，实施基于投资回报的成本费用支出战略，不断提升平台的投入产出比，从而逐步增强平台的盈利能力，构建直播商业模式核心竞争力。

参考文献

［1］李玮玮. 商业模式对传统企业绩效影响的研究——以沪深两市零售企业为例［J］. 经济与管理，2017（3）：70 - 73.

［2］林南. 从个人走向社会：一个社会资本的视角［J］. 社会科学战线，2020（2）：213 - 223.

［3］罗琳. 大数据驱动的商业模式创新研究现状、内在机理及具体过程［J］. 商业经济研究，2020（4）：113 - 116.

［4］裴晓华，陈晨，姜伊楠. 从 UGC 到 PGC：网络直播平台商业模式的发展与革新——基于九要素模型的分析［J］. 现代商业，2018（35）：179 - 181.

［5］宋爽，李朔卿. 网络直播企业盈利模式研究［J］. 江苏商论，2019（12）：45 - 47.

［6］王翔，李东，张晓玲. 商业模式是企业间绩效差异的驱动因素吗？——基于中国有色金属上市公司的 ANOVA 分析［J］. 南京社会科学，

2010（5）：20－26.

［7］魏炜，朱武祥，林桂平．基于利益相关者交易结构的商业模式理论 ［J］．管理世界，2012（12）：125－131.

［8］邬关荣，蒋梦伟．商业模式与企业绩效关系的文献综述［J］．特区经济，2018（4）：156－158.

［9］吴玥，杜梦丹．商业模式创新：研究综述与展望［J］．商业经济研究，2019（4）：101－104.

［10］张敬伟，王迎军．基于价值三角形逻辑的商业模式概念模型研究 ［J］．外国经济与管理，2010（6）：1－8.

［11］张小雨．从社会交换理论角度浅谈游戏直播——以斗鱼直播为例 ［J］．新闻传播，2018（1）：39－40.

［12］David J. Teece. Business models，Business strategy and innovation ［J］. Long range planning，2009，43（2）.

［13］Lin Jih-hsuan.，Bowman，N.，Shu-fang，Lin.，Yen-shen，Chen. Setting the digital stage：Defining game streaming as an entertainment experience ［J］. Entertainment computing，2019（31）：1－8.

［14］Sjöblom，M.，Törhönen，M.，J. J. Hamari.，J. Macey. The ingredients of twitch streaming：Affordances of game streams ［J］. Computers in human behavior，2019（92）：20－28.

（本文原载《财会通讯》2021 年第 4 期，

作者：刘运国、陈诗徽、柴源源）

金融篇

互联网金融企业的价值评估研究

——以蚂蚁集团为例

摘要： 本文基于蚂蚁集团的行业属性和商业模式特点，得出蚂蚁集团不适用于现有的企业价值评估方法和模型，并对现有的分类加总估值法进行修正。根据修正的分类加总估值法，预测 2020 年蚂蚁集团的价值为 2.12 万亿元，与 2020 年 10 月 23 日蚂蚁集团的初步询价结果基本相符。文章考虑了互联网平台金融企业均具有高增长、轻资产、数据丰富、技术领先等商业模式特点，兼具科技属性和更突出的金融属性，得出的研究结论可供类似的互联网金融企业做估值参考。

关键词： 互联网金融；商业模式；企业价值评估；蚂蚁集团

一、引言

2020 年，互联网金融行业迎来一波上市的热潮。7 月初，京东数科首先公示接受上市辅导，开启上市之旅。7 月 20 日，蚂蚁集团宣布将启动在科创板和香港主板寻求同步发行上市的计划。[①] 9 月 11 日，消费金融巨头"马上消费"金融冲刺 A 股上市，且获得中国银保监会的批准。10 月 30 日，陆金所正式在纽交所正式挂牌上市。在这一上市热潮中，面对众多创新的商业模式，互联网金融企业的价值评估引发争议。这主要是由于互联网金融兼具金融属性和科技属性，投资者在定量评估企业内在价值时难以直接套用互联网企业或传统金融企业的估值方法（Albeverio，Steblovskaya and K. Wallbaum，2009）。目前，国内在互联网金融领域中表现较为出色的企业有陆金所、众安保险、微众银行、理财通、财付通、京东数科和蚂蚁集团等。而互联网金

---

① 基于蚂蚁集团上市受阻，目前处于整改期，并未公布最新修订后的招股说明书。因本文主题是研究互联网金融企业估值问题，用原招股说明书数据没有大的影响，故本文仍沿用 2020 年公布的招股说明书，以此论证修正的分类加总估值法在互联网金融企业价值评估运用中的合理性。

融行业中业务覆盖最广泛、行业影响最深远、市场份额最高的企业当属蚂蚁集团。因此，研究蚂蚁集团的企业价值评估能够为其他互联网金融企业的企业价值评估提供一定的参考。本文以企业价值评估理论为基础，以商业模式为依托探讨更适合互联网金融企业的价值评估方法和模型，从而帮助投资者确定互联网金融企业在新股发行上市、并购、重组、筹资等交易的价格（Fight，2002）。

二、企业价值评估方法的相关理论概述

企业价值评估方法主要包括市场法、收益法和成本法等传统企业价值评估方法，以及实物期权法、DEVA（Discounted Equity Valuation Analysis）估值法、分类加总估值法等创新企业价值评估方法（Shahrokhi，2008）。收益法是指通过资本化或折现企业的未来收益来计算其价值的各类评估方法的总称，收益法的关键就是合理预测未来现金流量与折现率（陈敏，2005）。市场法是指通过将被评估企业与可比上市公司进行比较，基于可比上市公司的市价确定被评估企业价值的各种评估方法的总称（Sharpe，1964）。成本法是指将重建或者重置企业的成本扣除相关贬值，即可确定企业价值的评估方法的总称（成京联，2006）。实物期权法是基于梅耶斯教授的实物期权定价思想形成的一种创新的企业价值评估方法（王聪聪，党超，徐峰，钟立新，杜炜，2018）。该方法主张用未来盈利能力决定企业价值，而未来盈利能力可以划分为现有盈利能力的可持续性和未来潜在的盈利机会。与收益法不同，实物期权法考虑外部不确定性因素的影响，将企业的经济活动置于动态环境中，充分反映灵活性的价值，适用于未来投资决策灵活性较大的企业（杜鑫，2016）。但是，实物期权法的计算方法较为复杂，假设条件较多，且实物期权之间存在交互影响，使其在企业价值评估的应用受到较大限制。DEVA估值法认为企业的盈利来源是现有和潜在用户，所以将针对用户资源的投入和产出相结合，也就是根据单位用户的初始投入资本和价值增加额来评估企业价值（张雪梅，马心怡，2021）。但是，DEVA估值法只考虑了用户因素，而忽略了市场份额、游客式体验等因素，从而不适合价值受用户以外因素驱动的企业。因此，DEVA估值法主要应用于以用户为核心的互联网企业。分类加总估值法，即将企业经营的不同业务线分开，再分别根据各业务的特征选择不同的企业价值评估方法进行估值，再根据持股比例加权汇总，有的需再给予一定溢价/折价，从而推导出集团整体价值的方法，适用于业务多元化的

企业（高印朝，于渤，2004）。但是，分类加总估值法在将各业务的价值加总时，仅考虑了持股比例，而忽视了各业务之间存在交互影响和协同效应，可能导致估值结果低于企业的实际价值，所以分类加总估值法不适用于各业务之间关联明显或协同效应突出的企业。

总的来说，目前学术界已经构建出了一套较为基本的企业价值评估方法和模型，为企业价值评估的应用打下了坚实的根基。但是，以往的研究发现各种企业价值评估方法和模型都有其自身的前提条件、优缺点及适用性，并不完全适用于所有企业。因此，在对企业价值进行评估时需综合考虑企业特点、评估方法和模型的优缺点与适配性，在必要时需修正和改进企业价值评估模型，从而使评估结果更可靠，从而使评估结果更可靠。另外，除非法律法规规定或操作条件限制，当满足不同评估方法的前提条件时，评估人员应当选择两种或者两种以上评估方法，并通过综合分析来形成合理的评估结论。

三、蚂蚁集团的商业模式

（一）蚂蚁集团简介

蚂蚁科技集团股份有限公司（以下简称蚂蚁集团），是由 2004 年的支付宝平台发展而来。2013 年 3 月，支付宝当时的母公司宣告以其为主体建立蚂蚁金服的前身——小微金融服务集团。2020 年 7 月，由于互联网金融行业的强监管政策，蚂蚁金服为突显其科技公司的属性而改名换姓为蚂蚁集团。随后，蚂蚁集团宣布启动上市计划，寻求 A 股和 H 股同步公开发行上市。

蚂蚁集团不仅拥有中国最大移动支付平台——支付宝，还拥有全球领先的金融科技开放平台，这两大平台携手合作为消费者和小微企业提供金融服务。

如图 1 所示，蚂蚁集团不仅覆盖了数字支付与商家服务业务板块、数字金融科技平台业务板块和创新业务及其他业务板块，还承担了在研发、运营、投融资等方面的集团整体职能。

（二）蚂蚁集团的商业模式分析

1. 战略定位

如图 2 所示，蚂蚁集团通过支付宝平台为全球超过 12 亿用户、超过 8 000 万商家及超过 2 000 家金融机构合作伙伴提供数字支付与商家服务、数字生活服务、数字金融科技平台和创新服务及其他。其中，数字生活服务提

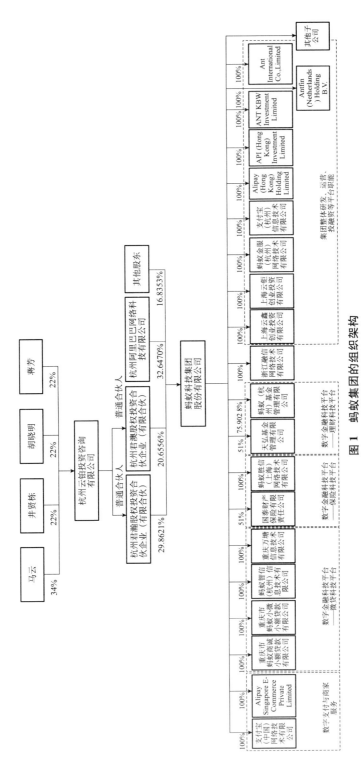

图 1　蚂蚁集团的组织架构

资料来源：蚂蚁集团招股说明书。

供出行、本地生活和便民服务等多种服务，数字金融科技平台又细分为微贷科技平台、理财科技平台和保险科技平台。数字支付与商家服务的主要产品是数字钱包；微贷科技平台的主要产品是花呗和借呗；理财科技平台的主要产品是余额宝、余利宝和大理财；保险科技平台的主要产品是寿险、健康险、财险，如退货运费险、好医保、全民宝等，以及互助项目相互宝。

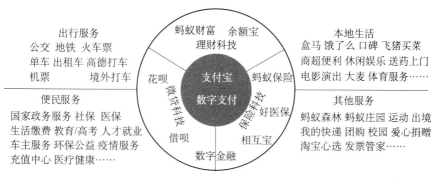

图2 蚂蚁集团的业务构成

资料来源：蚂蚁集团招股说明书。

2. 运营能力

（1）关键资源和能力。

①表内资产。如图3所示，蚂蚁集团的流动资产主要涵盖了货币资金、交易性金融资产、应收账款、发放贷款和垫款以及其他流动资产。货币资金主要包括银行存款、客户备付金存款（境外客户资金）、基金销售带来的账户存款以及子公司的风险准备金存款。截至2020年6月末，货币资金余额为1 047.23亿元，同比增加56.37%，约占流动资产的60%，占总资产的33.15%。交易性金融资产和其他非流动金融资产包含了微贷科技平台业务中少量以资产证券化模式开展的自持贷款。自2017年末至2019年末，发放贷款和垫款（即微贷科技平台下属的子公司发放的自营贷款余额）有所增加，然而占流动资产比例逐年下降，这源于蚂蚁集团有意从互联网金融企业转变为科技企业，从而削减其自营微贷业务的比例。

如图4所示，蚂蚁集团的非流动资产主要由长期股权投资、其他权益工具投资、其他非流动金融资产、固定资产、在建工程、无形资产、商誉构成。截至2020年6月末，固定资产和在建工程仅占非流动资产的5.29%，占总资产的2.37%，金额及占比相对较小，而无形资产占非流动资产的10.52%，

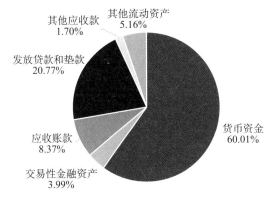

图 3　2020 年 6 月 30 日蚂蚁集团流动资产

资料来源：蚂蚁集团招股说明书。

占总资产的 4.71%，保持轻资产运营。

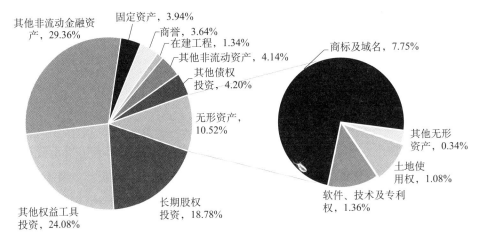

图 4　2020 年 6 月 30 日蚂蚁集团非流动资产

资料来源：蚂蚁集团招股说明书。

　　②重要资质证照。蚂蚁集团已在第三方支付、小微小额贷款、基金管理和销售、保险等领域布局国内最全的金融资质证照，如表 1 所示。重要资质证照的获取确保了蚂蚁集团自营金融业务以及与金融机构合作伙伴进行金融业务合作都是合法、合规的，并能打通各金融产品之间的交叉营销。

表 1　　截至 2020 年 6 月 30 日蚂蚁集团已获得的部分重要资质证照

重要资质证照	持有主体	发证机关	许可范围
支付业务许可证	支付宝	中国人民银行	互联网和移动电话支付、线上实名支付账户充值、银行卡收单

重要资质证照	持有主体	发证机关	许可范围
小微小额贷款	蚂蚁商诚	重庆市金融工作办公室、重庆市地方金融监督管理局	各项贷款、票据贴现、资产转让业务、借呗
小微小额贷款	蚂蚁小微	重庆市金融工作办公室、重庆市地方金融监督管理局	各项贷款、票据贴现、资产转让业务、花呗
经营证券期货业务许可证	天弘基金	证监会	基金管理、基金销售、特定客户资产管理
经营证券期货业务许可证	蚂蚁基金销售	证监会	基金销售
保险公司法人许可证	国泰保险	银保监会	财产保险业务；短期健康保险、意外伤害保险；保险兼业代理业务；上述业务的再保险业务
保险兼业代理业务许可证	国泰保险	银保监会	代理险种：人寿保险
Major Payment Institution License	Alipay Singapore	新加坡金融管理局	按要求提供跨境汇款服务

资料来源：蚂蚁集团招股说明书。

③用户和数据。如图5所示，2017年到2020年6月末，支付宝实现了良好的用户获取及留存，活跃用户规模保持稳健增长。截至2020年6月30日12个月期间，支付宝年度活跃用户达9.87亿，其中数字金融年度活跃用户达7.29亿，促成数字支付交易规模118万亿元、消费信贷余额17 320亿元、小微经营者信贷余额4 217亿元、资产管理规模40 986亿元、保费及分摊金额518亿元。2020年6月，支付宝的活跃用户超过7亿，活跃商家超过8 000万。基于庞大的用户规模、流量、交易规模，蚂蚁集团能从支付宝平台上获取大量的交易数据、生活服务的相关数据、用户自身提供的数据，以及生态系统中其他参与者在商业活动中产生的数据，从而为客户画像等服务提供数据参考。

此外，蚂蚁集团还于2014年8月与阿里巴巴签订了数据共享协议，协议的有效期长达50年。双方约定，基于合法、合规及不违背用户服务合同约定的前提，双方共享各自平台收集或产生的用户数据。阿里巴巴集团的业务和用户与蚂蚁集团的并不完全重合，而且2020年6月，阿里巴巴在中国零售市场的移动月活跃用户数达8.74亿，远高于支付宝的月度活跃用户数，因此与阿里巴巴集团的数据共享能使蚂蚁集团的数据覆盖面更加广泛，获取的数据

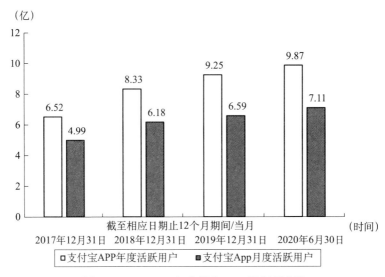

图5 2017~2020年支付宝App活跃用户数

资料来源：蚂蚁集团招股说明书。

更加丰富。

④人员和技术。员工是企业的第一生产力，那么，对于技术驱动的互联网金融企业来说，其创新发展的关键就是技术人员。截至2020年上半年，蚂蚁集团拥有10 646名为技术人员，约占员工总数的64%。蚂蚁集团还建立完善的技术培养体系和鼓励创新的员工激励机制，并与多所高校联合培养科技人才、合作开展优才实习计划等，以此积累技术人才储备。

技术是蚂蚁集团成功的关键，也是蚂蚁集团普惠生态系统的基础。目前，蚂蚁集团的核心技术能力已经覆盖人工智能、风险管理、安全、区块链、计算及技术基础设施等领域，创造出信贷风险管理平台、智能理赔平台、终端风控引擎Edge、安全微隔离技术、蚂蚁链BaaS平台、分布式数据库OceanBase等核心技术产品。

此外，蚂蚁集团还围绕以上核心技术领域进行战略布局，随时紧跟行业发展、用户、商家及金融机构合作伙伴需求、国际技术趋势等开展研发工作。从图6可以看出，蚂蚁集团持续加大技术及研发投入力度，研发费用金额及占比逐年增高，而且金额远高于同为互联网金融行业的京东数科和陆金所的研发费用，但是蚂蚁集团研发费用占营业收入的比例低于京东数科。

（2）核心运营流程。如图7所示，蚂蚁集团基于智能商业决策系统、动态风险管理系统和技术基础设施的支持，依托支付宝平台构建了平台型生态

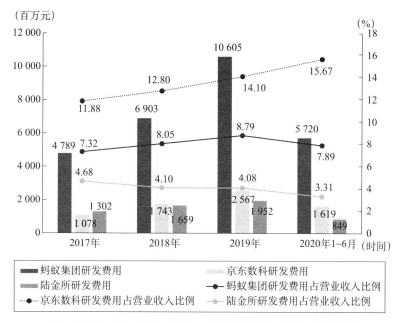

图6　2017～2020年蚂蚁集团、京东数科和陆金所的研发费用

资料来源：蚂蚁集团招股说明书、京东数科招股说明书、陆金所财务报告。

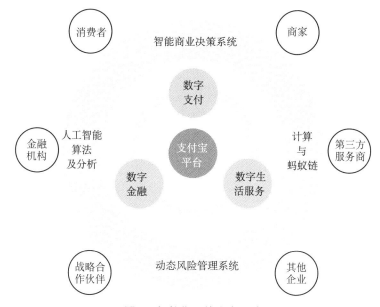

图7　蚂蚁集团的生态系统

资料来源：蚂蚁集团招股说明书。

系统，其中包含消费者、商家、金融机构、第三方服务商、战略合作伙伴及其他企业，以提供数字支付与商家服务、数字金融科技平台、数字生活服务、创新服务及其他。在这一生态系统中，支付宝平台是数字支付与商家服务、数字金融科技平台和数字生活服务的入口。数字支付为数字生活服务和数字金融业务提供基础设施支持，既能以较低的获客成本吸引大量用户，也能触达线上及线下用户。而便捷、丰富的数字生活服务进一步拓展各类生活应用场景，对提升用户活跃度和留存起到了至关重要的作用。数字金融科技平台则以普惠金融吸引长尾用户，利用数字支付与商家服务以及数字生活服务的客户洞察将流量变现。数字支付与商家服务、数字金融科技平台和数字生活服务三大业务板块之间通过良性循环产生了强有力的协同效应，进而提升了用户活跃度，推动蚂蚁集团发展。

3. 盈利模式

蚂蚁集团的营业收入主要来自三大业务板块，其中包括数字支付与商家服务、数字金融科技平台（包括微贷科技平台、理财科技平台和保险科技平台）以及创新业务及其他。蚂蚁集团的数字支付服务收入与交易规模相关，主要来源于向用户、商家和第三方交易平台收取的交易服务费。蚂蚁集团的微贷科技平台收入与金融机构合作伙伴获得的利息收入相关，主要来自向金融机构合作伙伴收取的技术服务费，并从蚂蚁商诚、蚂蚁小微等持有金融牌照的控股子公司直接提供的信贷服务中获得一定的自营微贷利息净收入。蚂蚁集团理财科技平台与支付宝平台促成的资产管理规模相关，主要来自向资管合作伙伴收取的技术服务费，并从天弘基金等持有金融牌照的控股子公司直接提供的资产管理服务中获得一定的自营资产管理服务净收入。蚂蚁集团保险科技平台收入主要与支付宝平台促成的保费或相互宝项目参与用户支付的分摊金额相关，主要源于向保险合作伙伴收取的技术服务费或向相互宝参与用户收取的管理费，并从国泰产险等持有金融牌照的控股子公司直接提供的保险服务中获得一定的自营保险净收入。因此，蚂蚁集团的营业收入增长的主要驱动因素为用户、商家、金融机构合作伙伴的数量增长以及产品开发、服务创新、场景丰富所带来的各业务交易规模增加、商家和金融机构合作伙伴使用更多服务。

如图 8 所示，2017~2019 年，蚂蚁集团发展迅速，营业收入年均复合增长率为 35.81%，主要得益于数字金融科技平台收入的高速增长，但数字支付与商家服务收入增速逐渐放缓。从图 9 可以看出，蚂蚁集团的数字支付与商家服务收入比例逐年下降，从 2017 年的主要收入中心 54.88% 到 2020 年上半年的 35.86%，且创新业务及其他收入比例维持在 0.7% 左右，而数字金融科技平台收入比例逐年增长，成为蚂蚁集团的最大收入中心，在 2020 年上半年甚至达到 63.39%，这主要源于微贷科技平台和保险科技平台收入的大幅增长。

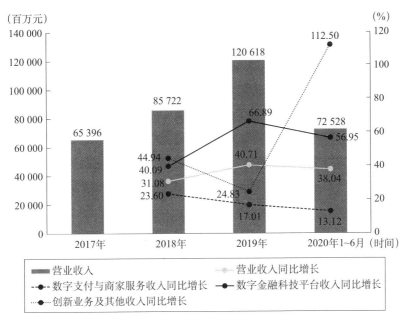

图8 2017～2020 年蚂蚁集团营业收入

资料来源：蚂蚁集团招股说明书。

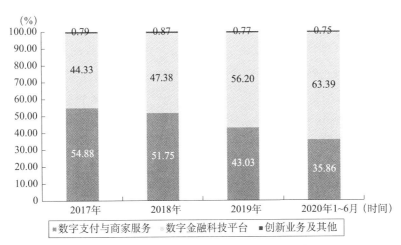

图9 2017～2020 年蚂蚁集团营业收入构成

资料来源：蚂蚁集团招股说明书。

根据图 10，在数字金融科技平台中，微贷科技平台、理财科技平台和保险科技平台的收入保持增长的趋势，并且微贷科技平台和保险科技平台的收入占比增长幅度明显，而理财科技平台的收入占比持续下降。其中，微贷科技平台成为数字金融科技平台的最主要的增长动力，贡献了超过 1/2 的数字金融科技平台营业收入、超过 1/3 的总营业收入。

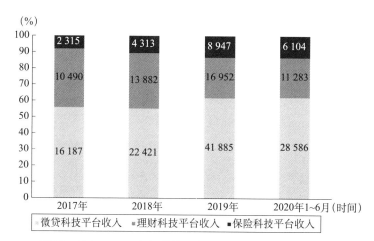

图 10　2017～2020 年蚂蚁集团数字金融科技平台营业收入

资料来源：蚂蚁集团招股说明书。

图 11 表明，虽然蚂蚁集团在微贷、资产管理和保险服务的自营净收入几乎都逐年上涨，但是微贷、资产管理和保险服务的自营净收入及其合计占各平台营业收入或总营业收入的比例均不断下降。这是因为蚂蚁集团有意从互联网金融企业转变为科技企业，从而削减其自营金融业务的比例。

蚂蚁集团的营业成本主要由交易、服务、运维以及其他成本组成。由于营业成本根据蚂蚁集团向用户、商家和金融机构合作伙伴提供的各类交易、增值与技术服务进行分摊，所以营业成本主要受各类服务的交易规模所驱动。交易成本主要为蚂蚁集团为促成支付宝平台交易而从金融机构引入资金所需支付的费用，在数字支付和数字金融服务之间分摊。服务成本主要包括为顺利达成支付宝平台的交易而支付给合作服务商的费用。运维成本主要为完成支付宝平台的交易所产生的网络、通信、客服等成本。其他成本主要为服务器采购。因此，交易成本、服务成本和运维成本都与交易规模相关，属于变动成本。图 12 显示，近几年，这三大变动成本一直占据了大约 96% 的营业成本，其中交易成本在营业成本中占比最大，并且交易成本和运维成本的比

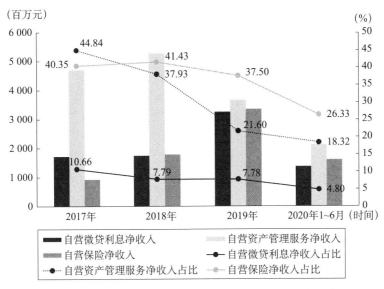

图 11 2017～2020 年蚂蚁集团数字金融科技平台自营净收入
资料来源：蚂蚁集团招股说明书。

例有所下降，而服务成本的比例逐年提高。这可能是由于线下支付拓展带来的服务成本率增加。

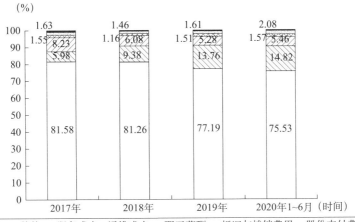

图 12 2017～2020 年蚂蚁集团营业成本结构
资料来源：蚂蚁集团招股说明书。

如图 13 所示，2018 年蚂蚁集团的毛利率明显下降，主要原因是当年向金融机构支付的交易费率上涨而导致营业成本中的交易成本增速快于收入增速。2019 年蚂蚁集团的毛利率水平与 2018 年的持平但有轻微下滑，主要是因为蚂蚁集团进一步扩大了其业务规模，导致随着业务规模变化而变化的服务成本金额及其占收入的比例都略有提升。但是，同时期京东数科的毛利率总体保持上升趋势，而且 2018～2020 年均高于蚂蚁集团的毛利率，这可能是由于京东数科的交易成本金额和占比都持续下降。

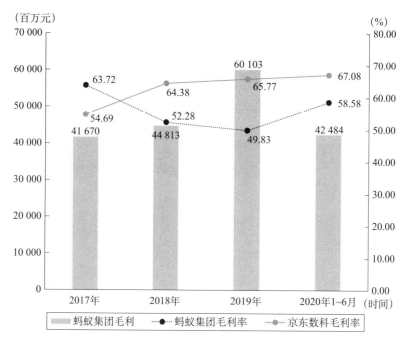

图 13　2017～2020 年蚂蚁集团毛利及毛利率

资料来源：蚂蚁集团招股说明书、京东数科招股说明书。

2017～2020 年，蚂蚁集团的营业利润率和净利润率的变化趋势都与毛利率的相似，如图 14 所示。其中差别较大的是 2019 年蚂蚁集团的营业利润率和净利润率都大幅回升，甚至超过了 2017 年的水平，这可能是因为业务模式和盈利模式趋于成熟稳定，从而带来相对平稳的毛利率。这还可能是因为蚂蚁集团在 2018 年的战略投入使基数较大的用户规模仍保持稳健增长，从而带来交易规模和营业收入的持续提升，同时蚂蚁集团市场份额大、品牌知名度高、竞争优势明显等都大大提高了其营销效率和获客能力，导致 2019 年销售费用金额及占比都同比明显下降。

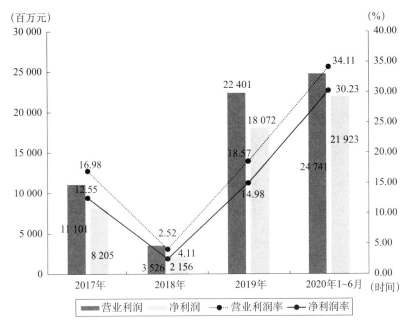

图14　2017～2020年蚂蚁集团营业利润、净利润及相应利润率

资料来源：蚂蚁集团招股说明书。

（三）蚂蚁集团的商业模式评价

总的来说，蚂蚁集团的商业模式就是以用户、场景、数据、技术、运营为支撑，在开放平台上以数字支付为支点并广泛连接微贷、理财、保险等业务的金融生态系统。蚂蚁集团的商业模式具有高增长、轻资产、用户留存高、数据丰富、技术领先、平台开放、业务多元化、协同效应等特征。

根据蚂蚁集团的商业模式（见图15），蚂蚁集团凭借庞大的用户流量和丰富的应用场景积累大量数据，然后结合智能决策、人工智能、风险控制、算法、区块链等技术，创新产品或服务并拓展应用场景，以提高用户黏性和优化用户体验，并构建开放平台以向商家、金融机构输送用户流量和技术服务，从而获取收益和形成独特的生态系统。这也是蚂蚁集团价值创造的内在逻辑。

此外，蚂蚁集团招股说明书将蚂蚁集团定义为科技公司，主要经营信息传输、软件和信息技术服务业中的互联网和相关服务。但是，学术界和投资界都对蚂蚁集团的行业属性存在争议，所以本文从蚂蚁集团的商业模式特点分析其行业属性，也为确定其适用的企业价值评估方法和模型提供一定借鉴意义。

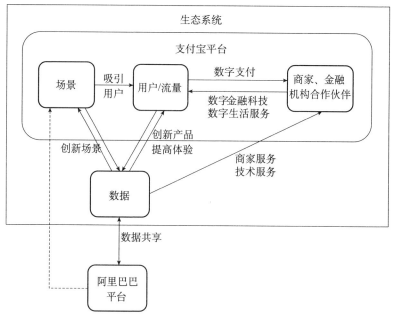

图15 蚂蚁集团的商业模式和价值创造

注：图中虚线箭头指从属关系，实线箭头指流向。

蚂蚁集团对于自身科技公司的认定主要有三个原因。第一，蚂蚁集团注重技术研发，目前已拥有多项领先的核心技术、专利以及大量的数据，并将其作为业务的基础转化为产品或服务，还具有规模效应和网络协同效应。第二，蚂蚁集团64%的员工都是技术人员。第三，蚂蚁集团的资产负债率只有31.96%，远低于2020年上半年银行业金融机构的91.67%，但接近于科技公司的轻资产模式。基于上述商业模式的特点，蚂蚁集团的科技属性是有一定道理的。

但是，第一，蚂蚁集团的各类产品或服务仍能在传统金融行业中找到替代品，而且蚂蚁集团的现有或潜在市场竞争者仍包含银行、资产管理公司、证券公司、保险公司等传统金融机构，所以蚂蚁集团与传统金融机构在业务范围上仍有重合之处。第二，蚂蚁集团的数字金融科技平台业务分为自营和与金融机构合作两种方式。自营业务属于金融范畴是不容争辩的事实。而对于与金融机构合作的业务，由于蚂蚁集团与金融机构的合作中涉及客户筛选与风险控制，所以其实质就是代销贷款、理财和保险等金融产品，因此，数字金融科技平台的所有"科技"业务实质上均未能脱离传统金融业务的范畴。第三，当时蚂蚁集团的数字支付业务的主要监管机构是中国人民银行和国家外汇管理局，而数字金融科技平台业务的主要监管机构是中国证券监督管理委员会和银保监会，所以蚂蚁集团仍受金融管理部门的监管，而且监管部门对蚂蚁集团的定性还是互联网金融企业或金融科技企业。第四，蚂蚁集团的大部分重要资质证照许可范围属于金融，表内资产也包含自营贷款余额，这说明蚂蚁集团仍处于金融体系内。第五，根据蚂蚁集团招股说明书的披露，蚂蚁集团仍然面临与传统金融机构相同的系统性风险、流动性风险、监管风险、信用风险等。第六，从盈利模式来看，完全属于互联网行业中科技公司的业务只有创新业务及其他，而2020年上半年创新业务及其他的营业收入仅占总营业收入的0.75%，因而无法改变其金融属性。

综上所述，蚂蚁集团本质还是属于互联网金融行业，兼具科技属性和金融属性，而且其金融属性甚至超过其科技属性。换言之，蚂蚁集团是一家科技赋能的金融企业，与传统金融企业和科技企业都不完全相似，因而蚂蚁集团的企业价值评估也不同于传统金融企业和科技企业的企业价值评估。

四、修正分类加总估值法在蚂蚁集团的运用

根据蚂蚁集团的商业模式、行业属性和价值创造模式，修正现有的分类加总估值法，以构建兼顾互联网金融的金融属性和科技属性并与蚂蚁集团的互联网平台型商业模式相匹配的企业价值评估方法和模型。

基于现有的分类加总估值法的逻辑，本文以产品和服务类别为标准将蚂蚁集团划分为数字支付与商家服务、数字生活服务、数字金融科技平台和创新服务及其他四大板块。可是，因为蚂蚁集团的营业收入和利润都来源于数字支付与商家服务、数字金融科技平台和创新服务及其他，而蚂蚁集团没有直接从数字生活服务中获取收入和利润，所以本文分别对数字支付与商家服务、数字金融科技平台和创新服务及其他三大业务板块进行估值，而并未单独评估数字生活服务的价值。其中，数字支付与商家服务、数字金融科技平台的金融属性更强，故而采用传统金融企业常用的价值评估方法，即收益法和市场法。而创新服务及其他离不开科技属性，故而采用科技型企业常用的价值评估方法，多为市场法。但由于缺乏各业务板块详尽的财务信息，因而三大业务板块均采用传统的市场法进行估值。数字支付与商家服务的业务模式成熟且盈利能力稳定，从而选用市场法的市盈率估值模型；数字金融科技平台和创新服务及其他的年均复合增长率高于30%，仍处于高速成长阶段，从而选用市场法的市盈增长比率估值模型。在分别评估各业务板块的价值后，

本文根据蚂蚁集团对各业务板块的持股比例将各业务板块的价值进行加权汇总。

但不可忽视的是，蚂蚁集团的商业模式和科技属性使其数字支付与商家服务、数字金融科技平台和数字生活服务三大业务板块之间产生了强有力的协同效应。数字支付与商家服务通过获取和触达线上和线下的用户，来为数字金融科技平台提供流量、数据以及支付方式。而数字生活服务能吸引更多用户，提升用户活跃度和留存率，以便收集更多用户数据，为商家提供精准营销等服务，为数字金融科技平台输送大量用户和数据。数字金融科技平台则通过有效整合和利用数字支付与商家服务以及数字生活服务的用户、数据等资源，来匹配用户需求与产品，实现流量变现，并将流量和数据反哺数字支付与商家服务。归根结底，此协同效应通过用户引流和数据共享提高数字支付与商家服务以及数字金融科技平台的付费用户数和单位付费用户贡献收入，以增加交易规模和收入，从而驱动企业价值快速增长。

鉴于分类加总估值法忽略了各业务之间的关联性，为充分体现蚂蚁集团这三大业务板块之间的协同效应，本文在分类加总估值法的基础上引入其协同价值。然而，数字支付与商家服务、数字金融科技平台和数字生活服务三者之间的协同效应并不独立于业务板块本身，而是基于业务板块的交叉渗透来创造更高的价值。此外，虽然数字生活服务并非蚂蚁集团营业收入的直接来源，但是其仍为蚂蚁集团带来价值，只是其价值主要通过数字支付与商家服务以及数字金融科技平台变现。因此，数字支付与商家服务、数字金融科技平台和数字生活服务三者之间的协同价值应附着于数字支付与商家服务以及数字金融科技平台的价值之上。

最终，本文构建的蚂蚁集团价值评估模型为：

$$V = (V_1 \times R_1 + V_2 \times R_2) \times (1 + SR) + V_3 \times R_3$$

$$V_1 = P_1 \times PE_{可比}$$

$$V_2 = P_2 \times PEG_{可比} \times CAGR_2 \times 100$$

$$V_3 = P_3 \times PEG_{可比} \times CAGR_3 \times 100 \tag{1}$$

其中：

V：公司现在的内在价值；

V_1：数字支付与商家服务的价值；

R_1：蚂蚁集团对数字支付与商家服务的持股比例；

V_2：数字金融科技平台的价值；

R_2：蚂蚁集团对数字金融科技平台的持股比例；

SR：数字支付与商家服务、数字金融科技平台和数字生活服务三者之间的协同价值附着于数字支付与商家服务以及数字金融科技平台价值的比例；

V_3：创新服务及其他的价值；

R_3：蚂蚁集团对创新服务及其他的持股比例；

P：蚂蚁集团该业务板块的预期净利润；

$PE_{可比}$：可比公司的市盈率；

$PEG_{可比}$：可比公司的市盈增长比率；

CAGR：蚂蚁集团该业务板块未来5年的年均复合盈利增长率。

上述估值模型需要量化数字支付与商家服务、数字金融科技平台和数字生活服务三者之间的协同价值占数字支付与商家服务以及数字金融科技平台价值的比例（SR）。由于蚂蚁集团对各业务板块的持股比例不变，所以在市场法中各业务板块的价值都与其净利润成正比，那么该比例（SR）也可以转化为协同效应给数字支付与商家服务以及数字金融科技平台带来的净利润增长率。又因为协同效应对固定成本和费用的影响并不大，所以净利润率变化不大，那么净利润增长率，即该比例（SR），约等于收入增长率。而数字支付与商家服务以及数字金融科技平台的收入与交易规模成正比，而且交易规模等于付费用户数和单位付费用户贡献收入的乘积，因此协同价值附着于业务价值的比例（SR）主要取决于此协同效应给数字支付与商家服务以及数字金融科技平台带来的付费用户数增长率和单位付费用户贡献收入增长率。基本公式表示为：

$$SR = \left(1 + \frac{\Delta APU}{APU_{原}}\right) \times \left(1 + \frac{\Delta ARPU}{ARPU_{原}}\right) - 1 \quad (2)$$

其中：

SR：数字支付与商家服务、数字金融科技平台和数字生活服务三者之间的协同价值附着于数字支付与商家服务以及数字金融科技平台价值的比例；

ΔAPU：协同效应带来的付费用户数增长额；

$APU_{原}$：原有的付费用户数；

ARPU：协同效应带来的单位付费用户贡献收入增长额；

$ARPU_{原}$：原有的单位付费用户贡献收入。

另外，正是蚂蚁集团的商业模式和科技属性赋予其协同价值，所以协同价值的内在逻辑应与科技公司的估值逻辑保持一致，也就是说，协同价值更应注重未来发展前景和增长潜力，而非只关注评估基准日的增长比率。

（一）数字支付与商家服务的估值

由于数字支付与商家服务采用市盈率估值模型，而市盈率取决于企业未来增长空间和股利支付率，所以本文根据这两个条件选择可比企业（郑联盛，2014）。如图16和表2所示，除了经营地点不同外，蚂蚁集团的数字支付与商家服务和Paypal（财付通）的业务模式相似，都有电商基因，面临的风险也相似；营业收入增长率也相似，都位列本地市场第一，增长潜力相似；都没有支付股利。所以本文选用Paypal作为蚂蚁集团数字支付与商家服务的可比企业。

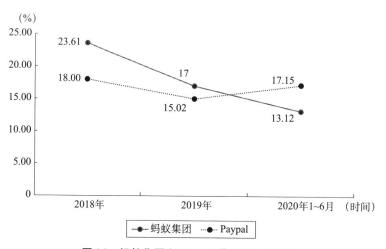

图16 蚂蚁集团和Paypal营业收入增长率

表2   截至2020年6月30日蚂蚁集团与Paypal的对比

项目	蚂蚁集团	Paypal
月度活跃用户数（亿）	7.11	3.64
季度总支付交易规模（亿美元）	48 000	2 217
本地市场份额	55.6%（行业内第一）	超77%（行业内第一）
交易转化率=交易收入/总交易规模	0.047%	2.27%

由于中国数字支付市场进入稳定增长时期，增速逐步放缓，且已形成相对稳定的支付宝和财付通双寡头格局，所以本文预测未来三年蚂蚁集团在中国数字支付市场的市场份额仍有小幅度增长，但保持在55%～56%，再结合

艾瑞咨询预估的中国数字支付交易规模即可得出蚂蚁集团的国内数字支付交易规模。蚂蚁集团招股说明书披露，从 2019 年中期至 2020 年中期，蚂蚁集团的跨境支付交易规模达 6 219 亿元，故而本文预测 2020 年蚂蚁集团的跨境支付交易规模约为 8 000 亿元。同时，考虑到跨境支付市场仍存在较大发展空间，本文估计 2021~2022 年蚂蚁集团跨境支付交易规模的同比增长率超过 50%，而且随着市场份额增加呈递减趋势。由此可得，2020 年蚂蚁集团数字支付与商家服务业务的总交易规模达 127.01 万亿元。

根据蚂蚁集团数字支付与商家服务业务的总支付交易规模和营业收入，2017 年、2018 年、2019 年和 2020 年上半年蚂蚁集团数字支付与商家服务业务的交易服务费率为 0.052%、0.049%、0.047% 和 0.046%，呈下降趋势且下降幅度逐渐递减。按照此规律，本文预测 2020~2022 年的交易服务费率分别为 0.0455%、0.0452% 和 0.045%，以此推测出 2020 年蚂蚁集团数字支付与商家服务业务的营业收入为 584.26 亿元。

结合蚂蚁集团数字支付子公司的数据，2019 年和 2020 年上半年数字支付的净利润率大约为 11.53% 和 26.55%。2020 年上半年数字支付与商家服务的交易规模和收入增长下降，销售费用也随着推广和广告活动的减少而降低，因此，本文预计 2020 年净利润率略低于 2020 年上半年，约为 22%，而净利润为 128.54 亿元。同时，基于蚂蚁集团数字支付与商家服务的业务模式和盈利模式已经成熟，本文认为 2021~2022 年其净利润率变化不大。

最后，本文选取 Paypal 上市以来的平均市盈率 50.5 作为价值比率，从而推导出蚂蚁集团数字支付与商家服务业务板块的价值为 6 490.97 亿元。

具体见表 3 和图 17。

表 3   **蚂蚁集团数字支付与商家服务的盈利预测**

项目	2017 年	2018 年	2019 年	2020H1	2020E	2021E	2022E
中国数字支付交易规模（万亿）	126	165	201		227	262	295
市场份额（%）					55.60	55.85	56.05
国内支付交易规模（万亿）					126.21	146.33	165.35
跨境支付交易规模（万亿）					0.80	1.28	1.92
同比增长率（%）						60.00	50.00

续表

项目	2017 年	2018 年	2019 年	2020H1	2020E	2021E	2022E
总支付交易规模（万亿）	68.50	90.80	111.10		127.01	147.61	167.27
交易服务费率（%）	0.052	0.049	0.047		0.046	0.0455	0.0453
营业收入（百万元）	35 890.00	44 361.00	51 905.00	26 011.00	58 425.52	67 161.19	75 772.18
净利润率（%）			11.53	26.55	22.00	22.00	21.00
净利润（百万元）			5 984.65	6 905.92	12 853.61	14 775.46	15 912.16

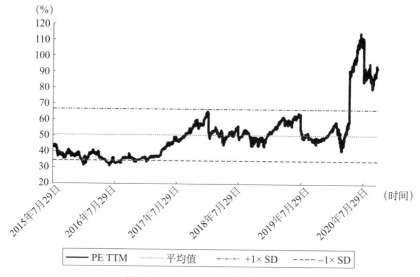

图 17　Paypal 上市以来的市盈率

数据来源：Wind。

（二）数字金融科技平台的估值

由于数字金融科技平台采用市盈增长比率估值模型，而市盈增长比率取决于增长潜力，所以根据这一条件选择可比企业。由于蚂蚁集团的微贷科技平台和理财科技平台与陆金所的业务范围相似，如图 18 所示，虽然营业收入同比增长率和市场份额差别较大，但市场份额都不高，增长潜力相似。所以本文选用陆金所作为蚂蚁集团微贷科技平台业务和理财科技平台业务的可比企业。

根据蚂蚁集团招股说明书，2017 年至 2019 年末和 2020 年 6 月末蚂蚁集团自营贷款余额的占比分别仅为 3.96%、3.13%、1.86% 和 1.68%，由此，如表 4 所示，自营贷款余额分别为 256.41 亿元、327.57 亿元和 361.8 亿元。由于蚂蚁集团逐步削减其自营微贷业务的比例，因而本文预计其自营贷款余

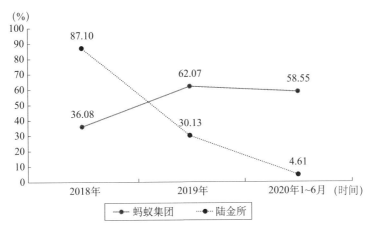

图 18　蚂蚁集团和陆金所的营业收入同比增长率

额同比增长率呈下降趋势。另外，因为新冠疫情降低消费以及其他各种商业活动水平，所以消费信贷和小微经营者信贷的业务规模大幅下降，故而本文预测 2020 年第三方贷款余额同比增长 20%，随后逐步回升。最终，2020 年末蚂蚁集团微贷科技平台促成的总信贷余额为 2.41 万亿元，而 2020 年期间蚂蚁集团微贷科技平台促成的总信贷余额为 2.69 万亿元。

由蚂蚁集团平均自营信贷余额和自营净收入可得出 2018 ~ 2019 年自营贷款利率为 5.99% 和 9.29%，于是本文预计 2020 ~ 2025 年自营贷款利率为 9% ~ 9.2%，则 2020 年自营贷款净收入为 36.24 亿元。此外，根据蚂蚁集团微贷科技平台的平均信贷余额和营业收入，2018 ~ 2019 年蚂蚁集团微贷科技平台的技术服务费率为 2.44% 和 2.53%，呈上升趋势。按照此规律，本文预测 2020 ~ 2025 年的技术服务费率为 2.52% ~ 2.62%，以此推测出 2020 年的技术服务费收入为 557.99 亿元。最终，2020 年蚂蚁集团微贷科技平台的总营业收入为 594.23 亿元。

结合蚂蚁集团微贷科技平台子公司的数据，2019 年和 2020 年上半年微贷科技平台的净利润率大约为 20% 和 40%。随着国内经济活动和消费持续回归正常，本文预计微贷科技平台的交易成本和销售费用可能会增加，从而导致 2020 年的净利润率低于 2020 年上半年的，约为 35%，而净利润为 207.98 亿元。同时，蚂蚁集团微贷科技平台仍处于快速发展阶段，其固定成本将不断被分摊，故而本文认为 2021 ~ 2025 年其净利润率将保持增长，但不高于 40%。最后，2020 ~ 2025 年蚂蚁集团微贷科技平台的净利润年均复合增长率为 30.36%。

表4 蚂蚁集团微贷科技平台的盈利预测

项目	2017A	2018A	2019A	2020H1	2020E	2021E	2022E	2023E	2024E	2025E
自营贷款款余额（亿元）	256.41	327.27	374.57	361.80	430.75	486.75	542.73	598.08	653.11	707.97
自营贷款额同比增长率（%）		27.64	14.45		15.00	13.00	11.50	10.20	9.20	8.40
平均自营贷款余额（亿元）		291.84	350.92		402.66	458.75	514.74	570.40	625.60	680.54
第三方贷款余额（亿元）	6 218.59	10 128.73	19 763.43	21 174.20	23 716.12	29 170.83	36 463.53	45 944.05	58 119.23	73 637.06
第三方贷款余额同比增长率（%）		62.88	95.12		20.00	23.00	25.00	26.00	26.50	26.70
促成的贷款余额（亿元）	6 475.00	10 456.00	20 138.00	21 536.00	24 146.87	29 657.58	37 006.26	46 542.14	58 772.33	74 345.03
平均贷款余额（亿元）		8 465.50	15 297.00		22 142.44	26 902.22	33 331.92	41 774.20	52 657.24	66 558.68
自营贷款利率（%）		5.99	9.29		9.00	9.00	9.10	9.10	9.20	9.20
自营贷款净收入（百万元）	1 725.00	1 747.00	3 259.00	1 372.00	3 623.93	4 128.76	4 684.11	5 190.68	5 755.48	6 260.95
技术服务费率（%）		2.44	2.53		2.52	2.53	2.55	2.58	2.62	2.67
技术服务费收入（百万元）	14 462.00	20 674.00	38 626.00	27 214.00	55 798.94	68 062.63	84 996.39	107 777.43	137 961.96	177 711.68
营业收入（百万元）	16 187.00	22 421.00	41 885.00	28 586.00	59 422.87	72 191.38	89 680.50	112 968.12	143 717.44	183 972.63
净利润率（%）			20.00	40.00	35.00	36.00	38.00	40.00	42.00	43.00
净利润（百万元）			8 377.00	11 434.40	20 798.01	25 988.90	34 078.59	45 187.25	60 361.32	79 108.23

根据蚂蚁集团招股说明书，蚂蚁集团自营资产管理规模占总资产管理规模的比例约为33%，由此可得2017年末、2018年末、2019年末和2020年6月末自营资产管理规模分别为7 348.11亿元、8 940.69亿元和11 213.73亿元，同比增长率呈上升趋势。本文预测2020年下半年自营资产管理规模和第三方资产管理规模的增长额与上半年的相似。并且根据奥纬咨询的研究与预测，2019～2025年中国通过线上销售的个人可用于投资的资产规模的年均复合增长率达到21.6%，于是本文预测2021～2025年自营资产管理规模的同比增长率呈快速下降趋势。另外，2018年末和2019年末第三方资产管理规模同比增长率为21.67%和25.42%，故而本文预测2021～2025年第三方资产管理规模同比增长率逐步下降到25%。最终，2020年末蚂蚁集团理财科技平台实现的总资产管理规模为4.83万亿元，而2020年蚂蚁集团理财科技平台实现的总资产管理规模为4.11万亿元。

由蚂蚁集团平均自营资产管理规模和自营净收入可得出2018～2019年自营净管理费率为0.65%和0.36%。考虑到新冠疫情对理财科技平台的负面影响，本文预计2020年自营净管理费率略低于2019年，约为0.32%，随后缓慢回升至2019年的水平。此外，根据蚂蚁集团理财科技平台的平均资产管理规模和营业收入，2018～2019年蚂蚁集团理财科技平台的技术服务费率为0.35%和0.44%，呈上升趋势。结合新冠疫情的影响，本文预测2020年的技术服务费率为0.44%，以此推测出2020年的技术服务费收入为180.91亿元。最终，2020年蚂蚁集团理财科技平台的总营业收入为224.33亿元。

结合蚂蚁集团理财科技平台子公司的数据，2019年和2020年上半年理财科技平台的净利润率均大约为19.5%。但净利润率将随着业务发展所带来的固定成本分摊逐渐上升，按照此规律，本文预测2020～2025年的净利润率自19.5%起缓慢增长。所以2020年蚂蚁集团理财科技平台的净利润为43.75亿元，2020～2025年净利润年均复合增长率为33.29%。

本文选取陆金所的市盈增长比率1.01作为价值比率。根据盈利预测，蚂蚁集团微贷科技平台和理财科技平台2020～2025年净利润年均复合增长率为31.11%，从而推导出目标市盈率为31.42，价值为7 908.65亿元。如表5所示。

表 5 　蚂蚁集团理财科技平台的盈利预测

项目	2017A	2018A	2019A	2020H1	2020E	2021E	2022E	2023E	2024E	2025E
自营资产管理规模（亿元）	7 348.11	8 940.69	11 213.73	13 525.38	15 923.50	19 745.14	23 694.16	27 722.17	31 603.27	35 395.67
自营资产管理规模同比增长率（%）		21.67	25.42		42.00	24.00	20.00	17.00	14.00	12.00
平均自营资产管理规模（亿元）		8 144.40	10 077.21		13 568.61	17 834.32	21 719.65	25 708.17	29 662.72	33 499.47
第三方资产管理规模（亿元）	14 918.89	18 152.31	22 767.27	27 460.62	32 329.52	43 968.15	58 037.96	74 868.97	95 083.59	118 854.49
第三方资产管理规模同比增长率（%）		21.67	25.42		42.00	36.00	32.00	29.00	27.00	25.00
促成的资产管理规模（亿元）	22 267.00	27 093.00	33 981.00	40 986.00	48 253.02	63 713.29	81 732.12	102 591.14	126 686.87	154 250.16
平均资产管理规模（亿元）		24 680.00	30 537.00		41 117.01	55 983.15	72 722.71	92 161.63	114 639.00	140 468.51
自营净管理费率（%）		0.65	0.36		0.32	0.32	0.33	0.34	0.35	0.35
自营净收入（百万元）	4 704.00	5 266.00	3 662.00	2 124.00	4 341.96	5 706.98	7 167.48	8 740.78	10 381.95	11 724.81
技术服务费率（%）		0.35	0.44		0.44	0.44	0.45	0.45	0.48	0.48
技术服务费收入（百万元）	5 786.00	8 616.00	13 290.00	9 159.00	18 091.48	24 632.59	32 725.22	41 472.73	55 026.72	67 424.88
营业收入（百万元）	10 490.00	13 882.00	16 952.00	11 283.00	22 433.44	30 339.57	39 892.70	50 213.51	65 408.67	79 149.70
净利润率（%）		19.50	19.50	19.50	19.50	20.25	21.00	21.75	22.50	23.25
净利润（百万元）			3 305.64	2 200.19	4 374.52	6 143.76	8 377.47	10 921.44	14 716.95	18 402.31

  2018 年 10 月蚂蚁集团推出相互宝，2019 年相互宝分摊金额达 26.84 亿元（见表 6）。由于相互宝发展时间短，其用户规模和人均分摊金额仍在快速增长，所以本文预计 2020 年相互宝分摊金额翻两番，并逐步稳定。蚂蚁集团自营保费占总保费的比例约为 9%，同比增长 50% 以上，但考虑到蚂蚁集团有意降低自营业务的规模，本文预计自营保费同比增长率将大幅下降。此外，由于保险科技平台整体基数较低，所以 2018 ~ 2019 年第三方保费增长迅猛，在这一势头下，本文预计 2020 年第三方保费同比增长 80%。奥纬咨询的研究表明，2019 ~ 2025 年中国在线保费规模的年均复合增长率为 38.1%，因此，2021 ~ 2025 年蚂蚁集团保险科技平台促成的第三方保费同比增长率将回落到 25%。最终，2020 年期间保险科技平台促成的保费达 614.15 亿元，分摊金额达 112.73 亿元。

  相互宝按照分摊金额的 8% 计算管理费，所以 2020 年蚂蚁集团保险科技平台的相互宝管理费收入为 9.02 亿元。由蚂蚁集团自营保费和自营净收入可得出 2017 ~ 2019 年自营服务费率为 112.80%、136.93% 和 107.07%，但随着保险科技平台的不断发展，成本逐渐降低，市场竞争更加激烈，自营服务费率必然逐步下降，因而本文预计 2020 ~ 2025 年自营服务费率大概在 70% ~ 80%，则 2020 年自营净收入为 35.09 亿元。此外，根据蚂蚁集团保险科技平台的保费和营业收入，2017 ~ 2019 年蚂蚁集团保险科技平台的技术服务费率为 15.01%、17.42% 和 16.06%，这表明保险科技平台的技术服务费率大约为 16%，以此推测出 2020 年的技术服务费收入为 98.26 亿元。最终，2020 年蚂蚁集团保险科技平台的总营业收入为 142.38 亿元。

  结合蚂蚁集团保险科技平台子公司的数据，2019 年和 2020 年上半年保险科技平台的净利润率分别为 21.34% 和 27.65%。新冠疫情后保险科技平台的交易成本和销售费用可能会增加，所以本文预计 2020 ~ 2023 年保险科技平台的净利润率自 24% 起缓慢增长，从而得出 2020 年净利润为 34.17 亿元。

  虽然众安在线与蚂蚁集团保险科技平台同属互联网保险行业，但是 2017 ~ 2019 年众安在线的净利润为负数，所以众安在线的市盈率和市盈增长比率都为负数，无参考价值。而由于市盈增长比率等于 1 表明这只股票预期业绩的成长空间已经在市场价值中得到充分反映，所以本文选取 PEG = 1 作为合理的价值比率（刘力臻，2014）。根据盈利预测，蚂蚁集团保险科技平台 2020 ~ 2025 年净利润的年均复合增长率为 36.63%，从而推导出目标市盈率为 36.63 价值为 1 251.59 亿元。

表6 蚂蚁集团保险科技平台的盈利预测

项目	2017A	2018A	2019A	2020H1	2020E	2021E	2022E	2023E	2024E	2025E
相互宝分摊金额（亿元）			26.84		112.73	139.78	169.14	202.96	241.53	288.63
相互宝分摊金额同比增长率（%）					320.00	24.00	21.00	20.00	19.00	19.50
自营保费（亿元）	8.28	13.05	31.33		43.87	57.03	71.29	86.97	104.36	123.15
自营保费同比增长率（%）		57.61	140.11		40.00	30.00	25.00	22.00	20.00	18.00
第三方保费（亿元）	83.72	131.95	316.83		570.29	912.46	1 323.06	1 786.14	2 286.25	2 857.82
第三方保费同比增长率（%）		57.61	140.11		80.00	60.00	45.00	35.00	28.00	25.00
促成的保费（亿元）	92.00	145.00	348.16		614.15	969.49	1, 394.35	1 873.10	2 390.62	2 980.97
促成的保费及分摊金额（亿元）	92.00	145.00	375.00	286.00	726.88	1 109.27	1 563.49	2 076.07	2 632.14	3 269.59
管理费率（%）			8.00		8.00	8.00	8.00	8.00	8.00	8.00
相互宝管理费收入（百万元）			214.72	—	901.82	1 118.26	1 353.10	1 623.72	1 932.22	2 309.01
自营服务费率（%）	112.80	136.93	107.07		80.00	85.00	82.00	80.00	75.00	70.00
自营净收入（百万元）	934.00	1 787.00	3 355.00	1 607.00	3 509.45	4 847.43	5 845.43	6 957.49	7 827.18	8 620.33
技术服务费率（%）	15.01	17.42	16.06		16.00	16.00	16.00	16.00	16.00	16.00
技术服务费收入（百万元）	1 381.00	2 526.00	5 592.00	4 497.00	9 826.47	15 511.78	22 309.59	29 969.67	38 249.86	47 695.44
营业收入（百万元）	2 315.00	4 313.00	8 947.00	6 104.00	14 237.74	21 477.47	29 508.12	38 550.88	48 009.26	58 624.78
净利润率（%）			21.34	27.65	24.00	24.75	25.50	26.25	27.00	27.75
净利润（百万元）			1 909.07	1 687.45	3 417.06	5 315.68	7 524.57	10 119.61	12 962.50	16 268.38

（三）创新服务及其他的估值

2017~2019 年蚂蚁集团创新服务及其他的营业收入同比增长率逐渐下降，但是云计算行业 2020 年上半年营业收入同比翻一番。于是，如表 7 所示，本文预计 2020 年蚂蚁集团创新服务及其他的营业收入同比增长 50%，随后 2021~2022 年稍有下降。然后，本文根据蚂蚁集团的总利润反推出 2019 年和 2020 年上半年创新服务及其他的净利润分别为 -15.04 亿元和 -3.05 亿元，净利润率分别为 -161.76% 和 -56.06%。再由于创新服务及其他业务所需的研发成本高，所以本文预计 2020~2022 年其净利润率仍未回正，也就是其仍未产生正的净利润，所以创新服务及其他业务不适用于市盈增长比率估值模型。此外，2020~2022 年创新服务及其他的净利润占总净利润的比例不超过 2%，这说明创新服务及其他对蚂蚁集团的净利润和企业价值影响不大，从而不针对其进行单独估值。

表 7　　　　　　　　　　　蚂蚁集团创新服务及其他的盈利预测

项目	2019A	2020H1	2020E	2021E	2022E
营业收入/百万元	930	544	1 209	1 450.8	1 711.94
同比增长率	24.83%	112.50%	50.00%	20.00%	18.00%
净利润率	-161.76%	-56.06%	-50.00%	-15.00%	0
净利润/百万元	-1 504	-305	-604.5	-217.62	0
占总净利润的比例	-8.32%	-1.39%	-1.54%	-0.38%	0.00%

（四）各业务板块间的协同效应议价

截至 2020 年上半年，支付宝服务超过 10 亿用户，年度活跃用户数达 9.87 亿，已经广泛覆盖大部分中国网民，所以支付宝的用户数增长速度放缓。于是，蚂蚁集团的战略更注重提高业务渗透率/各业务的活跃用户数以及活跃用户留存率，以增加付费用户数量，而非获取支付宝的全新用户。而蚂蚁集团的生态系统也应围绕战略目标而协同发力，因此下文将从业务渗透率、用户留存率和单位用户贡献的收入三个方面讨论数字支付与商家服务、数字金融科技平台和数字生活服务三者之间的协同价值附着于数字支付与商家服务以及数字金融科技平台价值的比例。

2017~2019 年阿里巴巴投资者开放日披露，截至 2019 年 6 月仅 40% 的支付宝用户使用数字支付、征信、信贷、理财和保险等五种服务，80% 至少使用其中三种服务，如图 19 所示。出于风险的考虑，并非所有业务都面向所有用户开放，因此，全业务渗透率存在天花板。根据业务渗透率的增长规律，本文预计全业务渗透率最高可达 50% 左右，仍有 10% 的提升空间。

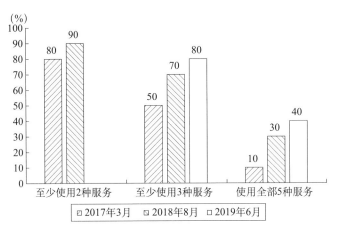

图 19 支付宝的业务渗透率

注：5 种服务包括数字支付、征信、信贷、理财和保险。

资料来源：阿里巴巴投资者开放日 PPT。

蚂蚁集团主要通过支付宝小程序增加用户的使用时长，并强化用户留存，所以用户留存率的增长主要源于支付宝小程序的推动。蚂蚁集团推出超过 200 万个支付宝小程序，来服务超过 60% 的支付宝用户以此来提高用户留存率。由于协同效应的用户变现途径主要为数字金融科技平台，所以本文把支付宝的付费用户转化率定义为支付宝总用户数转化为数字金融科技平台活跃用户数的比率。阿里巴巴投资者大会宣布，截至 2019 年 6 月，全球支付宝用户数已突破 12 亿人，半年内增长 20%，所以本文预计 2020 年末全球支付宝用户数将达 14 亿人。而 2020 年上半年数字金融年度活跃用户数为 7.29 亿人，比 2019 年增长约 2.24%，所以本文预计 2020 年数字金融年度活跃用户数同比增长 5%，约为 7.49 亿人。因此，2020 年支付宝的付费用户转化率约为 53.48%，所以支付宝小程序能使付费用户留存率提升 22.46%。

随着用户洞察的加深，部分用户将从轻度用户逐步转化为重度用户[①]，

---

① 重度用户：重复使用某产品的消费者。这一概念主要用于市场营销当中，主要是根据使用频率来划分消费者群体，具体又分为轻度、中度、重度。

使用更多服务或投入更多资金到各业务中，从而大幅提升单位用户贡献的收入。（吴晓求，2015）根据2019年阿里巴巴投资者日披露，支付宝新用户在获客5年后的全平台账户余额是获客当年的10倍以上，如图20所示。由于2015～2019年支付宝年度活跃用户数分别为2.7亿人、4.5亿人、6.52亿人、8.33亿人和9.25亿人，而2020年支付宝年度活跃用户数已超过10亿人，所以2016～2020年支付宝分别获取约18%、20.2%、18.1%、9.2%和7.5%的活跃用户。这73%的用户的需求尚处于获客后1～5年阶段，仍有较大挖掘空间。由此可得，未来单位用户的全平台账户余额将平均增长4.25倍，使交易规模增加3.10倍。根据前面的盈利预测，蚂蚁集团的总交易规模变现率约为0.11%，则单位用户贡献的收入增长约0.33%。

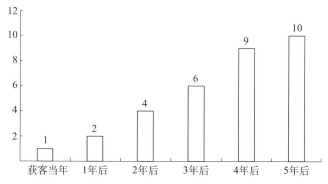

图20　支付宝新用户获客后的全平台账户余额

注：全平台账户余额指账户内余额宝、花呗、借呗以及年化保费的平均资产余额之和。
资料来源：2019年阿里巴巴投资者开放日PPT。

综上所述，数字支付与商家服务、数字金融科技平台和数字生活服务三者之间的协同价值附着于数字支付与商家服务以及数字金融科技平台价值的比例为：

$$SR = (1 + 10\%) \times (1 + 22.46\%) \times (1 + 0.33\%) - 1 = 35.15\%$$

最后，本文根据蚂蚁集团在各业务板块的持股比例和协同价值溢价加总各业务板块的价值，如表8所示。由于各业务板块的净利润已包含各子公司归属于蚂蚁集团的净利润，所以蚂蚁集团对各业务板块的持股比例都是100%。最终得出2020年蚂蚁集团的企业价值约为2.12万亿元。根据蚂蚁集团的初步询价结果公告，A股发行和H股发行后蚂蚁集团的总股本不超过3 037 648.7820万股，以每股68.8元的IPO发行价格在A股上市，以每股80港元的IPO发行价格在H股上市，最终其在A股或H股上市的总市值约达

2.09 万亿元。本文的评估结果与初步询价结果只相差了 1.22%，可以认定本文评估结果合理，因此修正的分类加总估值法能有效评估蚂蚁集团的价值。

表 8 　　　　　　　　　　　2020 年蚂蚁集团的价值

业务板块	净利润（亿元）	市盈率	各业务价值（亿元）	持股比例（%）	协同效应溢价（%）	价值（亿元）
数字支付与商家服务	128.54	50.5	6 490.97	100	35.15	8 772.86
微贷科技平台	207.98	31.42（PEG＝1.01）	7 908.65	100		10 688.92
理财科技平台	43.75			100		
保险科技平台	34.17	36.63（PEG＝1）	1 251.59	100		1 691.58
创新服务及其他	－6.05	—	—	100	—	
合计	408.39	38.32	15 651.21	100	35.15	21 153.35

但是，由于 IPO 初步询价结果公告后蚂蚁集团所处的金融科技监管环境发生重大变化，而且蚂蚁集团的业务可能面临调整，所以蚂蚁集团的估值可能需要重新评估其行业属性、盈利能力和风险，从而更新市盈率或赋予一定的折价。（杨东，2018）但考虑到蚂蚁集团的未来尚未明朗，所以本文未明确计算出折价。

五、结论与启示

本文以互联网金融企业的代表蚂蚁集团为例，首先探究了蚂蚁集团的商业模式，以用户、场景、数据、技术、运营为支撑，构建开放平台来提供数字支付、借贷、理财、保险等金融服务，从而形成生态系统。其次，基于蚂蚁集团的行业属性和商业模式特点，蚂蚁集团不适用于现有的企业价值评估方法和模型。因此，本文修正了现有的分类加总估值法，即先为不同业务分别选择恰当的企业价值评估方法和模型，再根据各业务的持股比例加权汇总，最后根据各业务间的协同效应赋予其一定的协同效应溢价。根据修正的分类加总估值法，本文预测 2020 年蚂蚁集团的价值为 2.12 万亿元，与蚂蚁集团的初步询价结果相符，因此修正的分类加总估值法能有效评估蚂蚁集团的价值。

与蚂蚁集团一样，互联网金融企业均具有高增长、轻资产、数据丰富、技术领先等商业模式特点，还兼具科技属性和金融属性。（Allen，McAndrews，P. Strahan，2001）按照互联网金融的业务类型分类，第三方支付企业适用于辅以实物期权法的现金流量折现法和市场法的市盈率估值模型。网络信贷、互联网理财、互联网保险和网络互助的企业适合采用市场法的市盈增长比率估值模型。互联网金融门户企业可选用本文修正的分类加总估值法。同时，投资者和管理者还可以采用 DEVA 估值法或其他用户估值法对以上业务形态的互联网金融企业进行估值，但是最好结合其他估值方法或模型修正估值结果。

参考文献

［1］陈敏．试论科技型企业价值评估的新思路［J］．财会通讯，2005（12）：105－106＋112.

［2］成京联．企业价值评估［M］．北京：北京大学出版社，2006.

［3］杜鑫．互联网企业价值评估方法探究［J］．国际商务财会，2016（6）：18－20.

［4］高印朝，于渤．金融企业价值评估方法选择的难点分析［J］．济南金融，2004（3）：7－9.

［5］刘力臻．互联网金融：机理·特征·监管·趋势［J］．当代经济研究，2014（12）：28－34＋97＋2.

［6］王聪聪，党超，徐峰，等．互联网金融背景下的金融创新和财富管理研究［J］．管理世界，2018（21）：168－170.

［7］吴晓求．互联网金融：成长的逻辑［J］．财贸经济，2015（2）：5－15.

［8］杨东．监管科技：金融科技的监管挑战与维度建构［J］．中国社会科学，2018（5）：69－91＋205－206.

［9］张雪梅，马心怡．DEVA 模型在互联网企业估值中的应用［J］．财会通讯，2021（4）：129－132.

［10］郑联盛．中国互联网金融：模式、影响、本质与风险［J］．国际经济评论，2014（5）：103－118＋6.

［11］Albeverio，S.，Steblovskaya，V.，& K. Wallbaum. Valuation of equity-linked life insurance contracts using a model with interacting assets［J］. Stochastic analysis and applications，2009（5）.

［12］Allen，F.，McAndrews，J.，P. Strahan. E-Finance：An introduction［Z］. Center for financial institutions working papers，2001：1－36.

［13］Fight，A. E-Finance［M］. Wiley：Capstone publishing，2002.

［14］Shahrokhi，M. E-Finance：Status，innovations，resources and future challenges［J］. Managerial finance，2008（34）：365－398.

［15］Sharpe，W. F. Capital asset prices：A theory of market equilibrium under conditions of risk［J］. Journal of finance，1964，54（3）：425－442.

（本文原载《财会通讯》2022 年第 16 期，
作者：刘运国、梁瑞欣、黄璐）

互联网财富管理平台商业模式
对企业财务绩效的影响研究

——以东方财富为例

摘要： 随着人均国民收入的提升和个人财富的积累，中国财富管理市场前景广阔，我国金融机构纷纷将财富管理作为转型发展的方向。与此同时，在数字化浪潮下，投资者对于互联网渠道的需求日益增长，利用互联网发展财富管理业务更能收获市场青睐。本文选取东方财富作为案例研究对象，从市场定位、经营系统、盈利模式三个角度分析了公司各阶段的商业模式构成，并且分析了商业模式对企业财务绩效的影响及路径，以期能为传统金融机构和其他互联网企业转型发展、提高自身盈利水平提供参考。

关键词： 互联网财富管理；商业模式；企业财务绩效

一、引言

自 2002 年以来，我国互联网行业进入快速发展阶段，中国互联网企业持续在探索各种经营模式，逐渐形成了数套成熟的商业模式，互联网行业的商业价值持续不断地突破纪录。与此同时，我国国内生产总值 2010 年便超过日本，成为世界第二大经济体，2010 年人均 GDP 为 4 500 美元，2021 年人均 GDP 超过世界人均 GDP，达到 12 551 美元，个人财富积累速度较快，个人投资、企业资本配置需求不断增加，金融业与互联网的融合应运而生。东方财富是我国 A 股上市的第一家"互联网＋"企业，从业务营收方面来看，目前主要集中在券商赛道，是我国 A 股唯一一家拥有券商牌照的互联网公司，但公司从不设限，目前正积极布局财富管理业务，打造互联网财富管理平台；自从 2010 年上市以来，公司营收及净利润整体一直保持上升趋势，2010 年，公司营收仅有 1.85 亿元，2021 年公司总营收 130 亿元，上涨大约 70 倍。本文将通过研究东方财富的商业模式，分析其商业模式构成，进而归纳互联网财富管理平台商业模式对企业财务绩效的影响及路径。

二、东方财富商业模式分析

上海东财信息技术有限公司于 2005 年 1 月在上海成立，后更名为东方财富信息股份有限公司，2010 年 3 月 19 日在深圳证券交易所创业板 IPO 上市，股票代码 300059，是 A 股第一家"互联网＋"上市企业，上市仅 5 年，便跃升成为创业板中第一家市值达到千亿级别的公司，上市十年，市值最高时点突破了 2 000 亿元，截至 2022 年 10 月，市值约 2 400 亿元，是中国 A 股唯一一家"互联网＋券商"企业。同时，东方财富还是创业板指数、深证成份指数、中证 100 指数、深证 10 指数、沪深 300 指数的样本股，2019 年 5 月被列入明晟（MScT）指数体系，是首批 18 支被选入明晟（MScT）指数体系的创业板股票之一。东方财富目前涉及的业务主要有证券业务（多为证券经纪业务）、金融电子商务服务业务（基金代销）、金融数据服务业务（指 Choice 平台）和互联网广告服务业务，基金管理、基金投顾和基金托管等业务尚处于初步发展阶段。本文借鉴商业模式三要素模型（张敬伟和王迎军，2010），从市场定位、经营系统和盈利模式三个方面总结现阶段东方财富商业模式的主要特征及创新。

（一）市场定位：一站式财富管理平台

东方财富的目标是将自身打造成为财富管理平台，构建互联网财富管理生态圈。公司以财经资讯平台为基础，提供具有社交互动功能的交流社区，辅之以各类金融数据服务，为用户提供金融数据服务、基金销售、证券服务、期货经纪、基金管理、基金投顾等各类金融服务，并将有计划地推出基金托管等其他财富管理服务，最终将会把东方财富打造成为能"让一亿人轻松理财"的财富管理平台。"让一亿人轻松理财"这句广告词也暗含了东方财富的目标客户群体，我国的投资者规模大约在 1 亿人，除了本身使用"东方财富网""天天基金网"的具备投资理财需求的客户外，东方财富基于互联网平台的优势，更多关注互联网长尾用户和下沉市场，通过基金销售、股票交易等业务鼓励这类群体转化为公司客户，从而实现用户规模的扩张。

（二）经营系统："资讯提供—金融数据—投资理财"生态

东方财富遵循的经营系统是"资讯提供—流量获取—流量变现"的模式，随着商业模式的创新，不断地拓展其流量变现的方式，平台收入来源的种类不断增加，而依托于平台所产生的规模经济效应，公司所投入的成本在达到峰值之后便逐渐下降，规模效应开始显现出来，公司成本费率和各项期间费用率自 2017 年起逐年下降，公司净利润逐年上涨。东方财富的经营系统之所以能够在市场竞争中保持优势，主要是由于公司致力于打造以下两项核心经营能力。

（1）研发投入提升客户体验感。东方财富的研发投入主要分为两个方面：一是投资用于各类产品的研发，提高公司产品和服务水平。比如说早期投入研发财经社区大规模开发在线的 SNS 服务功能与系统，延伸了互联网财经互动的深度与广度，2021 年又进行多媒体智能资讯及互动平台系统的研发，通过构建自媒体互动社区生态，在涵盖财经、股票、基金等领域基础上，完善在外汇、商品、保险、理财等其他金融领域的自媒体互动平台建设；2010 年财经信息数据搜索引擎的研发能够通过快速的人机交互为用户高效快速精准查找财经信息提供支持，2021 年则开始全球化综合市场行情数据极速云平台的建设，为用户提供极速、稳定的基础行情服务和增值行情服务；深挖知识图谱，增加企业链信息，打造产业数据管理平台，布局从数据到决策的一体化投研系统，为公司财富管理平台建设蓄力。二是用于平台功能的升级、完善与提升。平台基础功能的完善是其他业务发展的保障，主要包括公司服务器的承载能力和带宽容量方面等网站系统的投资建设以及优化、提升平台现有功能，比如升级优化现有数据库，提高平台底部海量数据的共享覆盖与数据处理和响应能力，优化交易开户平台提升用户认证的安全性及其他用户交互服务平台。

（2）扩充并完善生态体系。东方财富的核心竞争力在于其平台所积累的海量互联网用户流量，用户流量是变现的基础和关键。东方财富在互联网财经资讯平台时期所搭建的三大网站平台成为其流量的入口，为其流量变现奠定了坚实的基础。在其流量生态的基础上，随着变现窗口的增加，东方财富的金融生态架构日渐完善，建立起平台引流、数据支持、窗口变现的生态圈架构，力争为客户提供一站式服务。

首先，东方财富利用自有平台"东方财富网"珍贵的互联网营销价值，为旗下证券业务、基金业务、期货业务、Choice 终端等产品设置最优广告位展示与关键窗口链接，通过最简单直接的方式提高其余业务的曝光率，增强与用户的互动，迅速推广到用户；"股吧"平台主要使用者是股票投资者，因此，重点推广东方财富证券和 Choice 金融终端，同时也会为"天天基金网"进行流量导入。其次，东方财富的金融数据支持基础雄厚。公司发家于财经和数据服务，在运营"东方财富网"和 Choice 金融终端过程中积累了大量的金融数据服务基础，客户即便不购买东方财富的金融数据服务，亦可在其平台中享受到除基础行情之外的如资金流向、主力建仓、公司财务分析等数据来辅助投资决策。最后，东方财富引入多类金融服务，完善金融生态。公司力争为投资者提供一站式金融服务，因此业务范围涉及证券、基金、期货等多项专业金融领域；并且在其生态体系中，客户可以收获财经资讯、数据支持、投资交易全方位的服务，并且针对用户的不同细分需求，还设有海外证券投资、保险、基金管理等多元金融服务，这种金融生态架构使得东方财富客户黏性极高，模仿难度极高，并且在这一构建过程中所收获的金融牌照资源也是目前行业中的稀缺资源，因此其金融生态体系较为牢固，这种生态体系也是东方财富在业内所独享的核心资源（赵阳，2018）。

（三）盈利模式：多元财富管理业务收入

东方财富作为互联网财富管理平台，主要采取的方式是通过免费的金融数据服务来吸引用户和提升用户黏性，然后再提供多角度的付费业务板块实现盈利（张新民和陈德球，2020）。由于东方财富的财富管理业务更多地还处于布局阶段，因此从其目前收入的产生来源来看，东方财富的盈利模式主要由表 1 所示五大板块组成。

表1 东方财富盈利模式

业务板块	盈利模式
互联网广告服务	提供广告策划提案、销售网站广告位
金融数据服务	东方财富 L-2，东方财富专业版，Choice 金融终端
金融电子商务服务	向基金公司收取申购、赎回费用及尾随佣金
证券服务	手续费、尾随佣金，融资融券利息收入
基金管理、投顾、托管……	按比例抽取佣金提成等、管理客户资产

三、东方财富商业模式对财务绩效的影响

（一）盈利能力分析

净利率可以反映扣除了成本、费用、税额等多个项目后，公司创造利润

的效果；净资产收益率则反映的是公司使用自有资本获取收益的能力。首先纵向从图1、图2数据来看，2017年以来公司进入互联网财富管理平台模式起，公司净利率及净资产收益率逐年上升，公司盈利能力和自有资金的利用效率不断提高。其次，横向将东方财富与传统券商进行比较。横向对比净利率，如图1所示，整体来看，华泰证券与国泰君安的净利率水平基本一致，东方财富后来居上，2018年后以高速率增长，2021年净利率几乎达到其他两家公司的两倍。2018年股市正值牛市，市场动荡投资者情绪低迷，因此国泰君安和华泰证券当年的净利率受到了极大影响，而东方财富凭借多元的收入来源和一站式的服务生态逆市增长，2018年净利率较2017年增长5.68%；后续3年间东方财富净利率始终持续保持较快的上涨趋势，2019年指标超越了其余两家企业，2021年达到了65.2%，而其他两家公司净利率维持在

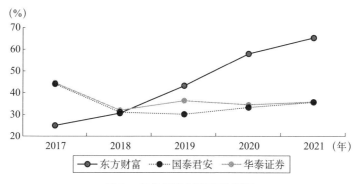

图1　各公司净利率变动情况

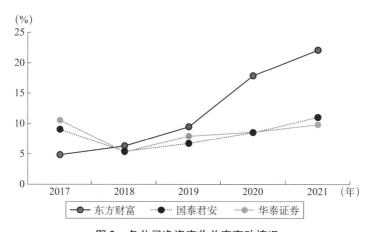

图2　各公司净资产收益率变动情况

资料来源：根据东方财富网整理。

36%左右。从公司自有资产创造利润的能力来看，图 2 数据显示东方财富的净资产收益率 2018 年起开始超越国泰君安与华泰证券，并且差距在逐年增大，2021 年华泰证券净资产收益率仅有 9.84%，国泰君安 11.05%，东方财富则高达 22.11%；根据证券业协会统计数据显示，东方财富净资产收益率在券商商业排名 2017 年排名第四，2018～2020 年均排名行业第一，2021 年略有下降，排名第二。

（二）未来成长性分析

关于公司未来成长性，本文选取了营业总收入增长率、总资产增长率以及信息技术投入占收入的比重三项指标进行分析。从表 2 数据可以看出，东方财富的总资产增长率总体上保持一个快速上涨的趋势，公司在 2017～2021 年间多次发行可转债以补充资本，扩大公司资产规模；在资本补充的支持下，公司收入规模逐年增长，2017～2020 年基本一直处于高速增长的阶段，2021 年略有减缓趋势；2021 年东方财富营业总收入增长和总资产增长率分别达到 58.94%、67.7%，并且随着东方财富基金管理、基金托管、基金投顾等相关业务的发展，未来增长空间十分广阔。

表 2		2017～2021 年东方财富成长能力部分指标			单位：%
项目	2017 年	2018 年	2019 年	2020 年	2021 年
营业总收入增长率	8.29	22.64	35.48	94.69	58.94
总资产增长率	55.06	-4.86	55.31	78.43	67.70

资料来源：根据证券业协会公告整理。

除了前述的增长率指标外，在互联网金融飞速发展、传统金融机构纷纷寻求转型升级的背景下，公司对于科学技术方面的研发投入对于评估公司未来成长潜力也有一定的参考价值，因此图 3 根据证券业协会所发布的信息整理汇总了三家企业 2017～2021 年信息技术投入占营业收入的比重。观察图 3 可以看出，整体来看，东方财富的信息技术投入占比＞华泰证券＞国泰君安。信息技术投入有助于改善用户体验，能够增强平台对于用户的吸引力，更高的技术投入意味着公司未来吸引用户能力的增长可能性更大，未来市场规模很可能进一步扩大。

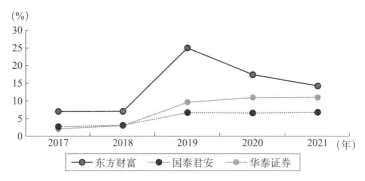

图3 各公司信息技术投入占收入之比

资料来源：根据证券业协会公告整理。

四、东方财富商业模式对财务绩效的影响路径分析

（一）路径构建

通过前面对东方财富现有财务绩效表现结果的分析，可以知道公司目前在盈利能力和未来成长性方面均表现良好，下面将主要剖析东方财富商业模式对其财务绩效的影响路径。本文构建了如图4所示的模型，从收入与成本两端入手，分解公司收入与成本组成，着重分析收入与成本费用的重要组成部分，挖掘引起收入与成本发生较大变化的表层动因，深入分析用户画像及行为和平台运营管理策略，寻找引起收入成本变动的关键因素，结合收入与成本两方综合作用的效果，总结东方财富商业模式在发展过程中如何影响公司财务绩效。

展开来说，公司价值创造的结果以利润展现，利润是由总收入扣除总成本得到的，因此，对东方财富的收入来源和成本结构进行划分，并深入了解各项收入、成本费用的比例构成、发展趋势，能够帮助找到公司的利润增长点，并确定提升盈利水平的着力点。从收入构成来说，该模型首先划分了东方财富的收入构成，虽然东方财富收入来源多元，但目前其收入支柱依然是证券业务与基金销售收入，因此，本文进一步剖析证券业务与基金销售的增长变动逻辑，从用户的使用特征和用户画像特点入手，挖掘驱动互联网用户使用公司财富管理平台的关键因素，找出能够拉动营收增长的重点要素和相关经营管理策略。从成本结构来说，模型对解构成本费用的组成部分进行分析，紧接着从规模效应和经营效率两个因素入手，分析东方财富如何进行成

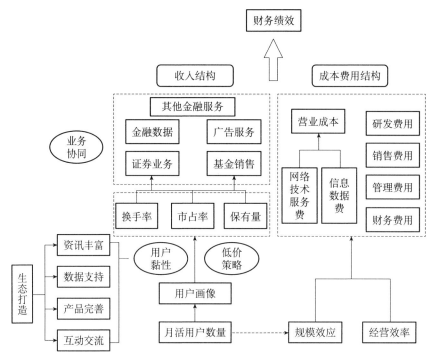

图4 东方财富商业模式对财务绩效的影响路径模型

资料来源：根据证券业协会公告整理。

本费用的优化。最后，综合财富管理平台商业模式的收入与成本动因，总结东方财富商业模式对财务绩效的影响过程。

（二）公司营收变动分析

（1）收入增长趋势。对于东方财富的收入增长趋势，如图5所示，自2010年上市以来，东方财富2013年营业收入达到2.485亿元，随后两年间收入呈爆炸式增长，2014年与2015年收入增长率分别为146.31%和378.08%，营业收入达到29.26亿元；2015年下半年资本市场遭遇重创，市场行情低迷，因此，2016年公司收入略有下降。但此后6年间，东方财富的营业收入规模日渐增长，2017年收入增长率由负转正保持较快的增长速率，2020年收入增长率达到94.69%，较上年接近翻倍增长，2021年底东方财富收入达到了130.9亿元，收入增长率略有下降，但依然保持接近60%的高位增长。

（2）收入结构。分析过东方财富的收入增长整体变化情况后，本文解构了东方财富的收入构成：公司现阶段的收入来源主要是证券服务业务收入、

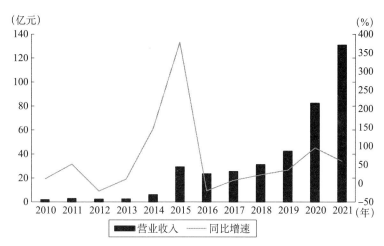

图 5　东方财富 2010～2021 年总收入及变化率
资料来源：根据东方财富年报整理。

金融电子商务服务、金融数据服务、广告服务及其他。如图 6 所示，前面关于公司业务收入增长的时间点刚好与公司两大业务板块的开设时间点保持一致，2013 年公司获基金销售牌照，开始经营第三方平台的基金代销业务，首年收入约 0.66 亿元，贡献了公司近 30% 的收入；而 2015 年则在基金市场蓬勃发展的带动下，基金销售收入高达 24.42 亿元，对总收入的贡献率达到了 83.47%；同年公司成功完成对西藏同信证券的收购，随后开始提供证券服务；证券业务高速增长，2016 年年末证券业务收入 11.49 亿元，与基金销售业务并驾齐驱，双轮驱动公司收入增长；自 2018 年起，公司 90% 以上收入均来自证券业务与基金销售业务。通过解构营业总收入可以看出，公司流量变现渠道日益拓宽，2013 年新增基金销售收入，2015 年开始经营券商相关业务；虽然公司已经着手进军基金管理、投顾和托管等业务领域，但目前并未对公司业务收入产生显著影响，但未来这些业务也会拓宽东方财富的收入渠道，公司收入结构未来会更加多元和丰富。

　　值得关注的是，2015 年的股市异常波动，既造就了当年东方财富基金销售业务的暴涨，也导致了下半年资本市场萎靡，投资者情绪低落，因此，2016 年尽管在证券业务的带动下，公司业务收入依然下降了接近 20%，后续随着市场的缓和，公司营收增长率由降转增，营收规模逐年扩大，这也一定程度上反映了公司业务收入会受到一些不可控因素，如资本市场行情，市场行情向好，公司收入便增长，行情不好便有可能威胁到公司收入的增长情况。

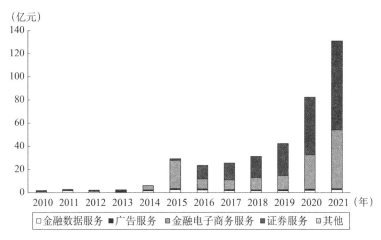

图 6　东方财富 2010 ~ 2021 年东方财富收入结构变化

资料来源：根据东方财富年报整理。

（三）营收变化动因分析

（1）表层原因：业务种类和规模变化。首先，通过观察东方财富自上市以来的收入增长和收入结构变化情况，可以发现东方财富每一轮业务增长都伴随着收入渠道的变化。2013 年进军互联网电子商务服务业，成为行业龙头，到 2015 年公司收入实现 10 倍左右的增长；2015 年时市场预测政府部门会放宽对证券牌照的审批，而公司创始人坚持收购同信证券付出巨额成本以获得证券业务的牌照，随后证监会加强了政策监管，东方财富以先发卡位优势成为当时 A 股第一家拥有证券牌照的互联网企业，进而获得了市场先机，2016 年起便在证券行业风生水起，实现了公司业务规模的扩张，一度获评"券茅"称号。东方财富管理层一直以来都积极争取金融行业的各类牌照（见表 3），最终构建了一个较为完善的金融牌照体系，从而使得东方财富拥有的流量变现窗口数量众多，在市场竞争中占据优势地位。

表 3　　　　　　　　　　　东方财富金融牌照体系

业务资质	获取时间
基金代销	2012 年 2 月
香港证券交易	2015 年 4 月
第三方支付	2015 年 7 月
A 股证券业务	2015 年 12 月

续表

业务资质	获取时间
私募基金	2015 年 12 月
企业征信	2016 年 7 月
内地期货经纪	2016 年 12 月
小额贷款	2017 年 7 月
香港期货经纪	2017 年 11 月
公募基金	2018 年 10 月
保险经纪	2019 年 5 月
基金投顾	2021 年 7 月
基金托管	2022 年 6 月

资料来源：根据东方财富公告整理。

其次，从业务规模的角度来看，目前公司两大支柱性收入来源：证券服务业务和基金销售业务，经过公司多年来的精心运营和维护，业务规模都实现了较大份额的增长。证券业务方面，内部细分收入来源主要是以经纪业务与融资融券业务为主，经纪业务是公司以代理人的身份代替客户进行证券买卖，并从中按比例收取佣金作为报酬收入，经纪业务主要与客户的资产金额、换手率以及佣金率相关。根据国联证券报告数据，从客户换手率方面来看，东方财富的客户换手率较其他两家老牌券商公司具有显著优势，2021 年换手率达到 4 002%，而华泰证券与国泰君安的客户换手率分别为 2 129% 和 1 481%。融资融券业务是公司出借资金或债券给客户并收取利息作为收入，主要受利率与融资规模的影响，证券业协会报告显示东方财富证券业务内部细分业务收入在行业内排名亦逐年提升。基金销售业务方面，天天基金销售规模增长迅速。如图 7 所示，从 2020 年开始公募基金规模增幅明显提升，身为第三方销售机构龙头的天天基金销售收入与市场总体波动保持一致，公司基金销售额从 2017 年的 4 100 亿元提升到 2021 年的 22 400 亿元。

（2）深层原因：用户分析。东方财富一直以来都坚持"用户为王"的经营理念，互联网平台的核心竞争力便是用户，掌握了用户资源约等于掌握了成功的密码（蔡春花，2022）。首先，从月活人数来看，根据艾瑞咨询官网的统计数据显示，东方财富网 2021 年 6 月覆盖人数在财经资讯网站内部排名第二，仅次于新浪财经，月覆盖人数在 6 000 万人左右。有关移动端的布局

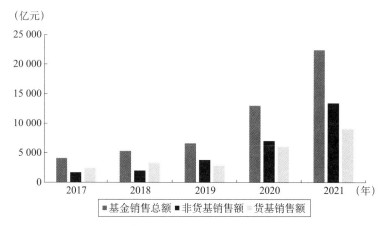

图7　天天基金全部基金、非货基及货基销售额

资料来源：根据 AMAC 数据整理。

起步较晚，2014 年东方财富 App 方才上线，图 8 显示 2022 年 11 月东方财富的月活人数大约在 1 600 万人，在行业内部表现仅次于手机软件发家的同花顺，传统券商自有 App 表现 Top2 的涨乐财富通、国泰君安君弘的月活人数分别为 919 万人和 774 万人，与东方财富差距显著。其次，针对东方财富的用户具体构成，根据易观千帆 2022 年 11 月的统计数据显示，东方财富证券所覆盖的年轻客户群体比例较华泰证券与国泰君安君弘的比例稍高，35 岁及以下客户占比略高于其他两家券商。最后，从用户消费水平来看，东方财富的低消费者与中低消费者比例较小，总计占比约 7.68%，而涨乐财富通与国泰君安君弘的中低以下消费水平的用户占比大约在 20%；从图 8 可以明显看出，东方财富用户群体主要是由中高消费水平 35 岁以下的年轻用户构成，客户投资潜力巨大。另外，中低消费层次用户仍然是其未来可以继续发展的目标客户群体。

东方财富在用户吸引和用户转化的过程中主要采用的是低价策略和生态策略。低价策略通过价格颠覆争取海量互联网长尾用户，同时吸引浏览用户向交易客户转化。这种低价策略在公司的各项业务中均有所体现。在 2013 年东方财富进军第三方基金销售市场时，在政策和竞争对手的刺激下，向投资者提供购买基金的申购费率 1 折左右的优惠，而当时传统商业银行如果购买低于 100 万元下的股票型基金，需要支付 1.5% 的申购费率，即使利用手机银行，优惠也最多给到 8 折，实际申购费率在 1.2% 左右，因此，在不到 0.2% 的申购费率的吸引下，东方财富迅速占领了一部分市场份额。在证券服务行业，东方财富依然贯彻其低价策略。提供证券经纪业务时，公司利用互联网提供远程、便捷开户，并提供远低于券商行业平均水平的佣金率，如图9所示，尽管随着行业竞争不断加剧，整个行业的佣金率在逐年下降，但东方财富的佣金率始终低于行业平均水平，2021年东方财富的平均佣金率为0.021%，低于行业平均值0.028%，除了推出自有移动端的华泰证券外，其他头部券商的平均费率均在0.03%以上。

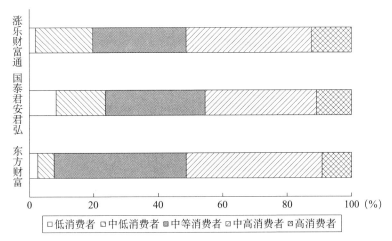

图8　东方财富证券及其他券商用户消费水平

资料来源：根据易观千帆整理。

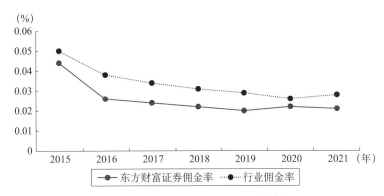

图9　东方财富证券及行业佣金率变化

资料来源：根据 Wind 东吴证券研究所数据整理。

生态策略则注重于财经资讯平台，东方财富萌芽期搭建了以"东方财富网""天天基金网""股吧"三位一体的流量生态圈，积累了大量的用户资源；随后从用户需求的角度出发，深入挖掘用户价值，以用户需求为基点搭建内容、服务一体的生态，并不断进行产品的研发与创新，从资讯内容、数据支持、产品创新、互动交流四个方面不断地改善、提升与创新，打造生态以此来增强用户黏性和忠诚度。

首先是资讯内容丰富。互联网用户需求各有不同且会不断更新变化，因此，提供全面、专业、丰富的财经资讯内容能够吸引各类用户的浏览和使用。东方财富丰富平台资讯内容的路径主要可以划分为细分板块多样、媒介内容丰富、平台信息完善。展开来看，依托强大的信息咨询渠道，东方财富网页PC端与App端资讯板块可提供包含基金、外汇、黄金等在内的20余个细分频道，用户可以根据自身需要关注板块。同时公司积极寻求丰富的媒介内容以满足顾客需求，利用东方财富App积极尝试直播、短视频发布等形式开展活动、发布资讯，并推出财富号吸引财经专业媒体和自媒体人入驻，平台内容创作主体、角度多样化，内容丰富度高。在平台信息方面，东方财富信息来源渠道多元，从证监会等政府监管机构到《人民日报》等主流媒体再到证券时报等专业财经媒体全面覆盖。全面、专业、及时、可靠且形式多元的金融信息资讯的能够满足各类用户的不同阅读、使用需求，提供多样化的服务体验，有效增强了用户黏性，养成了用户的阅读习惯和依赖，提升了用户的转换成本，增强了自身平台的吸引力。

其次是数据支持功能完善。东方财富针对不同类型、不同需求的用户推出了不同版本的金融终端产品。主要包括可开通沪深Level-2行情功能的免费版东方财富终端、含独家DK点决策、控盘生命线等特色功能的升级版东方财富专业版平台以及能够提供专业金融数据分析与投资管理功能给金融机构、高校科研机构以及专业投资者的Choice金融终端，形成了比较完善的金融数据服务体系。除了这类付费功能外，在东方财富旗下的各个平台内部也设有许多免费或赠送数据服务功能：比如天天基金为用户打造了专门的数据工具板块，通过划分不同榜单帮助用户选购基金，此外，还利用公司自主研发的"基金盘中估值模型"进行基金净值估值，帮助投资决策。东方财富背靠强大的信息数据库，其所提供的金融数据服务物美价廉，无论是新老用户都能在投资过程中受益于其金融数据服务的提供，从而吸引了大批互联网长尾用户的使用，增强了用户对于平台的依赖。

再次是产品功能的完善与创新。对于互联网财富管理平台来说，平台搭建巩固基础，功能创新维系客户。界面设计美观、使用安全、流畅是用户选择平台的首要因素，公司始终坚持对平台基础建设进行完善与提升，及时加大网络信息技术服务费用的支出以保障用户体验，对平台开户的安全性能进行加固和完善，从用户的角度出发，完善平台基础功能的建设；各个 App 界面设计方面各功能分区清晰，交易、理财、资讯等功能板块划分明确，便于用户进行使用。除了基础的平台功能外，东方财富以用户为中心，围绕用户需求不断创造新的交易场景以方便用户进行各项财富管理业务，如开展基金销售业务和证券服务业务，以及为用户提供保险业务、私募基金、基金投顾等其他金融服务，围绕客户进行深入的价值挖掘，以更好地满足用户各类理财需求，增强用户对于东方财富旗下产品功能的依赖，从而使用户的学习成本和迁移成本增加，进而增强用户黏性。

最后是互动交流功能齐全。东方财富从投资者需求的角度出发，考虑到资本市场的信息不对称性时常会导致投资者的利益受到损害，这必然会引起投资者的表达诉求，因此为了满足投资者的表达诉求和分享欲望，公司推出"股吧"互动平台、在"天天基金"内部设置"基金吧"功能以供客户表达观点态度、分享投资体验；"股吧"作为股票市场的垂直社区交流平台，其讨论热度较其他平台更加火爆，股票投资者更加倾向于在"股吧"进行交流讨论，通过互动平台社区交友、分享观点和投资心得这类增强用户互动性的功能，能够有效增强用户对于平台的依赖，从而大大提升了东方财富的用户黏性。

（四）成本费用变动及动因分析

（1）成本结构及成本收入比。东方财富的营业成本按产品分类可以划分为金融数据服务、广告服务和金融电子商务服务成本，根据图 10 可以看出，公司营业成本随着公司收入规模的扩大逐年增长。2016 年起公司披露网络技术及信息数据费占营业收入的比例，可以发现公司花费在网络技术等布局平台搭建和技术发展方面的支出比例在 2017 年达到最高点 60% 的占比之后，一直都呈下降趋势，2021 年网络技术及信息数据支出占比仅为 39.8%。综合营业收入与营业成本的变动情况，营业成本与营业收入的比重可以反映公司成本支出创造收入的效率。如图 11 所示，自 2013 年公司开展互联网电子商务服务业务后，公司营业成本率呈下降趋势，表明基金销售业务的开展有效带动了公司业务收入的增长，但并没有额外增添更多成本。2015 年成本率骤降的主要原因是当年基金销售收入暴涨近 400%，基金业务的盈利能力较强，因此当年成本率骤降为 11.08%，2016～2017 年公司继续加强对平台功能的提升与完善，2017 年起公司成本率便进入下降阶段，2017～2021 年从 15.59% 降低为 5.07%。

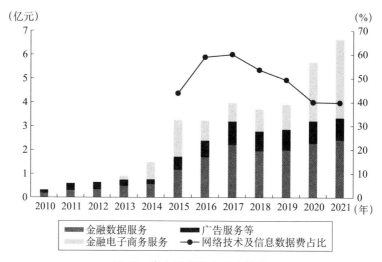

图 10　东方财富营业成本结构

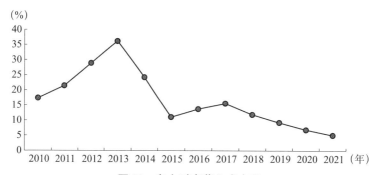

图 11　东方财富营业成本率

资料来源：根据东方财富年报整理。

（2）各项费用分布及费用收入比。东方财富的营业费用主要包括销售费用、管理费用、财务费用和研发费用（2017 年起从管理费用中拆分记录）。如图 12 所示，2017 年起，公司才单独列示研发费用，作为互联网企业，公司非常重视研发与创新，因此近年来始终保持较高的研发费用投入以改善自身服务水平、提升用户体验；管理费用整体上保持平稳增速，2016 年的暴涨主要是由于当年东方财富证券的业务开展迅速，因此增加了大笔管理费用；销售费用一直呈增长趋势，2019 年以来公司进一步加强了品牌宣传的推广力

度，从 2018 年的 2.6 亿元增长到 2021 年的 6.52 亿元，公司的影响力与知名
度得到进一步提升。财务费用方面，可以观察到 2018 年之前公司财务费用长
年为负，即实际为财务收入，主要得益于公司稳健的资金管理政策所带来的
存款利息收入，2018 年财务费用的增加主要是由于为了实现资本扩张发行可
转债所带来的利息费用的增长，从整体水平上看，公司对于财务费用的控制
表现良好。但结合收入与各项费用的整体变动情况来看（见图 13），尽管公
司费用逐年上升，其与收入的比值基本都呈逐年下降趋势。

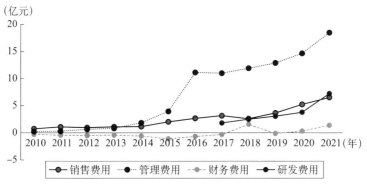

图 12 东方财富费用构成

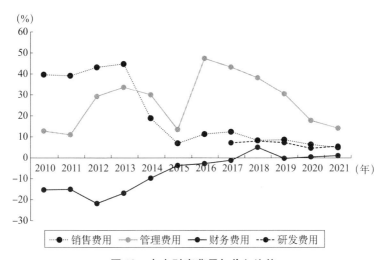

图 13 东方财富费用与收入比值

资料来源：根据东方财富年报整理。

（五）成本费用变动原因分析

对于以上成本和费用变动的原因，本文分析有两个方面。一方面，规模

效应逐步凸显。东方财富依托互联网平台开展业务，其扩张模式要求公司前期在平台建设、渠道建设和系统建设等技术投入方面投入大量资金；同时公司购买部分金融数据的获取权限、进行金融终端开发研究亦需要较大资本投入，因此在收入规模有限时，大量的成本投入会导致其成本率偏高；但随着公司业务规模的扩张，市场占有率不断提升，成本率开始逐年下降，投入产出比不断增长，在费用方面亦有同样的驱动作用。随着东方财富平台建设的不断完善，东方财富业务、用户规模仍不断增加，目前平台规模效应逐步凸显，成本率与费用率逐渐下降，投入产出比不断提升（李继尊，2015）。

另一方面，生态提升经营效率。首先，公司通过自有流量生态圈进行各项业务的推广使得公司的营销推广费用处于较低水平；其次，公司围绕客户需求所进行的服务生态圈搭建大大增强了用户黏性，完善的服务体系吸引并留存了大量的用户。根据东亚前海对于人均获客成本的测算结果，公司获客成本整体水平在 200 元左右，2020 年由于市场行情转好等原因，东方财富的获客成本仅有 81.6 元。得益于其生态圈搭建对于用户的吸引与维系，公司的经营效率日渐提升，进而提升投入产出效率。

总体而言，东方财富的商业模式需要大量的网络技术和数据服务费作为基础支撑，但是东方财富利用生态思维进行经营，丰富收入来源，提升平台吸引力，为客户提供全方位服务的经营模式，促使其成本费用率呈下降趋势，提升平台利润创造能力。

五、结论

本文以东方财富为例，研究互联网财富管理平台的商业模式以及其对企业财务绩效的影响及路径。首先，东方财富的商业模式是依靠打造互联网生态提供财富管理服务的模式，其核心在于生态的打造。公司以互联网长尾用户为目标客户群体，围绕其全流程的投资需求搭建财富管理平台，提供财经资讯、金融数据、包含证券基金在内的多种投资服务，打造"财经资讯—金融数据—投资理财"的闭环财富管理生态，通过收取基金管理费、佣金手续费、金融数据费、广告费等实现平台的盈利。其次，在企业绩效方面，公司盈利能力不断增强，未来成长性表现渐入佳境。具体可以体现在公司的净利率指标和营收增长率指标的上涨趋势，2021 年净利率与营收增长率分别为65.32% 和 58.94%。最后，东方财富商业模式对企业绩效的影响路径可以分为收入与成本两方面：收入端通过打造生态和低价策略的运用，促进浏览用户到交易客户的转换，增强用户黏性，拓宽收入渠道，实现收入的成倍式增长；成本端，平台规模效应与经营效率的提升带动公司的成本费率的下降，从而共同驱动公司财务绩效的增长。

基于以上分析，本文认为东方财富的改进方向主要有三点。

第一，需要强化创新意识，重视对自身商业模式的创新，可以根据商业模式的构成要素选择合适的创新路径。例如东方财富在进行商业模式创新时紧盯盈利模式的拓宽与创新，从金融数据向后延伸，延长用户与财富链接的价值链条，从而实现收入的成倍式增长。证券及互联网企业可以参考东方财富通过盈利模式的多元化实现商业模式创新，亦可以考虑从公司市场定位角度重新定义细分客户群体、从经营系统角度优化公司经营逻辑和运作流程等不同要素着手进行模式的创新。

第二，互联网时代背景下的财富管理服务需要重点关注生态的打造。中小证券企业需要从传统的产品导向理念转向客户需求导向理念，以用户需求为先。充分利用互联网技术根据所获取的用户投资决策、投资行为等数据信息进行整合与分析，寻找用户投资理财过程中存在的痛点，通过挖掘客户所需的投资理财场景，从而针对性地提供产品与服务，为其提供解决方案与对策，进而连接不同需求场景打造能够为客户提供一站式理财服务的闭环生态。通过生态的打造强化用户黏性，提高转换成本，增强自身核心竞争优势，从而带动企业绩效的增长。

第三，互联网时代，企业更要不断增强核心竞争力，坚持"用户为王"的理念。要充分利用互联网技术充分识别、分析用户特征，针对性地采取相应的手段，从而增强用户黏性，巩固自身竞争力。例如东方财富在发展初期，积累了大量财经流量资源；在其中后期转型发展过程中始终重视用户体验的提升，通过低价策略、完善平台服务、打造闭环生态等方式，不断地改善用户的体验感，进一步增强用户黏性，巩固并加强自身的核心竞争力，使得公司在白热化的市场竞争中脱颖而出。

参考文献

［1］蔡春花. 商业模式数字化与企业绩效——基于"互联网＋"板块259 家上市企业的实证研究［J］. 商业研究，2022（2）：1 – 11.

［2］李继尊．关于互联网金融的思考［J］．管理世界，2015（7）：1－7＋16．

［3］张敬伟，王迎军．基于价值三角形逻辑的商业模式概念模型研究［J］．外国经济与管理，2010，32（6）：1－8．

［4］张新民，陈德球．移动互联网时代企业商业模式、价值共创与治理风险——基于瑞幸咖啡财务造假的案例分析［J］．管理世界，2020，36（5）：74－86＋11．

［5］赵阳．证券经营机构互联网证券业务发展模式评价研究［J］．金融监管研究，2018（9）：95－109．

（本文原载《财会通讯》2024 年第 8 期，

作者：刘运国、金淞宇、王睿）

其他篇

物联网生态时代的精准激励机制研究
——基于海尔的案例

摘要： 文章从理论上分析了物联网生态和激励机制的相互推动关系，认为物联网生态有助于企业形成精准激励机制，解决团队生产中的"搭便车"问题。精准激励机制能够协调员工个人目标和组织目标，调动员工的积极性、主动性和创造性，反过来，推动物联网生态的发展。进一步地，文章以海尔的链群合约为例，介绍了链群合约如何利用物联网等新技术设计精准激励机制以推动物联网生态的发展以及链群合约的激励效果。本文研究对平台企业如何推动员工执行物联网生态战略具有一定的启示。

关键词： 物联网；生态竞争；精准激励；链群合约

一、引言

互联网实现了以人为中心的连接，如"人与人""人与信息"等连接，降低了用户的搜寻成本，提高了用户的议价能力。为了取悦用户，企业不得不重塑价值创造模式，以供给为导向转变为以需求为导向，由提供产品向提供服务转型。互联网时代，企业提供的服务价值取决于用户的交互意愿，需要用户的有意识操控。物联网则实现了不再以"人"为单一连接中心的万物互联，为用户的场景体验①提供了技术支持。相比于独立的产品服务体验，场景体验更能为用户创造价值。

在物联网时代，产品是场景的基本组成单元，场景由不同的产品组合而成。用户产品需求的易变性和个性化决定了用户场景需求的独特性、多变性和多样性等特征。为了满足用户需求，提供场景解决方案的企业不仅需要拥有敏锐的洞察力和快速的反应力，还需要与跨行业的合作伙伴协作，共同构建聚焦

---

① 场景是体验的基本单元，产品是其中的部件。如在阳台洗护场景中，墨盒洗衣机能够在用户授权的前提下，直接下单洗衣剂。

场景的物联网生态。物联网生态的竞争优势在于企业协同生态合作伙伴动态满足用户所有需求的能力（石丹，2018）。员工的创造性和积极性是物联网生态企业获取生态竞争优势的关键。如何设计有效的激励机制调动员工的积极性和创造性，促进物联网生态的发展是理论和实务界都非常关注的重要问题。

有效的激励机制能够通过引导员工的行为来提升企业的效率。目前已经有丰富的文献对科层制下的员工激励问题进行了探讨。科层制下的激励机制以企业为中心，以财务绩效为导向，通过明确职权、划分部门职能、分配标准化任务等实现分工来获取效率（Hamel and Zanini，2018）。然而，科层制的激励机制并不适于物联网生态的场景。一方面，科层制下的员工是上级目标的被动执行者，员工不能发挥自身的创造性和主动性（Hamel and Zanini，2018；曹仰峰，2017）。另一方面，科层制下的员工远离用户和市场，无法准确度量员工的个人产出，依赖于企业整体业绩、分部业绩等指标对员工进行奖惩，难以解决员工的搭便车问题，员工自身的积极性不高。因此，为了推动物联网生态的发展，企业需要变革组织模式和激励机制。物联网、互联网、大数据等新技术的应用降低了企业的信息成本和监督成本，为企业变革组织模式和激励机制提供了技术支持。

物联网生态时代，物联网企业由职能部门构成的科层制组织转变为业务小分队联合构成的网状组织①。如海尔、华为、阿里巴巴等企业变革为"大平台＋小团队"的组织模式（曹仰锋，2019）。网状组织中的员工直面用户和市场，能够及时发现和快速响应用户需求。在此背景下，如何利用物联网等新技术设计匹配网状组织的有效激励机制是一个值得探索的问题。

聚焦上述问题，本文首先从理论上分析了物联网生态与员工激励机制的相互推动关系。本文认为，一方面，物联网等新技术的应用有助于推动企业形成精准激励机制②。不同于传统激励机制以企业为中心，以财务绩效为导向，以团队激励形式为主，精准激励机制以用户为中心，以战略为导向，通过实施精准到每个员工的激励机制来充分调动员工的积极性、主动性和创造性。由于信息成本的存在，传统激励机制不能有效度量员工个人贡献，多以

---

① 凯度集团、牛津大学商学院和海尔集团 2020 年联合发布的《物联网生态品牌发展报告》指出，物联网时代的用户需求瞬息万变，企业需要根据一线情况灵活万变，及时发现市场机会，快速推出新品。科层制组织强调专业分工和层层授权，无法适应物联网时代。企业将会由"职能部门构成的科层制组织"变革成"业务小分队联合构成的网状组织"。

② 详见第三部分物联网生态与精准激励部分中的阐述。

职位酬和能力酬为主。这种激励机制以激励员工执行上级指令为目的，不能充分调动员工自身的主动性和创造性，容易造成"搭便车"问题。物联网等新技术降低了信息成本，使得企业能够基于员工个人贡献精准激励每个员工，有效地解决了"搭便车"问题。另一方面，精准激励机制也通过调动员工的积极性、主动性和创造性，推动物联网生态的发展。不同于传统业务模式主要依赖员工的执行效率，物联网生态业务模式下尤其依赖于员工自身的主动性和创造性。其次，本文以海尔集团（以下简称海尔）为例，介绍海尔的链群合约如何利用物联网等新技术进行精准激励机制的设计以及海尔实施链群合约的激励效果。最后进行了总结和建议。

二、理论分析与文献回顾

员工是企业价值创造的主体，设计有效的员工激励机制是企业管理的核心。不同于科层制强调员工的执行效率，物联网生态的发展尤其依赖于员工的主动性和创造性。本文从物联网生态、激励理论和契约理论三个方面进行文献回顾。

（一）物联网生态

物联网通过射频识别等无线网络技术将嵌入智能芯片的物品与互联网连接起来，达到万物互联的效果（Kortuem et al.，2009），其核心是"物与物"和"物与人"的相连（孙其博等，2010）。物联网时代，用户不再满足于单个产品的服务价值，更偏好"物与物"互联的场景体验。由于工业体系类目众多，物联网应用场景非常碎片化，各应用场景之间的架构、原理、行业形态等差异化极大（马永开等，2020），单个企业难以满足用户体验，迫使企业探索价值共创模式与合作伙伴共同满足用户场景需求。物联网时代，产业组织将由上下游垂直整合架构向网络协同架构转变（何大安，2019），产业平台企业将会崛起（曹仰峰，2020），平台企业通过构建物联网生态与合作伙伴协同提供场景解决方案。

在物联网生态时代，企业要么转型为生态品牌的引领者，要么成为生态品牌的合作方[①]（张瑞敏，2020）。引领者采取物联网生态战略，开放自身资

---

① 本文主要关注物联网生态品牌引领者的激励机制。

源与能力，动态连接外部协作方，共同创造用户场景价值。生态战略下的商业竞争模式将由企业与企业之间的竞争转变为生态与生态之间的竞争（柳卸林，2016；于晓宇等，2018）。物联网生态的竞争优势在于企业协同生态合作伙伴动态满足用户所有需求的能力（石丹，2018）。曹仰峰（2017）认为物联网生态战略的实现需要变革企业的组织结构，打破职能和层级的划分，以开放、灵活的生态型组织作为支撑。凯度集团、牛津大学赛德商学院和海尔集团2020年联合发布的《物联网生态品牌发展报告》认为，物联网生态品牌的构建需要企业拥有敏锐的洞察力和敏捷的反应力，物联网生态企业的员工需要能够敏锐地洞察市场机会，并能够敏捷地作出反应。

（二）激励理论

员工的行为是动机驱动的，激励实质上是组织通过满足员工的某种需求预期来指引员工作出组织需要的行为。泰勒（2013）认为最佳的管理模式中，员工发挥最大程度的积极性，并从雇主那里取得某些"特殊刺激"作为回报。因此，辨别能指引员工行为的"特殊刺激"是激励的关键。无论是马斯洛（2012）的需要层次理论、赫兹伯格（1959）的双因素理论、麦克利兰（1987）的成就需要理论，还是弗鲁姆（1964）的期望理论、亚当斯（1963）的公平理论都承认员工个人积极性的大小受组织满足其自身需要、个人目标与公平感知等因素的影响，考虑员工特质因素的精准激励更能调动员工的积极性。传统经济时代，信息成本较高，企业生产出产品再去销售，企业竞争优势源于分工带来的高效率和低成本，不需要发挥普通员工自身的创造性。然而，在互联网和物联网平台经济时代，信息成本下降，企业转变为生态型组织，竞争优势尤其依赖于员工的敏捷性和创造性，要求员工的激励方式能够考虑员工的个人目标、自身需要和公平感知等异质因素。

（三）契约理论

契约理论认为企业是一系列契约的集合（Coase，1937）。由于委托人和代理人的目标不一致和信息不对称，代理人的努力规避和风险规避等会产生代理成本，降低契约的有效性（Lambert，2001）。由于无法准确度量每个人的投入和产出，在团队生产时容易导致部分代理人坐享其成的"搭便车"问题（Alchian and Demsetz，1972；Holmstrom，1982）。同时，也使得激励契约通常无法完备。不完全契约理论指导下的员工激励机制通过产权的设计来缓解代理问题，但仍然存在员工投入产出不能够准确度量，引起"搭便车"导致的效率损失问题。此外，考虑到企业控制权的稳定性，产权往往只授予一小部分人，只能起到激励部分员工的作用。精准激励方式通过实施精准到每个员工的激励方式，有效地解决了"搭便车"问题。

三、物联网生态与员工精准激励

物联网时代是体验经济的时代，单个企业不能够满足用户需求，因此，要构建能够提供场景解决方案的物联网生态（张瑞敏，2020）。生态系统意味着共生共赢，企业通过与合作伙伴联合共创，共同为用户创造场景价值。物联网生态中的合作关系以满足用户的个性化需求为导向，按需聚散，动态优化。及时发现用户的个性化需求并能够协同外部企业快速提供解决方案是物联网生态企业获取竞争优势的重要前提。员工是为用户提供解决方案和直接交互的主体，能够了解到用户的真实需求（包括潜在需求），并作出快速响应。因此，员工的敏捷性和创造性是物联网生态发展的重要推动力。然而，科层制下的组织结构层级冗杂，员工传递给高层决策者的信息失真，管理者无法根据用户的真实需求快速决策。而且，员工只是上级目标的执行者，以完成上级主管分配的任务为导向，没有动力发挥自身的主动性和创造性。因此，为了推动物联网生态战略落地，企业既要重塑自身的组织结构，也要重构与组织结构相匹配的激励机制。曹仰锋（2019）认为，在物联网生态时代，企业要建立"大平台＋小团队"的组织形式，如海尔、华为、阿里巴巴等，对用户的需求作出迅速反应。企业的激励机制也要匹配新的组织结构，调动员工自身的创造性和积极性。

精准激励机制以战略精准执行为导向。传统激励机制依赖于企业整体业绩或者分部业绩等指标对员工进行奖惩，有可能造成管理者和普通员工的合谋问题，如通过过度生产或者生产低次品降低成本来达到业绩指标，不能促使员工精准执行企业战略。而精准激励机制以企业战略执行为导向，设计精准目标，进行精准核算和精准考核，从而能够精准激励员工执行战略。从员工的角度来看，考虑到了不同员工的个人目标、公平感知和自身需要等异质因素，精准激励了每个员工，最大程度地调动了员工的创造性和积极性。组织目标与员工个人目标的背离，产生了信息不对称条件下的代理问题，降低了企业效率。精准激励机制中的员工个人目标和组织目标精准融合，有效地调动了员工的积极性、主动性和创造性。传统激励机制的核算以企业为主体，基于企业整体或者分部业绩对员工进行奖惩，容易造成团队生产中的"搭便车"问题，引起员工的不公平感知，降低员工的工作积极性。而精准激励机制以员工个人为主体，对员工的个人业绩进行精准核算，并基于个人目标进行精准考核和奖惩，解决了"搭便车"问题。相同的目标对不同能力的员工来说，完成的成就感不同，对员工产生的激励也不同。相同的奖励对不同需要的员工来说，吸引力不同，产生的激励也不同。传统激励机制中的员工目标来自上级领导，完成目标能获得的奖励在事后结合企业整体业绩确定，未考虑员工的个人能力和个人需要，不能有效调动员工的内在积极性。然而，由于员工的个人能力和个人需要不能观测，激励机制设计中均不能够据此直接设计激励机制。而精准激励机制在事先确定不同目标下的奖励空间的基础上，选择授权给员工，由员工依据其个人能力和个人需要自主确定目标。员工完成自主承诺的目标所产生的成就感更高，而且当员工事先确定完成目标能够获得的奖励时，他们在完成任务目标过程中的积极性更高。

物联网生态和员工精准激励机制是相互推动的关系（见图1）。首先，物联网生态有助于员工设计精准激励机制。用户是企业的重要战略资源（王永贵，2007），企业的目的是创造用户（德鲁克，1954）。因此，从企业的角度看，用户的特征信息是考核员工的最佳指标。如诺贝尔经济学奖获得者霍姆斯特姆在第三届"人单合一"模式国际论坛上发表讲话称海尔以用户考核激励的机制，找到了经济学各方主体的最佳平衡点。物联网时代，企业能够通过产品、平台等实时获取用户的活跃程度、评价等指标用以设计精准激励目标；互联网、物联网、大数据、云计算等技术的应用降低了物联网企业的信息成本、监督成本等交易成本。物联网企业能够将组织目标有效分解为员工个人目标，并将员工个人目标的完成度和员工个人奖惩挂钩，降低员工个人目标与组织目标的不一致性；物联网企业能够实时采集到每个员工的任务完成情况，对员工的个人业绩进行精准核算，并基于个人承担目标进行精准考核以解决"搭便车"问题；物联网企业运用大数据等要素能够事先有效地预测完成一定目标后，能够分享给员工的奖励空间。员工能够据此事先确定为获取一定的分享额需要达到的目标。企业在确定考核指标的基础上，能够授权给员工基于自己的能力和需要制定对自己具有挑战性的目标以达到精准激励的目的。其次，员工精准激励机制有助于推动物联网生态的发展。员工的敏捷性和创造性是物联网生态创造用户场景价值的关键。敏捷性的员工能够对用户的需求快速响应。创造性的员工能够发现用户的潜在需求，完成超出用户预期的场景解决方案，提高用户黏性。因此，员工的敏捷性和创造性能够为物联网生态创造终身用户。相比于传统的职位薪酬和能力薪酬，精准激励机制能够设计精准目标，降低员工目标完成的不确定性，提高员工完成目标的成就感；进行精准核算，解决"搭便车"问题，提高员工的积极性。因此，精准激励机制能够有效地调动员工的敏捷性和创造性，推动物联网生态的发展。

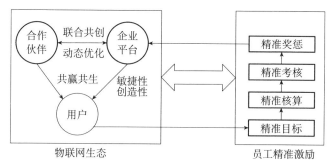

图1　物联网生态与员工精准激励

四、"链群合约"机制简介和案例分析

(一)"链群合约"机制[①]

为了打破科层制对员工创造力和反应力的束缚，海尔建立了"平台 + 小微团队"的组织模式。海尔将整个大企业划分为直接面向用户[②]的4 000多个小微团队（张瑞敏，2019），并且构建了能够给小微赋能的"三自平台"[③]。物联网时代，海尔确立了生态品牌战略，其最终目的是构建由生态伙伴共同进化的商业生态系统。"链群合约"是海尔实施生态品牌战略的核心机制，

---

① 相关资料来自海尔员工访谈、海尔官网和海尔内部资料。

② 包括内部用户和外部用户，海尔将市场引入企业，每个小微可以自主选择是否向其他小微购买服务。如果小微认为外部提供者更能满足需求，也可以跟外部服务商合作（Hamel and Zanini, 2018）。

③ 三自平台是海尔传统职能部门的转型，是整合了人力、财务、法务等为一体的大共享平台。

由海尔集团首席执行官张瑞敏先生于 2019 年 1 月 9 日首次提出。链群是由小微节点依靠平等互利的契约自发链接而成的小微群，致力于打破小微间的各自为政，满足用户复杂的场景需求。链群合约则是通过对链群内各节点实施有效激励、约束和协调，使得各个小微节点互相监督、高效协作并快速满足用户需求的契约设计。链群合约是海尔"人单合一"模式在物联网时代的具体化应用，蕴含着前面所述的精准激励机制理念。"人单合一"中的"人"指员工，"单"指用户价值，"合一"指员工的价值实现与所创造的用户价值合一。"人单合一"模式下，每个员工直接面对用户，创造用户价值，并在为用户创造价值中实现自己的价值分享。随着海尔数字化转型的不断深化，海尔利用互联网、物联网等新技术将线下契约升级到线上，基于区块链原理探索出了链群合约应用程序（即"链群合约 App"）。

    海尔的链群合约机制如图 2 所示。用户场景需求的链群主，在链群合约 App 上发起链群计划（简称"举单"），链群合约系统基于市场容量、市场竞争力目标、行业增速等指标自动生成具有第一竞争力[①]的项目目标，并根据超额利润和对应的底线分享，自动测算出 1.5 倍底线分享及以上的分享空间所对应的市场目标。链群主以此为指导，在"三自平台"的帮助下，确定计划挑战的目标（如销售额等）和达成目标的预计分享酬（即"事先算赢"）。在链群主发起链群计划后，小微员工基于链群的预计分享酬等要素在链群合约 App 里面决定是否抢单，并提交自己所要达到的目标以及完成目标的预案。链群主在抢单的小微员工列表里面确定需要的人员，同时可以引入外部资源方协同。之后，链群各参与方签订链群合约，并且基于对赌目标（即所要挑战的目标）缴纳一定比例的对赌金。在链群运营过程中，海尔通过共赢增值表精准核算各个链群的运营现状和经营成果。共赢增值表如图 3 所示，由用户资源、资源方、生态平台价值总量、收入、成本、边际收益六项构成。共赢增值表每日更新，链群内人员可以实时看到链群已经实现的收入、价值分享额、所拥有的用户资源等。日清体系则将链群内员工签订的契约目标分解到每天，显示各个员工每天的目标完成情况，获取的增值分享额等。如果员工没有完成目标，日清体系帮助查找没有完成的原因，起到动态优化的作用（即"关差"）。在完成既定目标后，链群合约系统基于事先约定的增值分

---

① 海尔要求在制定目标时，要对标国内外竞争对手，制定出在全球都具有竞争力的目标。

享比例进行自动核算和自动结算，并支付到各自的账户中。最后，在此次合约完成后，各节点根据星级评价标准互相评价，评价不达标者，将很有可能失去下次签约机会。

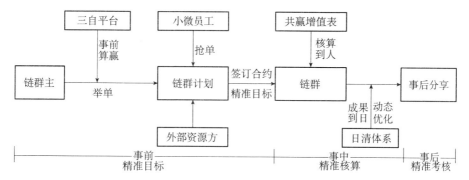

图2　海尔链群合约机制

资料来源：作者根据海尔相关资料整理。

图3　海尔共赢增值表六要素

资料来源：海尔模式研究院（HMI）。

　　链群合约采用了区块链智能合约的运作理念，通过去中心化来保证所有信息实时共享，提高了团队协同效率，降低了沟通成本，使原来管理链条过长、涉及环节过多的多方主体达成了有效合作。从激励机制的角度来看，链群合约起到了精准激励的作用，具体如下：

（1）链群合约精准激励了员工执行海尔的生态战略。共赢增值表核算了链群的用户资源、资源方、生态收入等指标，海尔能够使用这些指标设计考核员工的精准目标，推动海尔生态品牌战略的落地。相比于传统的损益表以企业中心，共赢增值表以用户为中心，核算出了与客户的价值相联系的财务和非财务指标，能够激励链群内小微节点为用户提供最大化的价值（Krum-wiede et al.，2019）。共赢增值表核算的用户资源包括交易用户、交互用户、终身用户等详细分类，其中交易用户是指在平台上有过交易的用户；交互用户是指在平台上购买过产品或服务后，继续参与交互的用户；终身用户是指持续参与产品或服务体验交互的用户。用户类型由交易用户到交互用户到终身用户的演进表现为用户黏性，代表了用户对于品牌或者产品的忠诚度，体现了链群创造用户价值的能力；资源方是指生态圈中，为满足用户场景需求而参与持续迭代产品或服务的所有利益相关方。链群中参与资源方的数量一方面反映了链群的吸引力，另一方面反映了链群满足用户场景需求的能力。生态收入不同于传统的销售电器或提供服务等经营服务所形成的收入，是指聚焦物联网生态品牌的引领目标，小微与各合作方在社群生态平台上通过价值共创持续迭代形成的收入。如销售冰箱是传统收入，通过冰箱向资源方收取的平台费用为生态收入。生态收入的增加则体现了企业由传统的销售硬件业务向共创共赢生态圈的转型。上述这些指标反映了链群合约为用户创造场景价值的能力，是物联网生态转型的有力印证。

（2）链群合约充分调动了员工的积极性、主动性和创造性，起到了精准激励员工努力工作的作用。

第一，链群合约精准融合了员工的个人目标与组织目标，降低了员工的代理成本。代理成本产生的两个前提是代理人和委托人的目标不一致和信息不对称。由于委托人不能直接观测到代理人的努力程度，代理人会追求自己的个人目标而不是完成组织目标，从而产生代理成本。首先，员工自主决定是否抢入链群，当员工抢入时，表明其个人认可链群目标，解决了个人目标和组织目标的潜在冲突。其次，链群合约系统基于链群目标在签订契约时事先算赢了每个员工需要完成的个人目标和预计拿到的分享。为了拿到事先约定的分享，员工需要完成自己的个人目标。当每个员工均完成个人目标时，链群就达到了组织目标，从而精准融合了员工的个人目标和组织目标。然后，链群内的小微员工需要根据对赌的目标缴纳一定比例的对赌金，员工更有动力去完成组织目标，如果未完成组织目标，可能会导致缴纳的对赌金的亏损，因此也使得员工的个人目标与组织目标进行了精准融合。

第二，链群合约系统精准核算了链群内每个员工的工作成果，解决了"搭便车"问题，提高了团队成员的积极性。搭便车的员工未付出努力或能力不足，即可拿到分享会让努力工作的员工感知到不公平，从而降低努力工作员工的积极性。首先，链群合约系统能够精准核算出每位员工的工作完成情况，并基于事先约定的目标对员工给予奖惩，相当于每个员工都有自己的个人契约，从而解决了"搭便车"问题。其次，链群合约基于精准核算形成的声誉机制，也有助于解决"搭便车"问题。在链群任务完成后，各小微节点能够基于链群系统精准核算出的各位员工的任务完成情况，根据星级评价标准互相评价，形成员工的个人声誉。链群主具有链群员工的用人权，可以根据员工的个人声誉选择链群成员。如果由于个别小微员工未付出努力或者能力不足导致链群合约未完成目标，可能会影响他以后进入其他链群的机会，因此链群员工有更大的积极性去完成目标。

第三，链群合约精准考虑到员工的个人需要等异质因素，提高了员工的工作成就感，从而促进了员工的积极性、主动性和创造性。首先，链群主和小微员工的目标根据用户需求和第一竞争力的要求进行自主承诺的，而不是上层领导者决定的。瑞安和德西（2000）提出的自我决定理论认为个体具有胜任需要、归属需要和自主需要三种基本心理需要。当员工自主设定目标时，他们会感受到自己是行动的主动者，因而可以满足员工的自主需要。自主需要的满足能够提升员工的工作动机，使得员工制定出高水平的自主承诺目标（章凯等，2014）。完成自主承诺的目标是员工挑战自身能力的过程，因此员工会具有更高的工作积极性，完成目标会具有更高的成就感。其次，共赢增值表和日清体系能够对员工的个人工作情况和获得分享进行及时反馈，增加了员工完成任务目标过程中的成就感。哈克曼和奥尔德姆（1975，2005）提出的工作特征模型认为工作岗位产生的三种心理状态即感受到工作的意义，感受到工作的责任和了解到工作的结果会影响员工的内在激励，从而影响员工的工作绩效。及时反馈会影响员工的心理状态，从而能够影响员工的工作积极性。链群中的每个员工都可以通过日清体系获知每天的任务完成情况，离目标达成的差距和已经获得的增值分享额，从而链群合约基于不同员工的任务完成程度，调动了员工的内在积极性，精准激励了员工。链群合约具有

"同一目标，同一薪源"的原则，所有小微节点目标达成，才能得到相应的薪酬，目标完不成，链群各节点薪酬均会受影响。这不仅会让每个员工感受到自己对于链群工作成果的责任，提高员工的内在积极性（Hackman and Oldham，1975；Hackman and Oldham，2005），而且还会形成倒逼机制，促使链群内员工互相监督，相互促进。

（二）链群合约案例

（1）海尔旗下日日顺物流。日日顺物流是海尔旗下的物联网场景物流生态品牌，是中国领先的供应链管理解决方案和场景物流服务提供商。小微主A在与用户交互的过程中，发现用户线上购买电动车的运送模式主要是由厂家发货，在运输过程中，将电动车和电池拆开，采用木架运输，用户收到货后，自行组装电动车和电池。这种运送模式面临着运送时间慢，运输过程中毁损率高、木架不可重复利用、用户安装麻烦等问题。考虑到电动车的线上销售比例越来越高等外部有利环境，小微主A希望聚焦运送电动车这一场景，为用户解决上述物流痛点。具体的，以企业的数字化能力为基础，采用基于整车到干线到省仓的线上线下的统仓统配库存共享模式来解决运送时间慢的问题，采用"送转一体"的模式来解决用户安装麻烦的问题，采用能回收利用的模块化的智能配送箱来解决毁损率高和木架不可重复利用的问题，并通过物联网实时显示货物的运送过程。

小微主A在链群合约应用系统上举单。链群合约系统根据电动车运输的市场容量、市场竞争力目标等指标，自动生成了底线目标（即第一竞争力的项目目标）。基于底线目标和对应的底线分享，A则需要以1.5倍的底线分享为指导，给出高目标。链群主A确定的链群月度目标，收入1 800万元，其中生态收入450万元，利润率达到6%，即利润达到108万元，相对应的月度分享是1.5倍的底线分享，金额为15万元。链群合约系统基于链群主的目标预案和行业需求等生成需要嵌入链群的节点。之后，仓储、配送、送装、社群运营、营销节点等各个相关节点在链群合约系统上抢单，并且给出符合该节点目标的预案。然后，链群主A可以在链群合约系统上结合各节点预案和相关人员的评级等选择进入链群的节点，签订链群合约，约定各个节点的增值分享比例，并基于对赌目标缴纳一定金额的对赌金。链群主A对整个链群负责，对收入、生态收入、利润等指标负责。送装小微B对用户零延误、用户口碑等指标负责。社群运营 C 对场景体验店活跃用户和终身用户等指标负责。

事中，共赢增值表核算链群的收入、生态收入、利润、用户资源、增值分享等项目，按日更新。日清体系将链群内各节点员工对赌的目标分解到每天，链群合约系统则自动核算出每个人每天的工作状况。链群内员工可以通过日清体系查看每个员工的目标完成度和每天的分享情况。如果每日目标没有完成，日清体系能够帮助员工查找原因，并提醒员工完成目标。

事后，该链群成功完成对赌目标，获得 15 万元的增值分享。基于事前约定的对赌目标和分享比例，链群合约系统将月度增值分享发放到每一个员工的账户中。并且，链群内员工基于链群任务完成情况相互评价。在该链群确定下一个月的挑战目标时，链群主重新确定了 2 倍底线分享的高目标，对应的增值分享为 20 万元。此外，在与用户交互的过程中，链群内员工还发现用户具有换装电池，电动车上牌等需求，链群决定扩展场景，进一步开展帮助用户换装电池和一站上牌，满足用户场景中的其他需求。

上述案例表明，链群合约的设计充分调动了员工的积极性、主动性和创造性。从结果来看，链群员工完成了 1.5 倍的行业引领目标，获得了 15 万元的增值分享，表明链群合约提高了团队协同效率和员工的工作积极性。而且，在与用户交互的过程中，链群员工发现了用户的换装电池和上牌等需求，并进一步地通过建立提供电池的社区服务站和一站上牌等方式满足用户的场景需求，表明链群合约激励机制提高了员工的主动性和创造性，基层一线员工通过用心观察和思考，又发现了用户新的需求，为自己创造了新的商机。从机制来看，首先，链群合约促使员工精准执行了企业战略。物联网等新技术的采用使得海尔能够采取共赢增值表核算企业的生态收入、用户资源等反映生态构建状况和用户活跃情况的指标，基于这些指标设计的激励契约促使链群内员工不断发现用户场景需求，为用户创造场景价值，有利于推动企业生态战略的实现。其次，链群合约设计了精准目标。链群合约"事前引领目标抢单到人"的特点能够协调员工个人目标和组织目标，降低由于信息不对称造成的代理成本。员工自主抢单和自主承诺目标的特点激发了员工的内在动机，提高了员工完成目标的成就感。随后，链群合约精准核算了每个员工的工作状况。链群合约系统精准核算每个员工每天的工作状况以及链群内员工相互评价的特点，能够降低搭便车造成的员工积极性不足问题。此外，日清体系将精准核算结果及时反馈给员工的特点也激发了员工完成目标的内在动机。

（2）海尔衣联网。海尔衣联网是基于物联网、5G 通信、区块链等技术打造的衣物全生命周期管理平台，致力于为用户提供衣物"洗、护、存、搭、购"全生命周期的智慧解决方案。本文主要介绍聚焦提供洗涤解决方案的链群（即墨盒洗链群）。

小微主甲在与用户交互过程中发现用户在洗涤衣物过程中存在洗衣液难挑选、添加难控制和购买不及时等痛点。小微主甲希望通过物联网等新技术为用户解决上述痛点，具体的，基于"传感技术 + 物联网 + 云计算 + 人工智能技术"为用户提供洗衣剂识别与精准投放、洗涤剂剩余量实时监测和物联采购等服务。基于上述模式研发出的洗衣机配备了专属的"墨盒"（即墨盒洗衣机）能够识别特殊材质衣物，基于衣物材质自动配比和添加洗涤剂，在识别到洗涤剂余量不足时能够提醒用户下单购买或者在授权的前提下通过物联网直接下单购买。

小微主甲在链群合约系统中举单，建立墨盒洗链群。链群合约系统自动生成底线目标和对应的增值分享。链群主甲则需要以 1.5 倍增值分享为指导，给出高目标。链群合约系统基于链群主的预案生成需要嵌入的节点，包括触点建设（类似于销售和市场开拓）、生态自诊断（类似于运营）、供应链、研发设计等节点。三自平台和链群主在集团战略的指引下，设计每个节点的考核指标。触点建设节点对销售收入负责，生态自诊断节点对用户绑定率和净收入负责；供应节点对按单准时到货率负责；研发设计节点对用户满意度、一流技术创新方案个数等指标负责。各个相关节点的人员在链群合约系统中抢单，并且给出符合节点的预案。链群主基于预案等因素决定进入链群的人员，签订链群合约，约定各个节点的增值分享比例，并基于对赌目标交纳一定金额的对赌金。

事中，共赢增值表核算链群的用户资源、收入、利润、增值分享等项目，按日更新。日清体系将链群内各节点员工对赌的目标分解到每天，链群合约系统自动核算出每个人每天的工作状况。此外，日清体系基于员工的日度目标完成情况帮助员工查找原因，关注与目标的差距。事后，链群主基于每个员工的目标和任务完成情况进行精准考核，并基于目标完成情况按照事先约定的增值分享比例进行分享，并且链群内员工相互评价。

墨盒洗链群的设计起到了精准激励的作用。事前，链群合约设计了精准目标，表现在链群合约能够获取用户绑定率、按单准时到货率和用户满意度等以客户为中心的非财务指标，这些指标有利于企业创造用户，提高用户黏性，实现以用户为中心的生态战略；事中，链群合约精准核算每个员工的工作完成情况，日清体系将其及时反映给员工，解决了员工的"搭便车"问题，激发了员工努力工作的内在动机；事后，链群合约精准考核，并按照约定比例分享和相互评价的特点也提高了员工在事中的积极性。

五、激励效果

本文从劳动生产率角度分析海尔链群合约激励机制的效果。激励机制设计的目的是提高员工的劳动生产率，员工的劳动生产率能够侧面反映企业激励机制设计的有效性。

劳动生产率衡量的是企业单位员工劳动的产出。借鉴已有研究（邹薇和袁飞兰，2018），本文采用总产出除以员工人数来测量企业的劳动生产率。具体的，分别采用净利润和收入度量企业员工的劳动产出，采用在职员工数量衡量企业的劳动投入。在上文案例分析中，本文介绍了海尔旗下日日顺物流的一个聚焦电动车送装场景的链群合约案例和衣联网的墨盒洗链群的案例。进一步地，本文分别以2018~2020年海尔日日顺物流和海尔智家的劳动生产率和其所属行业劳动生产率中值的变化来观测海尔链群合约激励机制的效果①。日日顺物流的对比结果如图4所示。图4左侧表示的是以人均利润衡量劳动生产率的结果，图4右侧表示的是以人均收入衡量劳动生产率的结果。由图4可知，日日顺物流的劳动生产率远高于所属行业的中值的劳动生产率，而且在2020年，日日顺物流的劳动生产率相比于行业中值有了进一步的提升，表明海尔集团2019年推行的链群合约等机制极大程度上调动了员工的积极性。海尔智家的劳动生产率结果如图5所示。海尔智家的劳动生产率也远

---

① 日日顺计划在创业板上市，产出数据和员工数据来源于日日顺披露的招股说明书。根据日日顺的招股说明书，按照《国民经济行业分类》规定，日日顺属于商务服务业（L72）。本文所采用的行业对比数据来源于CSMAR数据库，行业采用证监会2012年的行业分类标准，行业代码也为L72，即商业服务业。衣联网属于海尔智家（600690）的业务，海尔智家所属行业为电气机械及器材制造业（C38）。

高于同行业企业的中值①。

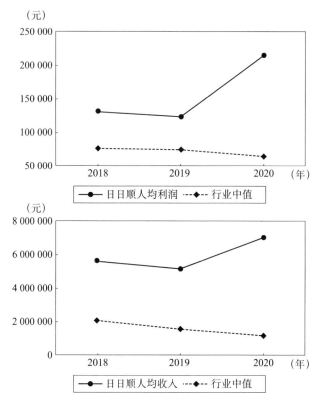

图 4　海尔旗下日日顺物流和所属行业中值

资料来源：公司公告。

上述结果从侧面证明海尔集团的链群合约机制的有效性，表明相比于传统的科层制激励机制，利用物联网等新技术构建的"链群合约"这套精准激励机制更能够充分调动员工的积极性、主动性和创造性。

六、研究结论与建议

1. 结论

（1）物联网生态情境有利于形成对员工的精准激励机制。同时，精准激励机制反过来也推进了物联网生态的发展。物联网时代，数字技术的广泛应用增强了用户在市场中的地位和作用。企业的生存发展不再取决于企业自身，

---

① 以人均利润衡量的劳动生产率在 2020 年略微下降，可能是由于海外疫情造成的。海尔智家2020 年年报显示，海外收入占总收入的 48.5%，相比于 2019 年，下降 8.61%。

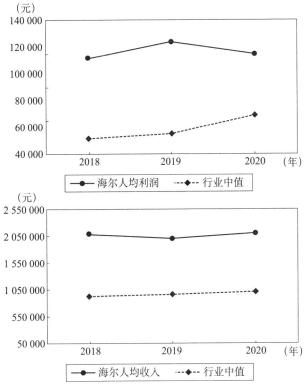

图5　海尔智家和所属行业中值

资料来源：公司公告。

而是取决于用户（章凯等，2014）。企业要由生产导向转变为用户导向，主动发现用户需求，为用户创造价值。相比于单一的产品体验，场景体验更能为用户创造价值。场景的复杂性要求物联网企业构建生态系统，协同外部合作伙伴提供场景解决方案。物联网生态的构建尤其依赖于员工的积极性、主动性和创造性，同时，物联网生态也为员工激励机制的有效设计奠定了数据技术基础。本文分析认为物联网生态情境有利于形成对员工的精准激励机制，如海尔基于物联网生态场景的"链群合约"机制设计就是例证。同时，精准激励机制也能反过来推进物联网生态的发展。

（2）以链群合约为工具的精准激励机制，有效解决了员工激励中的"搭便车"问题。在链群合约机制中，共赢增值表核算的用户资源、生态收入等独特指标有助于为链群员工设计精准目标促进战略执行。链群合约将组织目标分解为个人目标，对个人工作情况进行精准核算，与个人分享挂钩以及形成链群声誉机制等协调了员工的个人目标和组织目标，解决了员工激励中的

"搭便车"问题。链群合约让员工自主承诺目标，及时反馈工作成果等考虑了员工的个人需要等异质因素，提高了员工工作过程中的成就感，调动了员工的内在积极性。本文以海尔旗下日日顺物流的一个聚焦"电动车送装场景"的链群和衣联网的墨盒洗链群为例阐述了链群合约的具体应用。最后，本文通过海尔旗下日日顺物流和海尔智家最近三年来的劳动生产率与行业中值的对比佐证了链群合约激励机制的良好效果。

2. 实践启示

（1）物联网等技术不仅能够赋能企业的生产制造，还能够催生企业的精准激励机制设计，提高管理效率。企业需要大力推进物联网数字化转型，为企业员工的精准激励机制设计和实施创造条件。

（2）精准激励的目的是要充分调动所有员工的积极性、主动性和创造性。企业在利用物联网等新技术将精准激励具体模式（如海尔的链群合约App）落地时，员工用户端设计要更加简便，方便基层一线员工（企业所有员工）迅速快捷使用。把复杂的数据处理技术放到后台，即要持续改善，尽量做到后台复杂化、前台简便化。

参考文献

［1］彼得·德鲁克．管理的实践［M］．齐诺兰，译．北京：机械工业出版社，2006.

［2］曹仰峰．海尔转型：人人都是CEO［M］．2版．北京：中信出版社，2017.

［3］曹仰锋．黑海战略：海尔如何构建平台生态系统［M］．北京：中信出版社，2021.

［4］何大安．大数据、物联网与产业组织变动［J］．学习与探索，2019（7）.

［5］凯度集团，牛津大学赛德商学院，海尔集团．物联网生态品牌发展报告［M］．北京：新华出版社，2020.

［6］李海舰，聂辉华．论企业与市场的相互融合［J］．中国工业经济，2004（8）.

[7] 李海舰，田跃新，李文杰．互联网思维与传统企业再造 [J]．中国工业经济，2014（10）．

[8] 李永红，王晟．互联网驱动智能制造的机理与路径研究——对中国制造 2025 的思考 [J]．科技进步与对策，2017（16）．

[9] 柳卸林，马雪梅，高雨辰，等．企业创新生态战略与创新绩效关系的研究 [J]．科学学与科学技术管理，2016（8）．

[10] 罗珉，李亮宇．互联网时代的商业模式创新：价值创造视角 [J]．中国工业经济，2015（1）．

[11] 马斯洛．动机与人格．3 版 [M]．许金生，等译．北京：中国人民大学出版社，2012．

[12] 马永开，李仕明，潘景铭．工业互联网之价值共创模式 [J]．管理世界，2020（8）．

[13] 石丹．张瑞敏：颠覆传统管理，海尔用"三生"引爆物联网时代 [J]．商学院，2018（11）．

[14] 孙其博，刘杰，黎羴，等．物联网：概念、架构与关键技术研究综述 [J]．北京邮电大学学报，2010（3）．

[15] 泰勒．科学管理原理 [M]．马风才，译．北京：机械工业出版社，2013．

[16] 王永贵．现代经济与管理类规划教材：客户关系管理 [M]．北京：北京交通大学出版社，2007．

[17] 于晓宇，王洋凯，李雅洁．VUCA 时代下的企业生态战略 [J]．清华管理评论，2018（12）．

[18] 张瑞敏．黑海生态——物联网时代的新战略思维及管理工具 [J]．清华管理评论，2020（9）．

[19] 张瑞敏．链群共赢，千条江河归大海 [J]．中外管理，2019（10）．

[20] 张瑞敏．论物联网时代的管理模式创新 [J]．企业管理，2020（12）．

[21] 张瑞敏．物联网生态品牌发展报告卷首语 [M]．北京：新华出版社，2020．

[22] 章凯，李朋波，罗文豪，等．组织—员工目标融合的策略——基

于海尔自主经营体管理的案例研究［J］. 管理世界，2014（4）.

［23］邹薇，袁飞兰. 劳动收入份额、总需求与劳动生产率［J］. 中国工业经济，2018（2）.

［24］Adams，J. S. Towards an understanding of inequity［J］. The journal of abnormal and social psychology，1963，67（5）：422.

［25］Coase，R. H. The nature of the firm［J］. Economica，1937，4（16）：386 – 405.

［26］Hackman，J. R. and Oldham，G. R. Development of job diagnostic survey［J］. Journal of applied psychology，1975，60（2）：159 – 170.

［27］Hackman，J. R. and Oldham，G. R. How job characteristics theory happened［Z］. The oxford handbook of management theory：The process of theory development，2005，151 – 170.

［28］Hamel，G. and Zanini，M. The end of bureaucracy［J］. Harvard business review，2018，96（6）：50 – 59.

［29］Herzberg，F. The motivation to work［M］. Transaction Publishers，1959.

［30］Holmstrom，B. Moral hazard in teams［J］. The bell journal of economics，1982，324 – 340.

［31］Kortuem，G.，Kawsar，F.，Sundramoorthy，V.，and Fitton，D. Smart objects as building blocks for the internet of things［J］. IEEE internet computing，2009，14（1）：44 – 51.

［32］Krumwiede，K.，Lawson，R. and Luo，L. Haier's win-win value added approach［J］. Strategic finance，2019，100（8）：24 – 31.

［33］Lambert，R. A. Contracting theory and accounting［J］. Journal of accounting and economics，2001，32（1 – 3）：3 – 87.

［34］McClelland，D. C. Human motivation［Z］. CUP archive，1987.

［35］Ryan，R. M. and Deci，E. L. Self-determination theory and the facilitation of intrinsic motivation，social development，and well-being［J］. American psychologist，2000，55（1）：68.

［36］Vroom，V. H. work and motivation［M］. New York：Wiley，1964.

（本文原载《财会通讯》2022 年第 2 期，作者：刘运国、郑明晖）

互联网商业模式对旅游企业的影响研究
——基于途牛旅游网和众信旅游的案例对比分析

摘要： 文章以途牛旅游网和众信旅游为例，基于互联网商业模式的线上旅游企业和基于传统商业模式的线下旅游企业，从市场定位、经营模式、盈利模式三个角度对企业商业模式、会计业绩及市场业绩进行对比分析，并以互联网为切入点研究互联网商业模式对企业业绩的影响机理。研究发现，从线上发展至线下、到线上线下并行发展的互联网企业商业模式在盈利能力上优于从线下发展至线上、主打线下的传统企业商业模式；但后者在核心竞争能力和会计业绩方面优于前者。在短期内，商业模式的不同导致双方成本费用各自呈现不同状态；在长期内，互联网线上商业模式依然表现出优于线下的发展态势，体现出互联网在商业模式对旅游企业业绩的影响中起到的正面作用。

关键词： 互联网；旅游企业；商业模式；业绩评价

一、引言

互联网的发展使得线上交易与互动渐渐取代了线下部分商业活动。随着社会经济水平和人民生活水平高速增长，旅游行业规模持续扩大，旅游业蓬勃发展，国民旅游消费需求持续旺盛。旅游服务提供商基于互联网提供各种旅游产品及服务（包富华、李玲和郑秋婵，2013），旅游消费者通过互联网的方式完成交易，包括交易成功后旅游消费者的经验分享及售后评价。如出行前信息收集、酒店、机票预订等产品或服务，出行时的餐饮、景区门票、交通等服务，出行后的经验分享、评价等一系列旅游服务。

在线旅游服务提供商是指基于盈利的目的，通过互联网平台为旅游者提供旅游服务的企业（李东，2011）。本文将在线旅游企业定位为是指提供旅游产品或旅游服务的互联网企业，即旅游服务提供商。旅游业发展到线上，人们适应了在线上对旅游产品的交易。线上旅游企业产品同质化也导致企业间的竞争加剧，商业模式的不同也对企业绩效产生不同影响（Magretta，2002）。如集吃、住、行、游、购、娱等多方面于一身的综合型企业携程旅行网、收集全网信息以供消费者比价的旅游搜索型企业去哪儿网（宋婷婷，2015）、以"内容 + 交易"为最主要特征的 UGC 型企业马蜂窝（张露萍，2019）。各种商业模式的出现使得客户的选择权变大，能够从各种类型的企业中选择适合自己的消费方式。因此，对线上和传统两种旅游企业的商业模式进行分析，研究其如何对企业业绩产生影响，并最终为旅游行业内企业未来的发展提出建议则显得尤为重要。本文首先对在线旅游企业途牛网和传统旅游企业众信旅游的商业模式和企业业绩进行分析，其次选取两种商业模式中最本质的区别要素——互联网为切入点，将互联网商业模式对企业业绩的影响近似为互联网对企业业绩的影响，从互联网商业模式对旅游企业核心竞争能力，到对企业会计业绩和市场业绩的影响，研究商业模式对企业业绩的影响机理。

二、案例企业的商业模式对比分析

（一）案例企业背景介绍

1. 途牛旅游网简介

途牛旅游网（以下简称途牛）是中国领先的在线休闲旅游公司，2006 年10 月创立于南京，2014 年在美国纳斯达克证券交易所上市，为消费者提供由北京、上海、广州、深圳等多个城市出发的旅游产品预订服务，提供的产品涵盖了跟团、自助、自驾、酒店、签证、景区门票等 8 万余种旅游业务，其中跟团游和自助游是途牛的主营业务。在途牛成立之前，携程、艺龙等先一批综合型旅游企业早已成为行业巨头，均以酒店 + 机票为主营业务，虽然也提供旅游线路预订服务，但并不深入；途牛实行差异化战略，主打旅游线路预订这一细分市场，将中国传统的线下非标准产品跟团游通过互联网的方式打造成标准化经营模式。

2. 众信旅游简介

众信旅游集团股份有限公司（以下简称众信），1992 年成立于北京，2014 年在深圳证券交易所上市，是国内首家在 A 股上市的民营旅行社，以线下服务为主，主要经营出境游批发、出境游零售、整合营销服务，是国内最具竞争力的全方位出境游服务商。旗下设有上海众信国际旅行社有限公司、四川众信国际旅行社有限公司等多家全资子公司及控股子公司。2014 年众信旅游通过"股权 + 债权"的方式入股悠哉网络，间接持股在线旅游企业悠哉旅游网；2015 年入股在线旅游企业穷游网，开始布局在线旅游。

（二）途牛商业模式分析

途牛的商业模式可概括为以跟团游和自助游为主，从线上发展至线下、线上线下并行的互联网商业模式（见图 1）。市场定位以跟团游和自助游零售为主；经营模式上，采购方面目前以直采和向批发商采购为主；运营方式上，跟团游包括直营地接社和第三方地接社，自助游由客户自行选择产品进行组合打包出售；销售渠道方面，"互联网 + 呼叫中心 + 实体店"三个渠道并行。综上可见，途牛主要盈利模式主要为打包旅游的差额式盈利，佣金、服务费、广告费等收入为辅。本文将从市场定位、经营模式和盈利模式三个方面对途牛的商业模式进行具体分析。

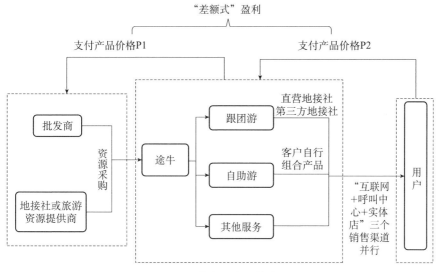

图 1　途牛网商业模式

1. 市场定位

在产品与服务方面，途牛网成立之初的定位是专注在线度假旅游市场，即提供旅游线路服务的预订，发展成为一个综合型在线旅游企业。途牛提供的产品包括跟团游、自由行、主题游、定制游等，此外还有签证、婚纱旅拍等附加服务。2018 年占打包旅游产品总预订量的 67%，是打包旅游产品中的主要产品。零售，打包出售的价格相对便宜，获得更多顾客的青睐；自助游方面，客户可以根据自己需求对不同的产品进行组合再交易，例如机票＋酒店、机票＋酒店＋门票等方式；产品和服务方面，"牛人专线"这一核心产品的推出是其独立品牌化的体现，它打破传统跟团游"走马观花购物点"模式，其产品下的"牛人定制"则是根据用户不同的需求为其定制不同的出行计划，打造用户独立成团的运营模式。此外，途牛的微信群聊服务"牛跟班"，涵盖旅游攻略咨询、出游中产品预订、SOS 紧急支援保障和旅行社交平台四项服务，实时帮助自由行、酒店、机票客户解决行程中的难题和麻烦。除常规的旅游产品之外，途牛还提供消费信贷、理财、供应链金融等互联网金融产品，其中供应链金融服务是途牛目前最成熟的金融业务，为中小旅行社提供帮助，为其解决融资问题。途牛的目标客户主要是白领阶层，这部分人对互联网的使用频率高，对网络消费的信任度和依赖度也更高；他们的休假时间多不固定，工作繁忙鲜少有度假的机会，一般希望能够在一次旅行中进行多个景点的体验，对线路选择上的要求较高，却又没有足够时间来策划一次旅行，途牛的产品便很好地满足这一需求。通过线上预订，针对用户的旅行期望为其定制独立成团的旅游线路，省时省力；另外，白领客户对产品的性价比比较看重，途牛的产品组合模式降低了产品的价格，让用户在享受同等服务的同时满足自身对价格上的要求。

2. 经营模式

途牛的经营模式概括为"上游扩大直采比例，下游线上线下融合，扩大销售渠道和营销力度"。充当批发商与游客之间的代理商，也会自行整合产品与客户进行直接交易。

在上游供应商方面，一般在线旅游企业有两种采购的方式（见图 2）：一种是向零售商和批发商采购整条旅游线路，转而销售给消费者；另一种是直采模式，即跨过批发商或零售商环节直接向地接社或者旅游资源供应商采购，自行整合旅游线路后销售给消费者，形成具备自我特点的 OTA 类型[①]。早期的途牛产品来源一般为第一种，后期直采业务占比逐渐提高，其中 2017 年国内跟团游的直采占比已达到 80% ~ 90%，境外仅有 20% ~ 30%。由于直采业务的佣金率在 12% ~ 15% 之间，远高于从第三方代理商或批发商处采购的7% 左右，大大提高企业的盈利水平，因此途牛将提高直采占比作为主要发展

---

① OTA 全称为 Online Travel Agency，译为"在线旅行社"，其实为第三方代理。即各旅游主体可以通过网络进行产品营销或产品销售，企业通过收取佣金或差价获得利润。

目标之一。途牛"全国各大出发地收客、目的地成团"的直采直营地接社采取的是标准化的服务，来自全国各地的游客可以参加同一旅游线路，出发地的员工只需要专精出发地的资源，目的地的员工只需要专精目的地的服务标准化和行程安排。同时，途牛推出全球资源动态打包平台，由自主研发的"大工厂"与"大仓库"基础设施支撑，内有海量旅游基础资源，上千台服务器集群动态打包，可凭借强大的数据整合计算能力及人工智能系统精准的用户画像分析能力，依托全球供应链资源采购优势以及不断提升的直采能力，帮助用户实时搭配出既契合需求又兼具性价比的旅游套餐产品。该动态打包平台为途牛的产品整合提供了技术支持，利用互联网技术提升了自身的研发能力，开发出更多优质的旅游产品。

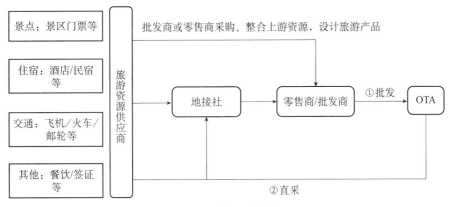

图 2　途牛采购模式

资料来源：Wind 数据库。

在下游渠道方面，途牛已拥有多元化渠道结构，包括线上渠道、门店渠道、会员渠道、运营商、分销、零售平台等，消费者可以选择在线预订、电话预订和线下预订，采用"互联网＋呼叫中心＋实体店"的模式推进线上线下融合。截至 2019 年第一季度，途牛已拥有 500 多家直营门店，31 家直营地接社，其中包括海外直营地接社 4 家。

3. 盈利模式

途牛的盈利模式包括旅游产品带来的收入以及其他项目带来的收入（见表 1），主要项目是打包旅游即跟团游和自助游，采用的是差额式的盈利模式，通过顾客支付给途牛的价格和途牛支付给供应商的价格两者之间的差价来盈利。途牛为客户提供优惠券、代金券、会员积分或其他奖励，对于提前购买的项目给予激励措施，将其视为收入减少或是商品的销售和营销费用，同时估计与客户未来义务相关的部分金额，抵消当前购买产品所需确认的收入，未兑现的客户奖励将计入其他流动负债。

表1   途牛盈利模式一览表

盈利项目	盈利模式
打包旅游	差额式盈利
其他旅游相关产品	收取佣金，其他旅游产品主要是指旅游景点门票、签证申请、住宿预订、交通票务等
其他项目	向国内外旅游机构提供广告服务的服务费 从保险公司收取的服务费 金融服务费 增产产品的利息收入（于2018年终止）

资料来源：作者根据途牛2018年年报整理。

因2014年5月美国财务会计准则委员会（FASB）发布了新准则ASC606及一系列准则修订，主要与收入确认方面相关。所以自2017年起途牛执行新收入准则并使用完全追溯调整法，与供应商的合同发生变化，从主要责任方变为代理方，除自营地接社以及某些特定情况外，大部分的跟团游将按净值确认收入成本，而2017年之前的跟团游大部分按照总额法确认收入成本。由于确认方式不同，2017年前后的财报数据差异较大。途牛2015～2019年的财报数据如表2所示，表中交易额和占比都按四舍五入的方法保留了一位小数或不保留小数。其主营业务收入以跟团游和自助游业务为主，2017年之前公司财报中都将跟团游和自助游分开记录，2017年后公司将跟团游和自助游统一记为Packaged Tours，即打包旅游。可见，跟团游和自助游的收入占比明显下降，公司其他业务收入如金融服务方面增长较快。总体上，途牛依旧依靠跟团游和自助游两种产品实现盈利。

表2   途牛2015～2019年营业收入构成情况

业务名称	2015年		2016年		2017年		2018年		2019年	
	金额（亿元）	占比（%）	金额（亿元）	占比（%）	金额（亿元）	占比（%）	金额（亿元）	占比（%）	金额（亿元）	占比（%）
跟团游	73.6	95.8	99.3	94.1	15.9	72.5	18.3	82	18.9	83
自助游	1.9	2.5	2.5	2.4						
其他	1.3	1.7	3.9	3.5	6.0	27.5	4.1	18	4.0	17

资料来源：根据途牛年报整理得出。

表 3 列示了途牛 2015～2019 年的经营情况。2017 年之前,由于采用总额法确认收入成本,大部分营业成本支付给供应商、销售产品成本,此外还包括旅游顾问、客户服务代表以及其他相关人员的薪酬或与薪酬相关的其他费用,如付款处理费、电信费用、租金支出、折旧支出等。2017 年之后,旅游产品的采购价格不再计入营业成本,致使营业成本大幅度降低。从表 3 还发现途牛近年来都处于亏损状态。虽然其毛利润并不低,但研发费用、营销费用等各项费用过高,导致最终无法盈利。2016～2018 年途牛的研发费用、营销费用、一般费用都有所下降,主要是由于规模经济使得自身效率得到提高,对研发结构、营销结构、行政管理结构进行了优化,以及采取了能够带来更高 ROI[①] 的营销渠道。

表3	途牛 2015～2019 年部分财务数据一览				单位:亿元
财务指标	2015 年	2016 年	2017 年	2018 年	2019 年
营业收入	76.71	105.3	21.92	22.4	22.81
营业成本	73.09	98.92	10.24	10.65	12.00
毛利	3.62	6.392	11.68	11.75	10.81
研发费用	2.982	6.014	5.411	3.152	3.036
营销费用	11.50	19.00	8.941	7.781	9.233
一般和行政费用	3.854	6.588	6.378	4.874	7.494
营业利润	-14.59	-24.99	-8.834	-3.49	-8.708
净利润	-14.66	-24.22	-7.713	-1.994	-7.294

资料来源:根据途牛年报整理得出。

综上所述,途牛目前仍属于发展扩张阶段,市场份额高,收入高,但相应的费用成本也比较高昂,未能实现盈利。途牛正通过直采模式降低营业成本以求获得更多利润,仍需要通过持续发展让企业投入的资金得到回报,同时减少费用支出,才可能实现盈利。

(三) 众信商业模式分析

众信旅游的商业模式可概括为以出境游批发和零售为主,从线下发展至

---

① ROI (Reture on Investment) 投资回报率,指通过投资而应返回的价值,即企业从一项投资活动中得到的经济回报。由年利润或年均利润/投资总额×100% 计算得出。

线上，主打线下经营的传统企业商业模式。如图 3 所示，市场定位为出境游批发和出境游零售；在经营模式上，众信旅游积极布局海内外供应商，丰富上游资源，同时在线下广泛开拓门店，布局在线旅游市场，拓展下游渠道；盈利模式上主要是以出境游批发带来的收入为主，其次是出境游零售。本文仍从市场定位、经营模式和盈利模式三个方面对众信的商业模式进行具体分析。

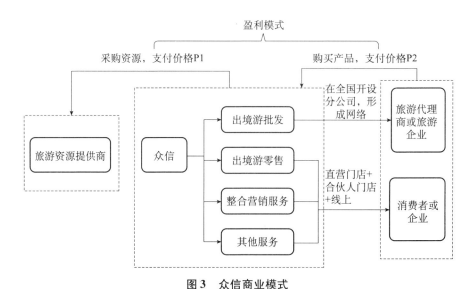

图 3　众信商业模式

资料来源：作者自行整理得出。

1. 市场定位

众信旅游是国内领先的大型旅游运营商，提供产品和服务情况如图 4 所示，主要分为出境游业务平台、目的地生活服务平台、海外教育服务平台、移民置业服务平台四大平台。通过"出境云"大数据管理分析平台和出境互联网服务平台为企业产品提供数据支持，推出出境游批发业务、出境游零售业务、整合营销服务业务，包括跟团游、定制游、自由行、半自由行等产品，整合营销服务业务包括为企业、政府等客户提供营销咨询、策划运营等整体解决方案，此外还有商务会奖、体育旅游、健康医疗等"旅游 +"服务，产品已覆盖欧澳美非亚等全球主要目的地国家和地区。2018 年推出"优耐德旅游"作为出境游批发业务新品牌，与竹园国旅"全景旅游"共同开启公司的双品牌运营，实施"产品向上"发展理念，产品坚持中高端定位，向年轻化、个性化、灵活化发展，如在东南亚及海岛目的地推出的"超级自由行"

系列产品，在日本推出的北海道 ClubMed 系列产品，深受消费者认可。

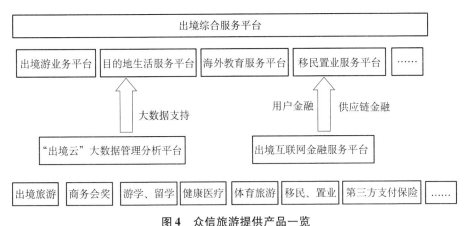

图 4　众信旅游提供产品一览

资料来源：根据众信年报整理得出。

2. 经营模式

在上游供应商的资源采购方面，众信不断通过投资并购进行上游资源端和相关领域布局，投资并购德国开元、波兰大巴车公司、巴黎精品酒店等国外大型旅游企业；根据不同目的地情况，通过投资旅游资源商、参与资源商运营等方式与之建立合作关系，在境外多个地区建立了落地服务公司，加大直接向境外旅游资源商进行直采的力度，以寻求优质资源；不断加强与其他出境游地接社之间的合作，拓展旅游资源供应链，为旅游产品提供上游资源保障，通过收购大型出境游批发商，丰富自身旅游产品的同时对旅游资源的整合、产业链的延伸以及销售渠道方面提供了很大的帮助。

在下游销售渠道方面，众信传统批发业务的主要客户是代理商，例如携程、途牛等在线旅游企业；零售业务主要通过线下门店、线上渠道、电话呼叫中心等方式销售给终端消费者；整合营销服务通常通过专业团队向客户实行精准销售。出境游批发方面，在国内主要一、二线城市均已设立分子公司，拥有合作经营网点上万家和代理客户两千多家；出境游零售方面，通过线下门店、线上渠道、电话呼叫中心等方式销售给消费者，形成覆盖全国各主要城市的零售体系，并逐步下沉至三、四线城市，以直营门店＋合伙人门店＋线下旅游体验店为主，同时提供国内游和周边游产品等。截至 2019 年底，公司直营及合伙人开业门店数量达到 751 家，签约门店数量突破 1 000 家，已经形成较为完善的出境游批零一体化经营体系。2014 年开始众信旅游进入线上旅游市场，先后投资了悠哉网、穷游网、智行天下等在线旅游预订平台，开始有了众信自己的官方销售网站以及移动端 App。但是数据显示众信旅游移动端 App 在手机端上的评分仅有 2.4，用户下载量仅有几万，在线官方网站的访问量及排名也远远落后于途牛等在线旅游企业，众信的在线旅游市场布局之路并不顺利。

3. 盈利模式

众信 2015～2019 年收入数据如表 4 所示，出境游的批发和零售带来的收入占众信旅游营业收入的 90% 左右，其中出境游批发是最主要来源，其目标客户一般是代理商和线上 OTA，交易量大，利润率低；而出境游零售的目标客户一般是散客和个体，交易量小，但利润率高。出境游批发的毛利率为 7%～9%，出境游零售的毛利率约为 15%～17%，虽然批发业务的毛利率较低，但由于交易量庞大，所以依旧占据营业收入的 70% 以上，出境游零售和整合营销服务呈现起伏的状态，总体上还比较稳定。此外，公司近年来加大了对国内游和周边游产品的开发力度，产品丰富、价格合理，国内游及单项产品的占比稳步提升；其他行业产品如移民置业、货币兑换等业务呈现上升趋势。可见，众信旅游三大主营业务至今占据非常重要的位置，虽然已开始大力拓展其他线上业务，但是营业收入仍无法与老牌业务并肩，即便如此，仍呈现出稳步上升的趋势。

表4　　　　　　　众信 2015～2019 年营业收入构成情况

业务名称	2015 年		2016 年		2017 年		2018 年		2019 年	
	金额（亿元）	占比（%）	金额（亿元）	占比（%）	金额（亿元）	占比（%）	金额（亿元）	占比（%）	金额（亿元）	占比（%）
出境游批发	58.4	69.8	74.4	73.72	89.15	74.11	86.9	71.40	89.92	71.24
出境游零售	16.5	19.7	18.03	17.86	20.49	17.03	23.03	18.92	23.58	18.68
整合营销服务	8.1	9.7	7.07	7.00	8.77	7.29	9.61	7.89	9.96	7.89
国内游等产品	0.6	0.74	1.34	1.33	1.73	1.44	1.86	1.53	2.35	1.87
其他行业产品	0.05	0.06	0.09	0.09	0.16	0.13	0.32	0.26	0.40	0.32

资料来源：作者根据众信旅游财报数据整理。

众信旅游为客户提供越来越多样化、年轻化、定制化的产品，加快产品零售市场的布局，以获取更高的毛利率；推出游学留学、旅游金融等"旅游+"业务与原有旅游产品业务协同发展，提高了营业收入；通过集中采购、远期采购等不同方式，有效地降低产品成本，同时不断加强与各旅游资源商之间的合作，拓展采购渠道。可见，众信旅游主要从降低成本和提高收入两个方面来保证自身的盈利。值得关注的是，表5 中的财务数据显示，随着业务规模的扩大，营业收入和营业成本的数值逐年递增，但众信旅游服务的毛利率一直稳定在10% 左右；同时，销售费用是企业总成本中除营业成本外占比重最大的一部分，作为传统企业因维护客户而产生较多的营销费用亦属于正常范围内。

表5　　　　　　　众信 2015～2019 年部分财务数据一览

财务指标	2015 年	2016 年	2017 年	2018 年	2019 年
营业总收入（亿元）	83.70	101.04	120.48	122.31	126.22
营业成本（亿元）	76.04	90.48	108.4	110.31	113.91
销售费用（亿元）	3.67	5.47	6.80	8.20	9.12
管理费用（亿元）	0.90	1.53	1.61	1.62	1.74
财务费用（亿元）	0.037	0.15	0.03	0.53	0.51
营业利润（亿元）	2.54	3.13	3.49	0.86	1.18
旅游服务毛利率（%）	9.1	10.27	9.63	9.15	9.75

资料来源：作者根据众信旅游财报数据整理。

（四）对比分析

综上所述，途牛在市场定位、经营模式、盈利模式等方面都更依赖于互联网。途牛的经营模式是线上起家，近年来逐渐发展到线下。而众信是线下起家，近年来逐渐发展到线上。两家企业的发展方向看上去正好相反，但终其内核还是围绕着互联网或"互联网＋"展开。途牛和众信都是以"差额式"盈利模式为主，但侧重的市场范围略有差异，互联网是最关键的因素。互联网在两家企业发展过程中参与程度和渗透程度的不同直接造成了商业模式之间的差异。本文将对比分析两者间的商业模式，有利于深层次剖析互联网企业影响业绩的动因指标。

1. 对企业核心竞争力影响对比分析

一是企业商业模式的区别分析。如前所述，途牛和众信商业模式最本质的区别在于一个是互联网＋旅游企业，一个是旅游＋互联网企业，途牛是从线上发展到线下的互联网企业商业模式，而众信从线下发展到线上的传统企业商业模式，在两者商业模式的差异中，互联网是最关键的因素。因为互联网参与的程度、时间不同，所以途牛和众信在市场定位上存在差别；企业的市场定位和经营模式决定着企业的盈利模式，途牛和众信在市场定位和经营模式方面的区别决定了两者在盈利模式方面的区别。

二是互联网对企业核心竞争力的影响分析。企业的核心竞争力是企业在市场竞争中取胜的关键，商业模式会影响其核心竞争力的形成，而核心竞争力能够为企业创造更好的业绩，因此核心竞争力是连接企业商业模式和企业业绩的重要因素。在本文的对比案例分析中，因为两种商业模式最本质的区别在于互联网，所以商业模式对核心竞争力的影响可认为是互联网对旅游企业的价值创造、拥有稀缺资源、不可替代及难以模仿为特征的核心竞争力影响。

互联网对途牛核心竞争力产生的影响主要集中在产业链的中下游，具体表现为产品服务和销售途径、客户资源方面。其互联网商业模式吸引的主要是接受新事物速度较快、意愿强烈的年轻人，而途牛主推的产品是跟团游，能够节约消费者自行计划旅行的时间，降低出行成本，体现了提高服务效率，增加顾客的效用，突出途牛独有的客户价值；众信从事的跟团游批发业务，直接面向代理商客户，零售业务主要目标群体是使用线下消费模式的中老年人，目标客户的不同导致企业的客户价值体现方式不同，服务效率略低。同时，高端消费群体对产品的要求更高，无法为客户持续提供高标准的产品服务就无法赢得和维持客户，促使途牛不断在创新产品类型、提升服务质量方面加大力度，使其在竞争中拥有的稀缺旅游资源带来产品和服务方面的优势，形成强有力的核心竞争力。此外，途牛成立与发展阶段均处于互联网飞速提升时期，良好的时机为其打开了知名度，逐渐积累了一批忠实且不可替代的客户资源，企业获取客户的流量成本以及交易成本的降低，为途牛的销售带来了优势。图5是从Wind数据库中获得的途牛从2015年下半年开始到2019年的移动App活跃用户数，以每三个月为一个周期统计，可以看出，活跃用户数一直在逐渐上升，到2019年12月，途牛的移动App活跃用户数已达到1 114万，同时笔者从Wind数据库中获取了竞争对手同程旅游的移动App活跃用户数，到2019年12月，同程旅游移动App的活跃用户数仅为460万人。

反观成立于1992年的传统企业众信，发展过程中一直主营出境游批发业务，到2009年开始做零售业务，2014年开始布局线上旅游后在客户资源方面无法与途牛比拟。但在上游供应商资源采购方面，作为国内最大并且首家上市的民营出境游批发运营商，众信深耕出境游批发业务二十余年，通过投资、合作、入股等方式积极布局上游资源端，在长期的发展过程中积累了众多优质的合作供应商资源，表 6 是从众信年报上整理出的部分合作供应商，可以看出，众信与多家国外主要华人地接社都有合作关系，还与多家合作商合作紧密，曾多次在合作伙伴处荣获最佳伙伴、最佳合作商等荣誉奖项。这是成立时间较短的途牛已不能比拟且无法替代的，成为众信强有力的核心竞争力。

图 5　途牛移动 App 活跃用户数

资料来源：Wind 数据库。

表 6	众信部分合作供应商及其简介
主要战略合作商	合作商简介
竹园国际旅行社	国内著名的出境游品牌，组建于 1996 年，世界旅游协会成员、国际航空运输协会成员、亚太旅游协会成员，多次在国内旅行社排行榜中位于前列
CLUB MED	全球最大的旅游度假连锁集团，一共拥有遍布全球 5 大洲 30 多个国家的 80 多座度假村
日本地接社 RCC	日本最大的华人地接社之一，年服务超过 10 万人次
跃动旅行	欧洲主要的华人地接社之一，年服务近 10 万人次
德国开元	欧洲龙头华人组团社，年服务超过 5 万人次，多次获得最佳海外目的地产品预订平台殊荣
美国众信天益	美国西岸龙头华人组团社，年服务超过 10 万人次
法荷航	欧洲最大的航空运输公司
国航、东航、南航、海航等	国内著名航空公司
芬兰航空、阿联酋航空、新加坡航空、加拿大航空等	国外著名航空公司

资料来源：根据众信年报整理。

2. 商业模式对企业会计业绩影响对比分析

业绩是对业绩主体当前行为过程或过去行为结果的量化，表现为业绩主体当前行为或过去行为的效率或效果（王昱和赵淑惠，2009）。作为对企业过去行为的一种量化评价，商业模式作为企业运营行为的核心，对实现企业价值起着举足轻重的作用（Osterwalder and Piuneur，2005）。因此，本文将企业业绩作为商业模式对企业作用的最终落脚点，分析商业模式对企业业绩的影响机理。

盈利能力是商业模式对企业业绩的影响中最为显著的指标，而运营能力的影响最不显著（王翔、李东和张晓玲，2010）。此外，企业的偿债能力也是评价企业业绩十分重要的财务指标。基于此，本文选取企业的盈利能力、偿债能力两方面来构建途牛和众信的企业业绩考核体系，对途牛和众信的会计业绩进行对比分析，这两个能力也分别对应着企业的回报和风险，能够对企业整体会计业绩进行较为全面的评价。本文选取企业 2013～2019 年的数据进行分析。需要说明的是，在美国纳斯达克上市的途牛于 2017 年更换了编制报表的会计准则，对部分跟团游产品的收入确认方式从总额法变为净额法，对企业的各项财务指标产生了影响，下文在分析时也会对此作出特别说明。

一是盈利能力。盈利能力是指企业在经营过程中创造利润的能力，是一个营利性企业在经济市场中存在的意义，是判断一个企业发展情况的重要指标（孙开钊和赵慧娟，2014）。本文选取净资产收益率 ROE、资产回报率 ROA、每股盈利 EPS、销售毛利率和销售净利率五个指标来分析盈利能力。如图 6 所示，加权净资产收益率（加权 ROE）是报告期内净利润与平均净资产的比率，该指标越高说明投资带来的收益越高。众信的 ROE 一直是下降状态，而途牛则呈现先下降再上升的趋势。2013 年众信 ROE 高达 35.4%，途牛是 −44.13%；2013～2016 年两家企业的 ROE 都是下降且幅度类似；2017年由于途牛的会计准则发生变化，再加上前期投入逐渐收回成本，途牛的 ROE 急剧上升；而 2018 年在会计准则没有发生变化的情况下，途牛的 ROE 上升，众信的 ROE 下降，两家企业的 ROE 已趋近于相同，途牛虽然盈利能力不如众信，但可看出途牛的盈利水平呈现上升状态，众信则呈现下降状态。

ROA 是税后净利润与总资产之比，该指标越高代表企业资产利用效果越好（见图 7）。ROA 与 ROE 都反映企业资金产生的利润率，但不同之处在于 ROE 只反映股东投入的资金，而 ROA 反映股东和债权人共同的资金，如果

ROA 和 ROE 趋于相同，说明企业的负债水平很低。从走势上来看，两家企业的 ROA 与 ROE 是几乎相同的；但从数值上来看，同一企业间的 ROE 与 ROA 数值差距较大，途牛 2013 年 ROE 是 ROA 的 4 倍，而之后的年份里，ROE 几乎是 ROA 的 2 倍，众信 ROE 与 ROA 之间的差距总体上随着年份增加逐渐减少，查阅众信的年报之后发现，众信的负债占资产比重是逐年升高，并不存在举债水平下降的情况。由此推断，导致众信 ROE 与 ROA 之间差距逐渐减小的原因中，净利润的作用占了很大的比重。综合来看，两家企业 ROA 表现出来的盈利能力水平比较与 ROE 中分析到的情况类似，即途牛在 ROA 方面表现出的盈利能力不如众信。

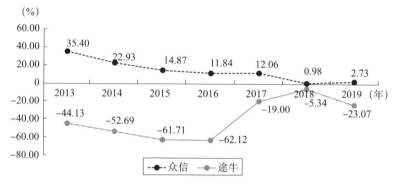

图 6　途牛和众信 2013～2019 年加权 ROE 趋势

资料来源：Wind 数据库。

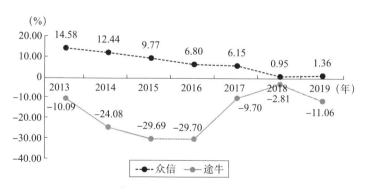

图 7　途牛和众信 2013～2019 年 ROA 趋势

资料来源：Wind 数据库。

EPS 是税后利润与股本总数的比率，反映普通股股东每持有一股所能享有的企业净利润或所需承担的企业净亏损。由图 8 可知，众信的 EPS 数值为正，途牛则为负，总体上，众信的盈利能力高于途牛，但数据呈现一直下降的趋势。2014~2016年途牛的EPS是下降的，2017年EPS大幅度提升，两年间会计政策没有变更的情况下，途牛的EPS仍然上升了1.5，而众信下降了0.25，两者已趋于相同。可见，途牛在EPS方面表现出的盈利能力不如众信，但其盈利能力正在慢慢变好。综上可见，途牛在盈利能力方面一直处于亏损状态，不及众信；在净资产收益率、资产回报率、每股盈利方面，途牛的指标值为负数，众信为正，但众信呈现下降的趋势，而途牛呈现上升的趋势。

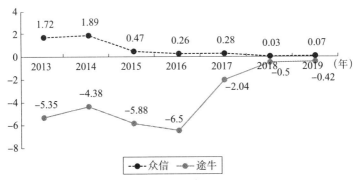

图8　途牛和众信2013~2019年EPS趋势

资料来源：Wind数据库。

销售毛利率是指销售毛利与营业收入之比（见表7）。2017年之前，众信的销售毛利率保持在9%~10%，而途牛的销售毛利率只有6%，主要是因为途牛早期第三方采购产品成本较高，且经常采用低价策略，成本高、收入低导致利润率下降；而众信一直以来拥有"老品牌"带来的采购优势，在采购成本上具备优势，毛利率也较高。2017年之后，众信的销售毛利率依旧保持稳定，途牛因为收入确认方式发生变化，在毛利数额不变的情况下，收入使用净值确认数额大幅度降低，所以销售毛利率呈大幅度的增长。总体上，途牛的销售毛利率水平不如众信。

表7　　　　　　　　　途牛和众信2013~2019年销售毛利率　　　　　　单位：%

企业名称	2013 年	2014 年	2015 年	2016 年	2017 年	2018 年	2019 年
途牛	6.16	6.40	4.72	6.07	53.28	52.46	47.39
众信	10.00	8.77	9.15	10.35	9.89	9.37	11.23

资料来源：东方财富网。

销售净利率是衡量净利润占销售收入的比例（见表8）。众信的销售净利率保持在2%~3%，说明企业能够盈利，但盈利水平较低，这也符合传统企业一直以来中规中矩的发展模式；反观途牛，虽然销售毛利率不低，但销售净利率一直为负，这是因为途牛一直以来在研发、营销方面投入大量资金，虽然企业收入规模一直在扩大，但是，由于其他成本过高，一直无法盈利。从销售净利率方面来看，途牛的盈利能力依旧不如众信。

表8 　　　　　　　　途牛和众信 2013～2019 年销售净利率 　　　　　单位：%

企业名称	2013 年	2014 年	2015 年	2016 年	2017 年	2018 年	2019 年
途牛	-4.08	-12.67	-19.11	-23.00	-35.19	-8.90	-31.98
众信	2.91	2.58	2.50	2.43	2.33	0.41	0.61

资料来源：东方财富网。

二是偿债能力。偿债能力可以揭示企业的财务风险，反映企业偿还到期债务的能力。资本结构是指企业资本的构成及比例关系，企业价值的提升与稳定的资本结构密不可分（庞长伟、李垣和段光，2015）。本文选取的衡量指标有流动比率、资产负债率和产权比率。

流动比率是流动资产与流动负债的比率，可反映流动资产在短期债务到期之前用于偿债的能力。如图9所示，总体上途牛的流动比率高于众信，但都处合理范围 1～2 之内。2014 年是两家企业因上市影响导致流动比率最高的一年，上市之后流动比率直线下降。查阅两家企业近年来流动资产与非流动资产的比率数据可知，途牛 2016～2019 年分别为 4.5、3.2、2；而众信 2016～2019 年分别为 1.5、1.6、1.2。可以看出，众信旅游作为传统线下企业仍倾向重资产分布，而互联网企业途牛的流动资产占总资产的比重远高于众信。2015～2019 年途牛和众信的流动比率都处于起伏但波动不大的状态。综合来看，途牛的流动比率高于众信，偿债能力更好。

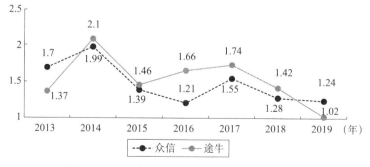

图9 途牛和众信 2013～2019 年流动比率趋势
资料来源：东方财富网。

资产负债率表示负债总额与资产总额的比值，反映企业利用债权人的资金进行企业运营的能力。如图 10 所示，2013 年途牛和众信都处于资产负债率的顶峰，主要因为前期企业盈利情况不理想，举债增加。2014 年企业上市使得资产负债率大幅度降低。相较于途牛，众信的资产负债率呈现比较稳定的走势。查阅数据得知，2015～2019 年，众信的总资产和总负债直线上升，是因为持续扩张线下渠道、扩大与供应商的合作、入股线上旅游企业导致负债增加；途牛的资产负债率则呈现幅度较大的波动，与途牛大胆的发展战略相关，如投入大量的资金在营销方面及产品研发方面。2018 年企业负债与 2017 年基本持平，但总资产比 2017 年低了将近 1 亿元，其中现金及短期投资减少了 3 亿元，最终导致资产负债率经过两年的连续下降之后突然升高。综上所述，两家企业的资产负债率在 2014 年之后都处于比较合理的范围内，其中，途牛的负债占总资本的程度小于众信的，负债水平相对较低，资本结构较为稳定，偿债能力更高。

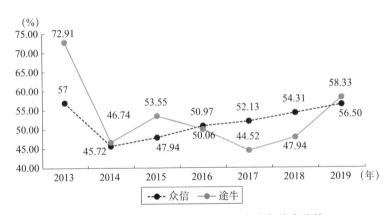

图 10　途牛和众信 2013～2019 年资产负债率趋势

资料来源：Wind 数据库。

产权比率是企业中负债总额与所有者权益总额的比率，反映企业财务结构是否稳定以及偿债能力的强弱，产权比率越低，偿债能力就越强。如图 11 所示，众信的产权比率从 0.92 上升到 1.09，途牛从 1.15 下降到 0.8；2016 年途牛的产权比率开始低于众信，2018 年众信再次升高，途牛仍低于众信，2019 年途牛升幅高于众信。从 2016 年开始，途牛的产权比率低于 1，而众信的产权比率高于 1，说明途牛的负债少于所有者权益，而众信相反。开始，途牛的偿债水平高于众信，同时负债水平低于众信，资本结构更为稳定。

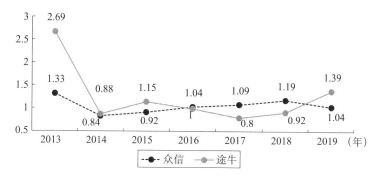

图11　途牛和众信2013～2019年产权比率趋势

资料来源：Wind 数据库。

3. 企业市场业绩对比分析

本文以成长能力、托宾 Q 值为评价指标，判断企业未来经营活动现金流量的变动趋势对互联网旅游企业市场业绩的形成动因。在成长能力方面，结合反映互联网旅游企业的资产规模、盈利能力、市场占有率持续增长情况的相关指标，进一步探讨途牛和众信的盈利能力的持续性和成长性，以期能够反映其未来收益的情况，同时辅以托宾 Q 值的变化情况来描述互联网旅游企业市场业绩的发展走势，探究该类商业模式下市场业绩的变化动因。

一是成长能力。企业的成长能力是指企业在规模和收益上的发展潜力和趋势。本文选取的衡量指标是主营业收入增长率、净利润增长率、总资产增长率三个常见关键指标。2015 年开始途牛和众信的营业额直线上升，体现在主营业务收入、毛利润等各项涉及收入的指标上，原因是 2014 年 APEC 会议之后，免签、落地签证政策极大地促进了中国出境游市场的发展。另外，2015 年之后部分国家宣布不接受中国个人旅游签证申请，由指定旅行社代办，而大部分出境游游客会选择跟团游方式出行，因此出境跟团游市场发展迅速。如图 12 所示，2017 年途牛的主营业务收入增长率因收入准则变化受到影响数据浮动较大，总体上，两家企业主营业务收入都在逐年增长，从收入的具体数额来看，途牛的优势并不明显，但在增长率层面，途牛远远高于众信，而众信呈现比较稳定的缓慢增长趋势。综合来看，途牛的成长能力高于众信。

途牛和众信 2013～2019 年的净利润增长率如图 13 所示，2015 年之后众信净利润的增长率下降而净利润增速变缓，是由于其投入了大量的资金在布局零售业务的线上线下销售渠道里。途牛的净利润虽然一直为负，但是从增长率可以看出在逐步改善。途牛 2017 年的增长率比 2016 年高了近 3 个百分点，排除会计准则变化对利润产生的影响，2018 年的增长率达到 74% 以上，而 2019 年骤降为负；反观众信，虽然净利润为正，但增长率一直下降，起伏程度大。很明显，净利润增长率呈现急速上升趋势的途牛在未来的成长中更有潜力，即成长能力更好。

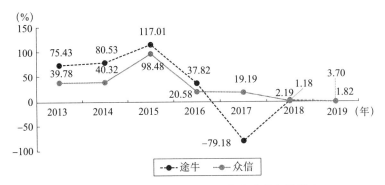

图 12　途牛和众信 2013～2019 年营业收入增长率

资料来源：根据途牛与众信年报及作者计算得出。

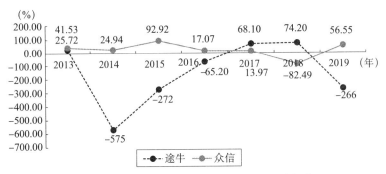

图 13　途牛和众信 2013～2019 年净利润增长率

资料来源：途牛与众信年报及作者计算得出。

途牛和众信的总资产增长率如图 14 所示。在企业总资产方面，截至 2013 年，途牛成立 7 年，众信成立 20 年，可途牛的总资产增长率比众信高出近 85 个点，说明途牛发展强劲，后来居上。2013～2016 年，途牛的增长率总体高于众信，增速较快，总资产增速达 89%，而众信总资产增速为 85%，排除 2017 年会计准则变化对报表总资产带来的影响，查阅报表可知，途牛总资产的数值为 66.58 亿元，依然高于众信 50.96 亿元，但不可否认，众信立足旅游业多年，稳扎稳打，总资产增长率逐年稳步提升，综合来看，途牛的增长能力高于众信。

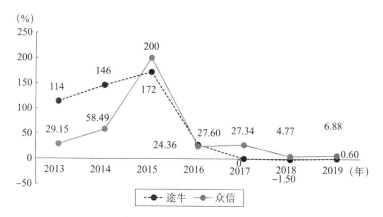

图 14 途牛和众信 2013～2019 年总资产增长率
资料来源：途牛与众信年报及作者计算得出。

二是托宾 Q 值。托宾 Q 值是资产的市场价值与重置价值的比率，是衡量资产是否被高估或低估的重要指标。托宾 Q 值在现实应用中具有很强的优势，因为其同时联系起了虚拟经济与实体经济两个市场，不仅可用于货币政策，还可用于企业评价（陈彦晶，2006）。在市场业绩评价中，托宾 Q 值常用 1 作为临界值。当 Q 值等于 1 时，企业投资与资本成本达到动态均衡；当 Q 值大于 1 时，说明市场对企业的估值大于其重置价值，意味着高产业投资回报率，此时企业更倾向于继续发行股票以获得融资，发展前景良好；当 Q 值小于 1 时，则相反。众信的托宾 Q 值从 CSMAR 数据库中直接获得，途牛的托宾 Q 值根据公式（托宾 Q 值 = 企业市值/企业重置成本）计算得出，在实际操作中重置成本可用企业净资产代替，如图 15 所示。

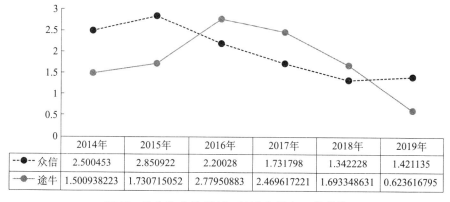

	2014年	2015年	2016年	2017年	2018年	2019年
众信	2.500453	2.850922	2.20028	1.731798	1.342228	1.421135
途牛	1.500938223	1.730715052	2.77950883	2.469617221	1.693348631	0.623616795

图 15 途牛和众信 2014～2019 年托宾 Q 值趋势
资料来源：根据 CSMAR 数据库、Wind 数据库由作者自行计算得出。

由图 15 可知，途牛和众信的托宾 Q 值在 2018 年前数值上都大于 1，说明市场对这两家企业的反应都是偏积极的；从趋势上看，2014 年和 2015 年众信的托宾 Q 值大于途牛，主要是因为众信发展时间比途牛长，途牛仍处于成长期，而众信已经发展得较为成熟；2015 年之后众信的 Q 值开始下降，途牛先升再降，但依然高于众信。综上可见，途牛的整体水平要高于众信，说明市场对途牛的反应要比众信积极，这也与财务业绩中途牛的成长能力高于众信相呼应，互联网企业在未来的发展中仍然占据优势，市场对其寄予的期望也更高。另外，途牛在美国上市，而众信在中国上市，两者所处的资本市场不同，美国股票市场的 Q 值总体来说处于较低水平，波动幅度也较小，比较接近企业真实价值，而中国股票市场上 Q 值总体水平较高（贺学会和段际凯，2002）。在此情况下，除 2019 年遭遇严重亏损，途牛在总体水平较低的美国市场上表现出来的 Q 值仍然优于众信，更能说明市场对途牛的反应比众信的更加积极。综上所述，互联网旅游企业途牛目前的整体盈利水平低于传统旅游企业众信，但在以成长能力和托宾 Q 值为评价标准的市场业绩方面要优于众信。

三、结论与建议

（一）结论

1. 对营业收入的影响

一是产品多样化之间的协同效应显著，线上流量促进线下业务发展。企业进行专业化经营的绩效要好于进行多元化经营的绩效，集中力量发展主营业务，从而形成自己的核心竞争力和品牌优势，也能创造很好的业绩（刘刚、王丹和李佳，2017）。互联网旅游企业途牛以跟团游和自助游为核心业务，传统旅游企业众信以出境游批发和出境游零售为核心业务，各自占据市场份额的同时，两者均积极开拓了其他非核心业务，使之与核心业务之间产生协同作用，互相促进营业收入的增长；为客户提供更多关联性更强、信息资源更加交叉的产品，促进产品间的协同作用；通过销售额的增长提升企业市场地位，扩大多种产品之间的关联性，从而增强客户黏度，创造客户价值。同时，在互联网时代，线下业务的发展还需要依靠线上流量作为支撑。线上扩大知名度，为线下带来客户；线下提升服务质量，上传客户数据资源，实现对企业信息资源精准定位，对客户精准营销，形成线上和线下两条发展渠道的闭环联接。

二是旅游企业线上发展模式创造更优客户价值体验。商业模式创新能够增加价值增长点，助力企业实现价值创造（张新民和陈德球，2020）。途牛线上线下融合一体化的发展模式，让购买旅游产品的消费者同时享受到线上交易的便利和线下的优质服务。消费者时刻关注线上旅游产品信息，以最优惠的价格获得产品，享受价格优势；线上获取消费详细信息，规避旅游消费风险；加速线下建设，由直营地接社、服务中心为客户提供一条龙服务，提高了客户的消费体验；线上旅游企业提供分享体验平台，信息资源丰富；优先抢占在线旅游市场的线上企业为客户提供了更好的服务，头部企业能够吸引到大部分的流量，而线下企业转型线上业务拓展的时间短，在网站建设和移动 App 建设方面都出现了短板，发展缓慢。

2. 对成本费用的影响

一是线上交易的高效率带来低流量成本。本文所讨论的流量成本分为企业获得新客户或潜在客户的成本即获客成本，以及企业维持现有客户所需要的成本即客户维系成本两部分。获客成本在成本费用端对影响销售和市场费用的比重较大（刘运国、徐瑞和张小才，2021）。线下旅游企业要突破门店位置的局限性，客户量增长与线下成本呈正比例成倍增长。而对于线下企业来说，线上获取大量客户信息资源，成本增量是趋近于 0 的。在客户维系成本方面，线上企业利用大数据对客户信息进行分析，对其消费需求进行精准营销，优质服务增强顾客黏性，客户量的提升同时保持低成本运营。而线下企业不仅在数据分析方面处于弱势，在维系客户再次营销上也缺乏创造力。在交易成本方面，线上营销消除了信息不对称，提高交易效率，降低消费风险，减少客户投诉处理，从而降低交易成本和沟通成本。

二是维系高层次目标客户带来高昂研发和管理费用。线上旅游企业目标客户是收入可观、社会地位较高、对互联网依赖程度高的白领人群，而线下旅游零售业务的目标客户是不熟悉互联网操作、信赖老品牌的中老年人。目标群体的不同会给企业带来不同的价值定位，高层次客户通常有更高层次需求。因此为了获得客户以及维系客户，线上企业不断进行产品创新和服务质量提升，以吸引客户，增加客户黏性。同时，线下批发业务的直接客户是代理商，产品销售没有直接与客户发生交易，创新意愿不强。因此，线上企业重视产品创新同时投入大量的研发费用和管理费用，用于线下业务建设与提高服务质量，企业成本居高不下。查询途牛和众信年报可知，途牛每年均投入大量研发资金和管理费用，而众信在其利润表中未列示研发费用。

三是旅游企业间的市场竞争带来高营销费用。互联网时代带来天然的营销优势，同时使在线旅游市场中的竞争过于激烈。企业以线上旅游线路模式进入市场，深度细分市场定位可以扩大销售局面，但"差额式"盈利的模式无法企业赚取高额利润。线上旅游企业必然为拓展销售渠道投入大量营销费用。而线下企业为保持门店运营、维系供应商资源，营销费用也处于较高水平，导致盈利水平较低。

根据以上分析，可得出互联网对旅游企业业绩从收入和成本两方面产生影响。对收入影响在促进产品协同效应、提高营业收入、吸引客户资源上。对成本的影响表现在降低企业流量成本、交易成本、客户维系成本，同时负担着高研发管理投入和营销投入。从短期来看，线上企业由于费用压力过大，在盈利水平方面不如线下企业；从长期来看，互联网与传统市场的差异导致的高研发和营销投入是旅游企业为长远发展打下的基础。结合互联网对企业业绩的影响，线上企业在未来依然表现出优于线下企业的发展态势。因此，互联网对企业业绩的影响以对营业收入的促进影响为主。

（二）建议

本文通过对途牛旅游网和众信旅游的企业业绩进行比较分析，发现两者商业模式最本质的差异在于互联网在两者商业模式中渗透程度的不同。因此，在本案例中，商业模式对企业业绩的影响可认为是互联网对企业业绩的影响。互联网影响企业核心竞争力，并进而影响企业业绩。核心竞争力决定企业价值创造的途径（刘运国、陈诗薇和柴源源，2021）。旅游市场线上线下的协同发展仍然需要在线上线下同时发力，才能稳步提升企业业绩，具体建议如下：一是线上线下合力发展打造跨国旅游企业。旅游企业线上线下融合发展已成行业发展必然趋势。线上产品销售辅以线下优质服务共同提升企业价值，保持旅游企业的可持续发展是现代服务业的重要内容之一。线下企业利用互联网红利在资源整合方面发挥优势，利用线上企业的下游渠道优势进行推广营销；线上企业利用线下的上游供应商优势提高议价能力，完善供应链体系。两者融合打造大型跨国旅游企业，为消费者提供更优质的产品服务，是互联网发展过程中必然的选择。二是依托互联网细分市场明确产品定位。旅游企业未来的可持续发展的关键是找准市场定位，详细分析自身情况确定市场定位，其中产品定位是最重要的。在如今的互联网消费模式中，消费者对产品的要求越高，对产品细分的要求也越高。旅游市场中综合在线旅游企业已趋于饱和，企业要准确分析所处的环境，精准市场定位，寻求差异化发展，才能找到自己的发展空间。三是加强旅游企业内部管理，提高线下门店吸引力。旅游企业实际发展过程中，客户投诉对企业的品牌形象带来的冲击最大。降低该现象出现的频率企业必须适时加强内部管理、建立客户管理机制、制定风险管理体系、完善监管措施，设立激励机制以及绩效考核。迎合数字理念发展趋势将线下门店与智能技术相结合，利用 3D 虚拟技术、VR、AR 等技术，提高线下门店吸引力，渗透进用户的日常生活中，激发顾客旅游需求。

参考文献

［1］包富华，李玲，郑秋婵．互联网旅游企业商业模式分析研究——以携程旅行服务公司为例［J］．生态经济，2013（3）：156－159.

［2］陈彦晶．托宾 q 理论的解读及应用［J］．经济研究导刊，2006（3）：23－26.

［3］贺学会，段际凯．从托宾 q 比率原理看国有股减持价格无关论［J］．经济学动态，2002（11）：51－54.

［4］李东．在线旅行服务商业模式研究［D］．厦门：华侨大学，2011.

［5］刘刚，王丹，李佳．高管团队异质性、商业模式创新与企业绩效［J］．经济与管理研究，2017，38（4）.

［6］刘运国，陈诗薇，柴源源．游戏直播商业模式对企业业绩的影响研究——基于虎牙直播的案例［J］．财会通讯，2021（4）：3－10.

［7］刘运国，徐瑞，张小才．社交电商商业模式对企业绩效的影响研究——基于拼多多的案例［J］．财会通讯，2021（2）：3－11.

［8］庞长伟，李垣，段光．整合能力与企业绩效：商业模式创新的中介作用［J］．管理科学，2015（5）：31－41.

［9］宋婷婷．携程网与去哪儿网的商业模式比较研究［J］．常州工学院学报，2015（5）：60－65.

[10] 孙开钊，赵慧娟. 我国在线旅游市场的发展与面临的问题分析 [J]. 电子商务，2014（10）：33 - 34 + 38.

[11] 王翔，李东，张晓玲. 商业模式是企业间绩效差异的驱动因素吗？——基于中国有色金属上市公司的 ANOVA 分析 [J]. 南京社会科学，2010（5）：20 - 26.

[12] 王昱，赵淑惠. 企业业绩评价：定义考察与行为内涵分析 [J]. 财会月刊，2009（11）：79 - 80.

[13] 张露萍. 旅游类垂直社交媒体平台的互动发展模式分析——以马蜂窝旅游为例 [J]. 传媒，2019，296（3）：68 - 70.

[14] 张新民，陈德球. 移动互联网时代企业商业模式、价值共创与治理风险——基于瑞幸咖啡财务造假的案例分析 [J]. 管理世界，2020，36（5）：74 - 86 + 11.

[15] Magretta, J. Why business models matter [J]. Harvard business review, 2002, 80（5）：86 - 92.

[16] Osterwalder. A., Piuneur. Y., Tucci C I. Clarifying business models: origins, present, and future of the concept [J]. Communications of AIS, 2005, 15（5）：751 - 775.

（本文原载《财会通讯》2021 年第 18 期，
作者：刘运国、赖婕、柴源源）

网络招聘平台商业模式对企业价值的影响及机理研究

——以 BOSS 直聘为例

摘要： 数字经济已成为我国经济增长的强劲引擎，在数字化浪潮下，平台经济蓬勃生长，通过商业模式创新和前沿技术赋能有效提高了供需双方信息匹配和资源配置效率，为企业和社会创造了巨大的价值增值。本文以 BOSS 直聘平台为研究对象，研究了 BOSS 直聘商业模式的构成要素及特点，从资源配置、盈利驱动和价值创造三个角度深入挖掘了网络招聘平台商业模式对企业价值的影响及其作用机理，并对 BOSS 直聘平台提出持续增强技术能力、加快构建泛招聘服务生态圈和扩大灵活用工及蓝领招聘市场等建议。

关键词： 网络招聘平台；商业模式；企业价值；影响机理

一、引言

随着互联网革命的深入和数字经济的全面爆发，平台经济如日中天，成为实体经济的重要助力，并深度渗透人们的日常生活。在线上打车、线上外卖、新零售、短视频等平台充分展现即时性和智能化特征并为用户提供极致体验的当下，像招聘这类低频刚需服务环节的数字化改造才刚拉开帷幕。我国有近 9 亿劳动年龄人口，超过 4 400 万家企业，在"求职难"和"招聘难"问题并存的时代，相对于其他类型的平台，网络招聘平台承担着更重大的社会责任。网络招聘平台可以看作是社会发展的晴雨表，也是连接求职者和招聘者的桥梁，其商业模式的革新和效率的提升对于人力资源的配置和个人价值的实现有着重要作用，并将对国民经济产生积极影响。本文以 BOSS 直聘平台为案例研究对象，深入解构其商业模式，探究互联网平台直聘模式对企业价值的影响及其作用机理，对于其他平台企业的管理实践有一定的参考意义。

二、BOSS 直聘商业模式分析

BOSS 直聘于 2014 年上线运营，是一个服务于 C 端求职者和 B 端用人单位的网络招聘平台，提供劳动力市场双方撮合服务，其归属的公司北京华品博睿网络技术有限公司成立于 2013 年并以 VIE 架构①进行经营。经过 8 年多的发展，目前 BOSS 直聘已成为中国最大的网络招聘平台（以平均月活跃用户数和线上招聘收入衡量），其"找工作，上 BOSS 直聘直接谈"的直聘模式已经深入人心。2021 年 6 月 11 日，BOSS 直聘登陆纳斯达克，上市首日市值接近 149 亿美元，超过同行业的猎聘和智联招聘市值之和。2022 年 12 月 22 日，BOSS 直聘以介绍方式登陆港交所主板，完成了在港股和美股的双重上市。

不同于传统网络招聘平台批量简历付费下载的低效模式，BOSS 直聘另辟蹊径，抓住了移动端普及风口和中小微企业涌现的时代红利，首创"MDD（Mobile + Data + Direcruit）"的网络直聘模式，是一个为招聘活动双方提供即时直接对接的平台。截至 2022 年 9 月 30 日，BOSS 直聘平台已经积累了 1.13 亿注册求职者和 1 840 万企业端招聘方，2021 年全年付费企业数超过了 400 万。根据张敬伟和王迎军（张敬伟和王迎军，2010）的三维度模型，本文从市场定位（包含客户定位和产品定位）、经营系统和盈利模式三个维度对于 BOSS 直聘的商业模式进行解构。上述三个维度分别描绘了 BOSS 直聘的价值主张、价值创造和传递以及价值获取方式，形成价值链条的闭环运转，在满足顾客需求的同时实现企业自身的利润和发展。

（一）市场定位

（1）客户定位分析。在企业招聘方用户定位方面，BOSS 直聘主要定位于中小企业构成的长尾市场和下沉市场。正如"BOSS 直聘"的名称所示，BOSS 在认证企业端用户中的占比超过 65%。我国经济体系内如毛细血管般的中小企业占据绝大多数，很多没有实力设置专业人力资源岗位而是由企业主直接招聘，且中小微企业和个体工商户招聘需求灵活且时效性高，平台即瞄准了这部分人群。在求职者用户定位方面，BOSS 直聘覆盖了白领、金领、蓝领和大学生全类型用户。截至 2022 年第三季度，平台积累了 1.13 亿求职者，其中白领及金

---

① 可变利益实体（Variable Interest Entities，VIEs），即"VIE 架构"，也称为"协议控制"，其本质是境内主体为在境外上市采取的一种方式。

领占比53%，蓝领占比30%，而学生占比为17%。线上白领求职者数量相对较大且具有在线求职习惯，是平台的核心用户来源。蓝领求职者和学生求职者占比都在持续增长。随着蓝领群体的年轻化和受教育程度逐渐提高，其更倾向于在移动端进行灵活求职，BOSS直聘在蓝领求职群体中的渗透率逐步提高。在平台用户年龄定位层面，BOSS直聘更受Z世代①年轻人的青睐。根据中国人民大学发布的《中国Z世代求职趋势调查报告（2021）》，在Z世代所使用过的网络招聘平台中，BOSS直聘、智联招聘和前程无忧分别以58.4%，39.1%和31.5%的使用率位列前三名。Questmobile的数据进一步显示，以2021年3月为例，BOSS直聘的使用次数为21亿次，独占鳌头，而智联招聘、前程无忧和猎聘分别为5.5亿次、4.6亿次和2亿次。上述数据交叉验证了BOSS直聘更受年轻一代的认可，由于"00后"是未来就业市场的主力军，锁定年轻用户就意味着平台能坚守住用户流量和进一步扩大未来市场份额。

（2）产品定位分析。BOSS直聘的产品体系相对较为聚焦，定位更具性价比。对于企业招聘方，BOSS直聘提供的免费服务包括发布普通职位、浏览微简历、与求职者聊天、音视频面试以及发放录用通知等，但均有一定数量限制。付费类服务包含订阅服务和增值道具，在增加职位发布、简历浏览和直聊发起数量等权利外，还提供类似游戏中的增值道具帮助企业实现岗位曝光率提升和批量沟通求职者等服务。此外，企业的VIP订阅服务内容和增值道具可根据企业需求灵活组合定制。对于个人求职者，BOSS直聘主打免费服务。求职者一般倾向于在多个招聘平台上投递岗位，较多的付费产品会使得求职者大量流失。因此BOSS直聘提供大部分免费的简历制作和岗位投递等服务，仅保留少量辅助求职者提高成功率的付费产品，主要包含提高简历的曝光度、综合评估候选人竞争力和显示BOSS活跃度等产品。

（二）经营系统

如图1所示，BOSS直聘平台搭建了一个包含个人求职者和企业招聘方的平台，其本质是连接人才和岗位的桥梁。在流量入口方面，BOSS直聘与第三方传媒机构合作，通过地铁和电梯广告滚动投放、赞助世界杯和综艺节目等营销推广活动，初步建立品牌声誉和获取大量用户流量。除了广告营销获取

---

① "Z世代"是指新时代人群，也称为"网生代""互联网世代""二次元世代""数媒土著"，通常是指1995~2009年生的一代人，目前的年龄是15~29岁。

用户流量，平台还面向Z世代年轻人构建了各类功能化的社群，包括实习群、求职群以及职场适应和技能分享为主的职场新人群。在渠道通路方面，平台抓住了移动端普及的红利，成立之初即上线"BOSS直聘"App。移动App提供类似于微信聊天的界面，方便双边用户即时对接沟通，并使招聘软件拥有了社交属性。在交互方式方面，平台首创直聘模式，减少了网络中的冗余连接，让公司负责人或业务部门直属领导在线对接候选人，一方面能够通过简单沟通预判是否有必要进行后续招聘，并能更好地交流岗位工作内容和评估求职者的能力（包括软实力和企业文化契合度等），另一方面也体现了对人才的尊重和诚意。在技术赋能方面，直聊功能的有效实现基于求职者和招聘方的精准匹配，即双方仅会对感兴趣的岗位或求职者发起聊天，因此，AI匹配技术属于BOSS直聘的关键资源能力。平台专门成立了职业科学实验室，以深度学习领域的专家薛延波为主导，着力发展AI基础设施，利用人工智能算法广泛地搜集非标化数据、分析数据以挖掘招聘双方深层次的诉求，并根据分析结果通过Feed流推送①的形式精准投放岗位和人才信息，从而减少以往传统模式下手动搜索岗位与筛选简历的时间。

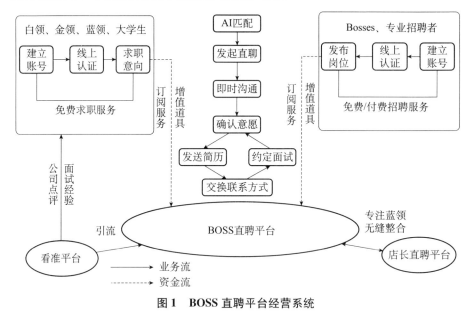

图1　BOSS直聘平台经营系统

资料来源：作者整理。

---

　　① Feed流是一个信息出口，为用户提供个性化定制的内容，只需要刷新一个动作就能与他人或者资讯建立连接。

上述直聘模式的持续健康运营基于企业端岗位的真实性和可靠性。嵌入保障用户安全的社会责任，平台的商业模式才具有可持续性；否则，平台的经营系统将会成为无根之木、无源之水，用户信任度的流失终将造成平台自身价值的毁灭。为保障求职者安全，BOSS 直聘构建了线上风控和线下审核两道安全堡垒。在线上端，一方面平台通过全面的用户验证资料和办公环境视频验证等方式实施严谨的企业准入程序，在源头端屏蔽问题企业；另一方面平台通过机器学习和决策引擎建立了专用风险识别模型实时监控企业与求职者的交互行为，及时识别、预警与打击违规违法行为。在线下端，平台于2020 年建立了一支业内首创的线下审核团队"铁壁"。审核员 365 天待命，在全国 150 个城市进行地毯式信息排查，每月约核验 10 万～15 万家公司，目的是确保平台上企业的真实性、地址的真实性和招聘活动的合规性，同时借助政府部门监管力量彻查问题企业。

除了主平台"BOSS 直聘"，母公司还构建了"看准" App 和"店长直聘" App 来补充和强化"BOSS 直聘"平台资源，以实现平台间用户相互导流并形成反哺关系。"看准"平台打造了一个求职者的交流社区，用户以分享代替付费来浏览海量信息，因此，平台积累了大量包括岗位具体职责、工作氛围、薪资待遇、培养机制以及面试具体问题等细化信息。同时，"看准"平台在每家企业界面设置了"找工作"按钮，实现将求职者引流至 BOSS 直聘，丰富了用户流量的同时也在一定程度上提升了匹配成功率。"店长直聘"平台则专注于蓝领招聘，拥有与 BOSS 直聘类似的用户界面和相同的直聊与简历投递功能，可以直接与 BOSS 直聘上的求职者互动，两个平台协同运作，进一步挖掘蓝领市场。

（三）盈利模式

盈利模式反映了企业的价值获取机制，体现为企业为顾客提供价值的同时获取收入以及相应的成本结构。从收入端来看，BOSS 直聘的收入来源极为单一，包括对企业客户的网络招聘服务收入和对个人客户的求职服务收入，并高度依赖于 B 端企业客户的付费服务。2021 年，BOSS 直聘收入达 42.59亿元，其中 42.19 亿元来自企业端客户，占比超过 99%。目前平台视求职用户为流量来源而非收入来源，更注重持续扩大用户规模和提升用户体验，商业化变现的步伐较为谨慎。积累 C 端求职者的规模和口碑，形成 C 端活跃用户的流量池，从而拉动 B 端企业付费是 BOSS 直聘目前的盈利逻辑。可以看出，平台提供服务的主体和获取收入的主体存在一定程度的错配。

三、BOSS 直聘商业模式对企业价值的影响机理分析

借鉴改进的戈登模型原理①，商业模式影响企业的资源配置逻辑和盈利驱动特征，从而决定加权平均资本成本（风险）、自由现金流量（回报）和成长性（增长），最终驱动企业价值。本文通过资源配置、盈利驱动和价值创造三个方面分析 BOSS 直聘商业模式对企业价值的影响机理。

（一）商业模式驱动资源配置的作用机理

资源配置是企业追逐利润的前提和基础。BOSS 直聘平台资源配置具体作用机理模型如图 2 所示。对于 BOSS 直聘平台而言，平台经济的行业特性和收取"连接红利"的商业模式导向决定了其天然具有轻资产运营模式的特征。在资本配置方面，出于长期发展的考量，平台主要依靠多轮股权融资来

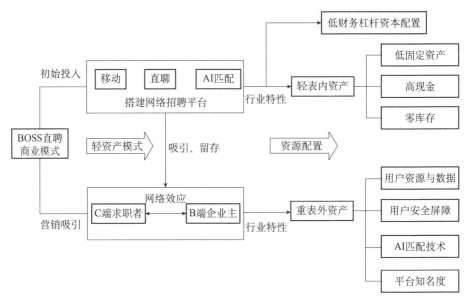

图 2 BOSS 直聘商业模式驱动资源配置的作用机理

资料来源：作者整理。

---

① 戈登模型（Gordon Model）又称为"股利贴息增长模型"，是用来计量企业价值的经典模型，原模型简洁地揭示了股票价值、基期股息估计值、贴现率以及固定增长率的关系，通过计算公司估计未来将会支付的所有股利折现至当前时点来确定股票的内在价值。

获取初始资本，同时通过 AB 股的设置保证创始人对于平台发展战略的绝对把控。在资产配置方面，轻资产战略和重用户体验的商业模式决定了平台"轻表内资产"和"重表外资产"的配置逻辑。

（1）低财务杠杆的资本配置。资本配置是各种资本的来源构成的比例关系，一般指负债和所有者权益的比例关系。资本配置的结果呈现于资产负债表的右边，反映了企业的资本来源更多依赖于债权人还是股东，从而决定了企业财务风险的高低。从表 1 中可以看出，BOSS 直聘上市后资产负债率较低，仅为 21% 左右。

表1　　　　　　　　2019～2022 年 BOSS 直聘负债和权益情况

项目	2019 年 12 月 31 日	2020 年 12 月 31 日	2021 年 12 月 31 日	2022 年 6 月 30 日
资产总额（亿元）	18.79	50.83	136.42	143.73
负债总额（亿元）	10.46	17.96	29.68	30.44
流动负债（亿元）	10.08	17.20	27.84	28.39
其中：递延收入（亿元）	6.15	12.00	19.59	20.39
非流动负债（亿元）	0.38	0.76	1.83	1.66
夹层权益总额（亿元）	24.94	55.87	—	—
股东权益总额（亿元）	-16.61	-23.00	106.74	113.67
债务资本比重（%）	55.67	35.33	21.76	21.18
权益资本比重（%）	44.33	64.67	78.24	78.82

资料来源：根据 BOSS 直聘招股书整理。

就负债而言，目前企业非流动负债占比极低，占总负债的 4%～6%，且主要来源于经营租赁负债中非流动的部分，平台无任何长期借贷。流动负债中递延收入的占比较大，2020 年起约占流动负债总额的 70%。递延收入的产生主要由于平台订阅套餐的模式通常是一次性收取现金，分期确认为收入，而大量的递延收入将反映在企业未来的营收增长上（BOSS 直聘的绝大部分递延收入在未来一年内确认为收入）。可见，企业的流动负债主要来源于提前占用客户的现金流，也侧面反映企业的现金流量充足率和可持续性较强。

就权益而言，由于 BOSS 直聘进行了七轮上市前的融资和纳斯达克 IPO，积累了大量的权益资本。根据披露的港股招股书，截至 2022 年 6 月 30 日，BOSS 直聘的权益资本比重接近 79%。低负债高权益的资本结构体现平台较受投资者的青睐，且上市后平台的融资渠道进一步畅通，同时股东资金等长期资本来源匹配于平台持续"开疆拓土"的长期资金占用需求，避免了"短贷长投"带来的资金链断裂风险。

（2）轻表内资产的资产配置。BOSS 直聘采用网络招聘平台的商业模式，初始投入主要是用于构建移动 App 等基础设施、技术研发和营销投放以及打造品牌，因此具有"轻表内、重表外"的资产配置特征。由表 2 可以看出，流动资产占总资产比重保持在 90% 以上且逐年上升，2022 年 9 月 30 日流动资产占比达 94.36%。占比极高的流动资产说明 BOSS 直聘的投资活动没有形成厂房等固定资产，而更多转化为了表外资产。同时，企业筹集的资本很大一部分留存于流动资产的货币资金中，以待未来的运营活动使用。2022 年第三季度末货币资金达到了 111 亿元，账面上充裕的货币资金说明企业的现金流量处于健康的循环状态，平台有实力开展进一步的扩张。

表 2 　　　　　　2019～2022 年 BOSS 直聘资产情况

项目	2019 年 12 月 31 日	2020 年 12 月 31 日	2021 年 12 月 31 日	2022 年 9 月 30 日
资产总额（亿元）	18.79	50.83	136.42	153.53
流动资产合计（亿元）	17.08	47.47	129.59	144.87
货币资金（亿元）	4.07	39.98	113.42	111.59
短期投资（亿元）	11.42	5.36	8.85	27.64
应收账款（亿元）	0.02	0.07	0.01	0.05
应收关联方款项（亿元）	0.38	0.41	0.07	0.10
预付款项及其他资产（亿元）	1.19	1.65	7.25	5.49
非流动资产合计（亿元）	1.71	3.36	6.83	8.66
物业资产，设备及软件（亿元）	0.72	1.91	3.69	5.51
无形资产（亿元）	0.01	0.01	0.00	0.00
资产使用权—非流动资产（亿元）	0.98	1.44	3.09	3.10
其他非流动资产（亿元）			0.04	0.04
流动资产占总资产比重（%）	90.90	93.39	94.99	94.36
非流动资产占总资产比重（%）	9.10	6.61	5.01	5.64

资料来源：根据 Wind 数据库整理。

表 3 将同时期 BOSS 直聘的资产结构与同行业的同道猎聘和前程无忧进行对比，发现 BOSS 直聘的流动资产占总资产比重明显较高，同道猎聘和前

程无忧的流动资产占比均在65%左右，且同道猎聘和前程无忧的非流动资产都包含一定比例的商誉（前程无忧还有一部分的长期投资）。三家网络招聘平台资产结构的差异主要是投资战略不同导致的，BOSS直聘的投资活动侧重于构建自有平台以优化内生生态，通过提升用户体验来实现有机增长；而同道猎聘和前程无忧则进行了更为丰富和多维的外延式扩张，以期抢占人力资源服务领域的更多赛道。

表3　　　　　　BOSS直聘、同道猎聘和前程无忧资产对比

项目	BOSS直聘	同道猎聘	前程无忧
资产总计（亿元）	153.53	49.88	175.76
流动资产合计（亿元）	144.87	32.01	115.31
其中：货币资金（亿元）	111.59	21.74	105.40
非流动资产合计（亿元）	8.66	17.87	60.45
其中：物业，厂房、设备、软件（亿元）	0.72	1.55	7.56
无形资产（亿元）	0.01	1.38	1.26
长期投资（亿元）	—	—	14.75
商誉（亿元）	—	8.56	10.36
流动资产占总资产比重（%）	94.36	64.17	65.61
非流动资产占总资产比重（%）	5.64	35.83	34.39

资料来源：根据Wind数据库整理。

（3）重表外资产的资产配置。BOSS直聘的表外资产包括用户资源与用户大数据、用户安全屏障、算法技术积累和平台知名度等，表外资产虽不列示于资产负债表，却是决定平台价值创造的"关键生产要素"（张新民和金瑛，2022）和平台核心竞争力的重要来源，确保平台在未来有能力持续获取"超额利润"。就用户资源与用户大数据而言，平台积累了大量活跃用户和用户交互数据。平台注册用户数快速增长，到2022年第三季度注册用户总数已达1.31亿人，活跃用户产生了大量互动，2022年平台月均聊天消息数达30亿条，频繁的交互产生了大量数据足迹，辅助精准刻画用户画像。就算法技术而言，平台长期的研发投入沉淀了显著的算法成果。BOSS直聘较早成立大数据团队和职业科学实验室，汇集海内外不同背景的人才进行职业科学的系统性研究，学术研究转化为工业成果，而工业数据反哺学术研究，使得平台在算法技术端逐渐构筑起护城河。在安全屏障构建方面，平台构建了线上审

核与风控系统、线下实地安全审查团队联动的机制，以持续保障用户安全。在平台知名度方面，除了通用的广告投放以提高平台影响力，为了进一步吸引 Z 世代年轻群体和营造品牌调性，BOSS 直聘推出了系列扶持 Z 世代的品牌项目。例如，平台推出名为 ReelFocus 的真实影像计划，联合海内外 50 多所高校、国内一线影视公司向年轻影视创作者征集优秀影视作品，并成立基金会扶持 Z 世代电影人，作为精准助力大学生"稳就业"项目的重要部分。

（二）商业模式影响盈利驱动的作用机理

从盈利来源角度看，商业模式就是"企业如何赚钱的故事"，其实质是企业获取利润的逻辑。图 3 详细拆解了平台的营业收入、营业成本和费用的组成和动因，更具体细致地展示了该平台商业模式影响盈利驱动的来龙去脉。

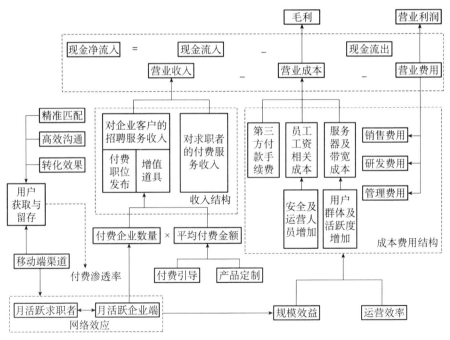

图 3　BOSS 直聘商业模式影响盈利驱动的作用机理
资料来源：作者整理。

（1）收入来源分析。互联网时代平台型企业商业模式的核心竞争力在于通过"免费"实现"付费"，即先提供免费的产品或服务吸引用户和提升用户黏性，然后利用产品衍生的价值链或增值服务来实现盈利，实现免费到增值服务收费的转变（张新民和陈德球，2020）。目前，BOSS 直聘的收入来源主要依赖于企业用户的付费职位发布和增值道具购买。图 4 将收入按企业客户购买服务方式拆分，可看出相较于单独购买，企业客户订阅套餐的金额和比例持续升高，占比从 2019 年的 62.8% 升至 2022 年前三季度的 71.3%，说明企业客户对于平台的认可度和信任度持续提升，企业用户的黏性有所提升。在用户续约率方面，2021 年平台全体客户续约率约 54%，由于小微企业的存续期普遍较短，超过五成的续约率进一步显示平台已巩固一批忠实客户。

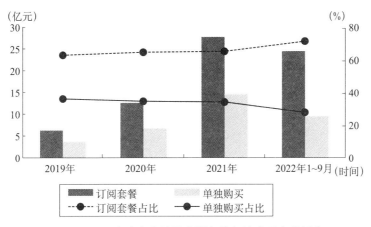

图 4　BOSS 直聘企业端用户服务收入按购买方式拆分

资料来源：根据 BOSS 直聘招股书整理。

来自企业端用户的收入增长取决于单个付费企业客户的付费金额（Average Revenue Per User，ARPU）的增长、企业端用户数的增加和企业端用户付费渗透率的增长。ARPU 体现了企业从每位客户身上获取收益的能力。由图 5 中付费企业客户 ARPU 变化可以看出，2019～2021 年，平均每个付费企业用户的付费金额从 800 元升至 1 100 元，ARPU 有所增长但并不显著，说明 BOSS 直聘目前收入增长的动因并非企业付费水平增长而主要为付费企业数量的增加，体现为"聚沙成塔"的数量驱动型收入模式。

由于付费用户 ARPU 贡献度不明显，收入增长主要决定于企业用户数的增加和用户付费渗透率的增长。BOSS 直聘将战略重心落至 C 端求职者，侧重于服务 C 端求职者以提升其求职体验，并以 C 端求职者的数量和活跃度来撬动 B 端企业用户的进驻数量。企业端用户的付费渗透率则取决于平台的招聘效率。从图 6 中可以看出，2019 年第四季度（以下简称 Q4）至 2021 年第三季度（以下简称 Q3），BOSS 直聘企业客户的付费渗透率从 18.46% 升至

25.48%，2022 年由于暂停新用户注册和宏观经济影响企业招聘预算，付费渗透率有所回落。对于中小企业而言，招聘预算有限的特点使其倾向于为最具效率的招聘平台付费，即单个企业端用户的招聘预算会逐渐向效率最高的招聘平台迁移，BOSS 直聘商业模式中的"移动""直聊""AI 智能匹配"等属性大大提高了公司在这方面的竞争优势。

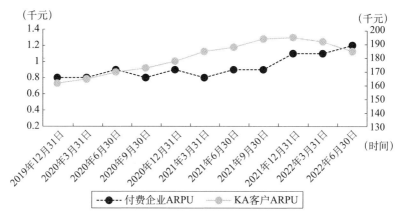

图 5　2019～2022 年 BOSS 直聘付费企业 ARPU 及 KA 客户 ARPU
资料来源：根据 BOSS 直聘招股书整理。

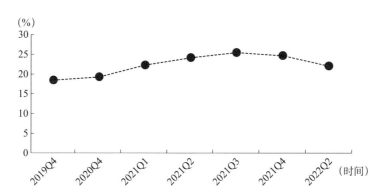

图 6　2019～2022 年 BOSS 直聘企业用户付费渗透率
资料来源：根据 BOSS 直聘招股书整理。

（2）成本结构分析。BOSS 成本结构主要包括 BOSS 直聘的营业成本和营业费用结构。表 4 展示了 BOSS 直聘的营业成本结构与明细。从成本端来看，BOSS 直聘的营业成本相对营业收入较低，导致毛利较高，2019～2021 年毛利率保持在 86%～88%。BOSS 直聘的营业成本主要由第三方付款手续费工资及其他雇员相关费用、服务器与带宽服务成本和折旧摊销组成。

表 4   **BOSS 直聘 2019～2021 年营业成本及毛利率**

项目	2019 年		2020 年		2021 年	
	金额（万元）	占收入比例（%）	金额（万元）	占收入比例（%）	金额（万元）	占收入比例（%）
第三方付款手续费	5 606.9	5.6	9 634.7	5.0	20 688.2	4.9
工资及其他雇员相关费用	3 146.0	3.2	5 215.2	2.7	17 186.8	4.0
服务器与带宽服务成本	2 160.0	2.2	3 789.4	1.9	6 946.6	1.6
折旧、摊销	599.3	0.6	2 163.1	1.1	4 580.9	1.1
其他	2 269.0	2.2	3 218.7	1.7	6 062.3	1.4
毛利率（%）	86.20		87.65		86.98	

资料来源：根据 BOSS 直聘招股书整理。

从费用端来看，费用支出较大导致 BOSS 直聘一直处于亏损状态，直至 2021 年第三季度净利润转正。BOSS 直聘的营业费用主要由销售及营销费用、研发费用和行政管理费用组成。对于营销费用的投放，大量销售费用的投放是构建平台知名度和拉新获客的基础。如图 7 所示，2019 年，BOSS 直聘销售费用达 9.17 亿元，占营业收入的比重为 91.79%；2021 年销售费用 19.43 亿元，占营业收入的比重降至 45.62%。2021 年销售费用率大幅下降主要是由于暂停新用户注册期间平台降低了营销投放来控制成本。2022 年 6 月平台恢复正常运营，营销投放又逐渐回升，2022 年前三季度销售费用率回升至 52.8%，平台处于上升期的状态使得其需要持续投入营销费用来实现知名度的迅速提升和用户心智的占领，其他招聘平台的销售费用率与 BOSS 相比不算激进，除了营销策略的差异，这也与平台的运营时间较久、已积累一定的用户群体和品牌声誉有关。在投放效果方面，平台的营销效率持续升高。2018 年世界杯期间，BOSS 直聘投入约 1 亿元的广告费用，有效覆盖其目标客群，极大地拉升了其品牌曝光度；2019 年春节期间，平台再次进行广告刷屏。两次高举高打的投放效果显著，在此期间平台单季净增用户数分别为 151 万和 241 万。除了单次集中性的大规模投放，BOSS 直聘持续在楼宇电梯和公共交通投放广告，吸引更多求职者，月活跃用户持续攀升。2018～2022 年月活跃用户的年复合增长率达 82.8%，说明除了营销转化，平台也已经进入了用户口碑传播的裂变阶段。

对于研发费用的投放，大比例研发费用的支出为平台构筑算法技术的竞争壁垒，决定了平台的核心竞争力的可持续性。如图8所示，2019年，BOSS直聘研发支出3.26亿元，研发费用率32.63%；2022年中报显示，BOSS直聘研发支出已经达到5.98亿元，研发费用率26.58%。而同道猎聘研发费用率基本在12%~13%，前程无忧甚至未披露研发费用，可见其占比极小。与同行业相比，BOSS直聘的研发费用率显著较高，甚至高于互联网公司的平均研发费用率，这是因为网络招聘行业相较于其他行业对于人工智能算法匹配技术的要求更高，网络招聘平台的智能推荐则基于"人"与"人"的匹配，存在供给方（提供岗位的招聘方）和需求方（求职者）的动态、双向选择过程，"人"相对于"物"的非标性以及双边用户需求的模糊性和偏好的不确定性决定了匹配算法的难度。AI匹配算法的开发难度和招聘行业刚需低频、难以沉淀用户数据资产的特点使得平台需要长周期性地在人工智能和大数据等前沿领域投入研发费用，以积累研发成果。而算法领域的研发投入相较于营销投入带来的长期效益更为显著，研发成果带来的平台匹配精准度提升和运营效率提高，能够持续深化平台的护城河，为平台吸引更多用户和提高用户的忠诚度。

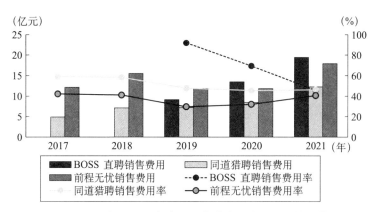

图7 2019~2021年BOSS直聘、同道猎聘和前程无忧销售费用比较
资料来源：根据Wind数据库整理。

轻资产运营主要作用于企业竞争力中的营销能力和研发能力以影响企业的价值（周泽将、邹冰清和李鼎，2020），因此，以上相关营销和研发费用的合理投放是推动BOSS直聘构建核心竞争力和取得持续收入增长的重要因素。除了营销和研发费用以外，对于行政管理费用的投放，公司较高的股权激励费用导致行政管理费用较高，其股权激励费用分配如表5所示。2014年

3月~2021年6月，公司共计向执行高管发放了1 987.9万股的期权奖励，行权价格为每股0.63~1.99美元；陆续向除董事、执行高管以外的顾问和员工发放了共计1.2亿股A类普通股的期权，平均行权价为每股1.88美元。而BOSS直聘在纳斯达克上市首日收盘价达到37.2美元，可见企业的股权激励力度之大。持续性和力度较大的股权激励计划目的是锁定核心人才，尤其侧重于把控平台核心战略的高管层和进行核心技术研发的研发人员。

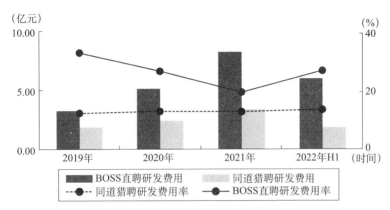

图8 2019~2021年BOSS直聘与同道猎聘研发费用比较

资料来源：根据Wind数据库整理。

表5　　BOSS直聘2019~2022年股权激励费用及分配方式

项目	2019年	2020年	2021年	2022年H1
股权激励费用：				
营业成本（万元）	94.4	192.0	3 146.7	1 611.3
销售及营销费用（万元）	844.3	2 147.3	7 373.3	6 381.7
研发费用（万元）	1 359.5	3 088.3	13 782.0	11 511.7
一般及行政费用（万元）	1 126.8	60 296.0	168 062.6	8 799.9
总计（万元）	3 425.0	65 723.6	192 364.6	28 304.6
占营业收入比重（%）	3.4	33.8	45.2	12.6

资料来源：根据BOSS直聘招股书整理。

　　（3）定价机制分析。平台商业模式决定了其定价机制很大程度上取决于竞争，基于供求关系变化的动态定价机制能够更有效地实现连接红利（欧阳日辉和龚伟，2022）。BOSS直聘也通过灵活的定价机制平衡招聘生态系统的供需关系。根据平台算法系统监测，若某职位供过于求，平台将向企业用户收取发布此类职位的费用，同时与此类求职者畅聊的产品定价也更高，从而降低此类招聘需求较低的企业的职位发布，减少了求职者收到低质量职位的可能性，使得求职者能与需求更强烈的企业进行对接，而相对一些比较冷门的岗位，平台报价较低甚至可以免费发布。除了动态定价调节岗位供需平衡，BOSS 直聘平台整体定价较其他平台较低，有利于平台容纳更多的企业，企业数量和类型多，使得规模效应显著，平台内部生态更稳定且抗风险能力更强。

（三）商业模式实现价值创造的作用机理

创造和实现企业价值是商业模式设计的最终目的。在持续经营条件下，企业的内在价值是企业长期财富创造能力的体现，也是企业的发展前景、竞争优势、盈利能力和组织韧性等多方面的综合评价。根据改进的戈登模型原理，企业价值取决于自由现金流量、加权平均资本成本和成长性。因此，借鉴戈登模型中企业价值驱动因素的界定，可以定性地分析商业模式影响企业价值的作用机理。图 9 根据前面的分析总结了 BOSS 直聘平台的商业模式对

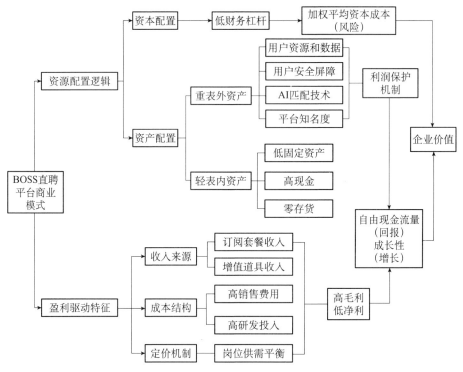

图 9　BOSS 直聘商业模式对企业价值的影响机理

资料来源：作者整理。

企业价值的影响机理。可见，平台的商业模式决定了资源配置逻辑和盈利驱动特征，表外资产配置形成企业的利润保护机制，而盈利驱动影响企业的利润获取和未来利润的实现。进一步，资本配置影响加权平均资本成本，资产配置与盈利驱动共同影响自由现金流量和成长性，最终传导影响至风险、回报和增长层面，进而驱动企业的内在价值。

（1）风险层面分析。在资本配置维度，BOSS 直聘主要依赖于股权融资，低财务杠杆的属性使得其债务资本成本较低而权益资本成本较高。债务资本成本和权益资本成本一同决定企业的加权平均资本成本，该参数反映了企业的风险维度，作为计算企业价值的折现率而对企业价值施加负向影响。尽管目前平台的财务风险较低，但其存在营收单一、数据安全和市场竞争等方面不容忽视的经营风险。

首先，营收单一的风险。BOSS 直聘的收入依赖于来自企业端招聘方尤其是中小企业的招聘服务收入，尚未构建起可作为营收中流砥柱的泛招聘服务生态圈。同时，中小企业也普遍存在抗风险能力较弱的问题，导致付费能力存在较大的不确定性。其次，数据安全的风险。尽管 BOSS 直聘相较于其他平台已构筑起较完善的安全屏障，但仍存在着公司审核机制的漏洞，双边用户动态行为的不可控性使得其难以避免不合规招聘活动的发生。最后，市场竞争的风险。作为面向全行业的综合性招聘平台，BOSS 直聘面临着更多的竞争者。在白领人群方面，传统老牌招聘平台如智联招聘和前程无忧主要面向大众白领，虽然由于模式较为落后和技术创新不足而遭遇增长困境，但其仍具有长期积累的品牌声誉和用户基数。在蓝领人群方面，蓝领招聘市场的增量潜力使得各类型平台抢夺蛋糕。58 同城原先就聚集了大量蓝领求职者，2022 年 1 月更推出了专注于蓝领招聘的"赶集直招"，旨在进一步开发蓝领市场。同年，快手上线了"快招工"，以直播招聘方式切入蓝领赛道，求职者用手机号即可快速投递。由于快手平台的用户画像与蓝领求职者具有一定的重合度，平台快速吸引了大量蓝领用户，2022 年第一季度"快招工"MAU已超 1 亿人。可见，BOSS 直聘面临着存量平台的激烈竞争和其他平台的跨界竞争，其未来是否能通过技术升级实现平台效率的突破和用户体验的飞跃，决定了企业价值的"天花板"。

（2）回报层面分析。利润是企业最重要的自由现金流量来源，平台的利润决定了其为投资者带来的回报丰厚程度。上市之初的 BOSS 直聘经历了连续亏损，处于牺牲利润换取高速增长的阶段，亏损的会计业绩却并未妨碍企业享受较高的市值。因此回报因素不是平台价值目前的主要驱动力，但其盈利水平也在逐渐改善。

如图10所示，从净利润来看，招聘行业存在"金三银四""金九银十"的高峰期，因此，BOSS直聘销售费用的投放也存在季度性特征，导致其季度性净利润波动较大，且上市前后均属于亏损状态；而同道猎聘服务于中高端人才，受招聘周期影响小，因此，净利润波动相对较小。同时BOSS直聘一次性提取的股权激励费用也使得季度性净利润骤降，若将股权激励费用剔除，其经调整净利润2021年6月就已转正，2021年全年的经调整净利润约为8.52亿元，经调整净利润率20.21%；同年同道猎聘的净利润为1.34亿元，净利润率仅为5.05%。从剔除股权激励费用的维度来看，尽管两者都有大量营销投放，但BOSS直聘的盈利能力优于同道猎聘。进入2022年以来，BOSS开始优化费用投放，2022年前三季度实现净利润3.07亿元，已经超过了同道猎聘的同期水平。

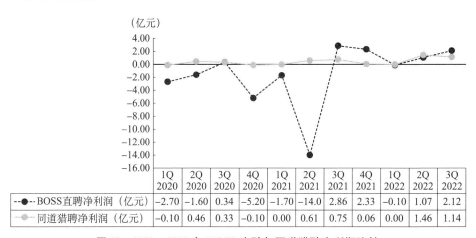

图 10　2020～2022 年 BOSS 直聘与同道猎聘净利润比较

资料来源：根据 Wind 数据库整理。

经营活动现金流量是平台现金的主要来源之一，有效地体现了企业利润的含金量，从2020年第三季度起其季度性经营活动现金流即转正，且持续保持正向运转，2020年、2021年和2022年前三季度，公司经营活动产生的现金流量净额分别为3.96亿元、16.41亿元和8.48亿元，显示其具有较强的变现能力和自我造血能力。另外，从图11总资产收益率可以看出，由于BOSS直聘处于平台发展期，尚未实现较为稳定的盈利，因此总资产收益率低于同道猎聘，但呈现逐渐上升的趋势，2022 年 1 ~ 9 月，BOSS 直聘的总资产收益率达 2.01%，同道猎聘则为 5.29%。

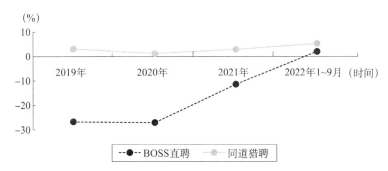

图 11 2019 ~ 2022 年 BOSS 直聘与同道猎聘总资产收益率比较
资料来源：根据 Wind 数据库整理。

（3）增长层面分析。高速增长是目前 BOSS 直聘平台价值的最主要驱动力，也是市场给予平台高估值的主要原因之一。从图 12 可见，BOSS 直聘营业收入的体量和增长速度都显著优于同道猎聘。得益于小微企业数量快速增长和 Z 世代的崛起、平台"地毯式"营销策略叠加智能匹配的良好招聘体验，2020 ~ 2021 年 BOSS 直聘的营业收入快速增长，连续四个季度同比增长率超过 100%，呈现爆发式增长的态势，而后增速逐渐放缓。营收增长的同

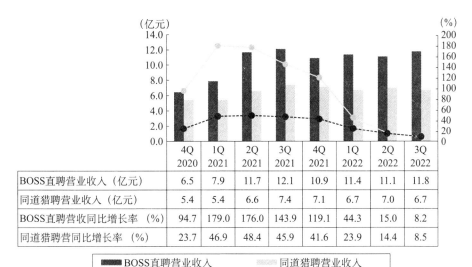

图 12 2020 ~ 2022 年 BOSS 直聘与同道猎聘营业收入及同比增长率比较
资料来源：根据 Wind 数据库整理。

时，平台的用户流量也持续攀升，平台积蓄的用户流量池为未来多元化的变现渠道奠定基础。经济大环境逐渐复苏、网络招聘渗透率持续提升、安全审查通过以及完成双重上市为平台未来增长营造了良好土壤。同时，随着算法技术的持续投入，产品体验的提升和双边网络效应的助力，平台存量用户的活跃度提升且增量用户规模不断扩大，为企业带来了收入水平和盈利能力的增长空间，驱动企业实现价值增值。值得注意的是，快速的"跑马圈地"为BOSS直聘带来了上市初期的亮眼估值，但其增长速度已出现明显放缓的趋势，未来基于正向回报的适度增长才能为企业带来持续性的价值增值。

四、结论

本文深入剖析了以 BOSS 直聘为代表的网络招聘平台商业模式对企业价值的影响及机理，探究了该平台商业模式的要素构成及特点和商业模式对企业价值的具体作用机理。主要得出的结论如下：在商业模式构成及特点方面，BOSS 直聘平台商业模式通过精准定位中小微企业招聘方和全类型求职者并利用精巧的营销投放实现用户获取；通过"人—岗"AI 智能匹配、移动端实时直聊和主管直聘来优化用户体验和提升招聘效率，从而实现用户激活与留存；最终通过多元灵活的招聘服务收费实现用户变现。在商业模式对企业价值的影响机理方面，从资源配置看，BOSS 直聘商业模式决定了低财务杠杆的资本配置和"轻表内、重表外"的资产配置，用户资源与大数据、算法技术、安全屏障和品牌声誉等表外资产是决定该平台价值创造的关键生产要素，并形成企业的利润保护机制；从盈利驱动看，平台通过招聘增值服务实现用户变现，高举高打的营销投放和大规模的研发投入是平台吸引并留存用户的关键，大量活跃用户、较高的招聘效率与较好的招聘效果持续提升企业用户的付费意愿与用户黏性。目前，用户规模、活跃度和营收体量的高速增长是企业价值的主要驱动力，同时企业的回报性也在逐渐优化，基于正向回报的良性增长才能实现持续性的企业价值增值。

综上所述，本文提出以下建议：第一，BOSS 直聘应当持续增强以数据和算法为核心的技术能力，筑牢安全屏障，持续加大技术领域研发投入以改善用户体验和匹配效率，破除未来用户增长空间的瓶颈；第二，加快构建人力资源服务"生态圈"，实现多元化收入，在精耕主业在线招聘的基础上，以数据为纽带，加快整合包括测评、人力管理、在线培训行业资源，以招聘平台为流量池,将用户引向不同领域的服务圈,实现多元化的变现渠道;第三,探索灵活用工和蓝领招聘市场,抢占增量市场,提升大型工厂如富士康、比亚迪等大企业的进驻率,以"工厂直招"的形式直接连接工厂端和蓝领端,同时利用长久积累的安全审查机制对于制造业工厂进行严格审核,解决蓝领招聘市场"黑中介"的积弊;第四,拓展高等院校学生市场,除了目前的广告投放外,还可以深入到高等院校进行营销拓展,实地访谈大学生最新的就业动向和就业偏好,并通过宣讲会、交流会等方式进行实地推广,缓解大学生就业困难,进一步提高企业的社会责任承担水平。

参考文献

[1] 欧阳日辉,龚伟. 基于价值和市场评价贡献的数据要素定价机制 [J]. 改革,2022(3):39-54.

[2] 张敬伟,王迎军. 基于价值三角形逻辑的商业模式概念模型研究 [J]. 外国经济与管理,2010,32(6):1-8.

[3] 张新民,陈德球. 移动互联网时代企业商业模式、价值共创与治理风险——基于瑞幸咖啡财务造假的案例分析 [J]. 管理世界,2020,36(5):74-86+11.

[4] 张新民,金瑛. 资产负债表重构:基于数字经济时代企业行为的研究 [J]. 管理世界,2022,38(9):157-175+207+176.

[5] 周泽将,邹冰清,李鼎. 轻资产运营与企业价值:竞争力的角色 [J]. 中央财经大学学报,2020(3):101-117.

(本文原载《财会通讯》2024 年第 10 期,
作者:刘运国、金淞宇、范锶丹)

互联网遇上汽车制造：小鹏汽车的
财务职能嬗变与挑战

摘要：当新造车势力带着互联网的基因进入传统汽车行业时，汽车产业从投资、研发、制造、销售到用户消费都发生了深刻的变革。这些变革深刻影响着汽车企业的盈利模式、组织结构，更要求财务的重心、职能以及组织结构保持动态的开放性和变革调整。本文以新兴的互联网汽车公司小鹏汽车财务职能的演变为分析对象，探讨了互联网营运模式主导下的制造业如何变革和调整财务组织及其功能，探索传统汽车制造财务变革的"互联网+"模式。

关键词：互联网；汽车制造；财务职能

一、成长的烦恼：一场不期而至的风暴

2019年7月10日，2020款小鹏G3正式发布。该款车型在电池容量、续航等产品性能上进行了大幅度提升，对于潜在的消费者或者意向购买者来说，无疑是一个极大的好消息。然而，这一消息却导致了大量刚刚购买旧款车型车主的不满，引发一场舆论的风暴。最终，小鹏汽车出台二选一的补偿方案以安抚旧车主。在这一事件中，小鹏汽车在合约上并无过错，但其引起的声誉与财务后果却是公司绝不愿意看到的。小鹏汽车的这一"成长的烦恼"其实并非个例，而是所有造车新势力乃至正在转型的传统燃油车都可能面临的矛盾。

借助互联网、大数据、云计算、人工智能等新技术的发展，包括小鹏、威马、蔚来等造车新势力正从产品研发、制造、销售、使用以致企业文化等方面重塑汽车行业。一款传统汽车车型的换代周期一般为3~5年，多在外观及配置方面作更新升级，而在发动机、变速箱、底盘等核心部件方面不会出现重大变革。相比传统汽车，新的带有浓厚互联网基因的汽车更像是一个数

码产品，其升级换代速度逐渐比肩手机、电脑等产品，这种全新的升级模式挑战着消费者传统的汽车换代思想。快速升级迭代意味着汽车一旦进入市场就面临较高的贬值风险，然而，由于汽车本身价值较高，大部分的车主无法承受不断更换产品的成本，这使得汽车仍然保持耐用消费品的特征，而无法成为快消品。因此，在互联网将快节奏带入传统慢节奏的汽车市场过程中，无论是消费者还是生产厂商，都面临一定的不适。一方面，老用户希望自己所拥有的产品没那么快被淘汰；另一方面，新用户又对产品有着更高要求。在产品不断升级过程中，如何平衡产品的更新与老用户的价值感知，就成了未来汽车市场的重中之重。

在这一风波中，作为造车新势力的小鹏汽车，急需提升市场销量，扩大品牌的影响力，加速产品迭代更新本无可厚非，然而对于刚刚体验新车的老用户而言，内心的失落也可想而知。上述矛盾反映了互联网与汽车制造相碰撞过程中产生的新问题，这些问题在新造车势力的快速发展过程中可能还会频频遇到。新问题呼唤新的思维和新的组织形式。传统造车企业追求成本最低化、质量最优化，组织稳定，流程固化。在互联网融入汽车制造后，产品跨界竞争、用户需求多变、产品快速迭代，传统汽车企业的重资产经营模式呈现出组织臃肿、层级复杂、反应迟缓等问题。而纯粹互联网企业的快速创新与迭代在产品制造、质量管控、售后服务等约束下不得不放慢自己的步伐，其重于运营的组织形态如何适应汽车这一产品的特性，也是一个需要探索的新课题。充满挑战的经营环境更需要财务的支持，为"最大化利用企业资源、经营数据和财务管控手段，提升公司风险管控能力"，小鹏汽车财务在其短暂的发展历史中进行了积极探索与快速迭代，努力实现从被动型财务向主动型财务转变。

二、发展：小鹏汽车初长成

小鹏汽车在2014年成立于广州，以"通过智能制造创造更美好的出行生活"为使命，致力于打造年轻人喜爱的互联网新能源汽车。面对潜在的客户，小鹏汽车以"自动驾驶"和"智能网联"作为产品差异化竞争的核心，目标是成为智能汽车的领导者。

小鹏汽车的主要创始人均来自国内知名的整车企业以及互联网公司，拥有从事新能源汽车、汽车智能化、互联网产品研发管理等工作经验。公司在成立之初便取得了包括阿里巴巴、YY 等众多互联网公司高管的数百万美元的天使投资；2016 年 3 月，公司完成数千万美元的 A 轮融资；2017 年 6 月，公司获得神州优车产业基金领投的 22 亿战略投资；2018 年 1 月、8 月先后完成总额超过 60 亿元的 B、B＋轮融资，获得阿里巴巴、IDG、春华资本、晨兴资本等的联合领投。

在公司成立后的短短 3 年时间里，小鹏汽车公司完成了以电机、电池、电控为核心的纯电驱动系统及以大屏为核心的智能系统（即"三电一屏"）开发，完成了整车造型设计及研发。在 SUV 备受青睐的市场环境下，小鹏汽车首先打造的是一款通过科技、时尚、酷炫满足年轻用户个性化需求，价格相对较低的电动 SUV。2017 年 10 月，公司第一款量产车下线；2018 年 12 月，发布并交付面向市场的量产车型 G3。2019 年上半年，小鹏 G3 以总销量 9 596 辆的成绩排在造车新势力销量排行榜前列。

秉持互联网的开放精神与迭代思维，小鹏汽车在造型设计的早期，引进粉丝参与项目方案的评审、意见的甄选以及方案确定等环节。在开发过程中，对软硬件进行快速迭代，通过模块化设计，使产品即使在到达消费者手中后依旧能够继续快速升级，并结合消费者的驾驶习惯不断学习升级。在生产制造方面，采取代工、生产两步走的策略。公司首先与制造经验丰富的海马汽车合作，采用代工模式生产第一款产品，既保证了产品的交付质量，也有利于尽快将产品推向市场。同时，公司在肇庆的智能制造基地也将于 2019 年底完工，用于新的轿跑车型的生产。

为了将产品顺利推向市场，小鹏汽车基于智能汽车的生态进行了销售模式的创新。公司一方面将传统 4S 店分拆为两个 2S 店，在核心商圈等用户触达率较高的场景开设聚焦体验和销售的 2S 店，即体验中心，而聚焦交付、售后的服务中心根据城市用户容量及区域做集成分布，以减轻传统 4S 店重资产经营的负荷；另一方面，采用线上电商和线下触点同步构建直营、授权相结合的经营模式，实现售价统一、销售流程一致、服务标准一致的服务体系，保障用户体验。

伴随产品的批量交付，小鹏汽车的用户服务也在体系化建设之中。小鹏汽车从用户视角出发，通过链接用户选车、买车、提车、用车、养车的各个场景，将用户需求及时转化到小鹏汽车的产品和服务优化中，提升产品全生命周期的用户体验。同时，公司于 2019 年 6 月以"有鹏出行"的品牌正式进入网约车市场，尝试通过这种新的运营模式迅速扩大自己的市场份额、品牌影响力，为产品、生态系统的迭代开发提供更多的数据与经验。

三、传统汽车遇上互联网：产业变革与财务职能大碰撞

当新造车势力带着互联网的基因进入传统汽车行业时，汽车产业从投资、研发、制造、销售到用户使用都发生了深刻的变革。这些变革不仅影响着汽车企业的盈利模式、组织结构，而且要求财务的重心、职能以及组织结构进行适应性调整。

首先，互联网汽车的投资门槛被大大降低。传统汽车产业呈现典型的重资产特性，生产环节的资产投入巨大。为了避免重复投资、建设或利用闲置的产能，未来的产业政策可能允许新的汽车企业走 IT 化生产路线，即拥有品牌、技术及设计，而将重资产的制造用代工的方式实现，这既有利于发挥新造车势力自身的优势，又可以解决传统企业转型过程中面临的产能过剩问题。相应地，汽车行业财务关注的重点将从传统的制造环节转向前端的研发与后端的销售、服务。

其次，从产品研发维度看，汽车正逐步由带有电子功能的机械产品向带有机械功能的电子产品转变。在此过程中，汽车产品成本构成中硬件和软件的比例将发生显著变化，软件的成本比重逐渐上升。一般而言，硬件通过换代升级才能实现技术进步，升级的研发成本不一定能带来产品价格的上升，但硬件的改进或配置的增加却可能带来供应链成本的上升。同时，硬件的研发投入必须通过升级后的车型销售来实现，对于盈亏平衡点销售量的追求决定了传统汽车的更新换代无法快速进行。软件则可以通过迭代开发，实现产品的不断完善和技术的升级进步，有利于新车型的快速推出，已经销售的旧车型也可以通过"空中下载"（OTA）技术进行在线升级。产品生命周期的缩短以及成本投入向前后端的转移使得产品收入、成本呈现代际叠加的模式，传统的研发项目评估变得不合时宜。

再次，在制造方面，大规模、同质化的标准生产模式将向大规模、定制化的智能生产模式转变，以有效兼顾成本和用户个性化需求。灵活制造使得生产环节需要分配的制造费用大量上升，而直接费用比重下降。借助于制造企业生产过程执行管理系统（MES），实现成本分配动因等信息的自动抓取，将是智能制造环境下提升成本核算准确性的必要手段。另外，传统汽车企业

在产品的生命周期内制造阶段的成本通常保持比较稳定的水平，在新的行业环境下，软件升级对汽车制造及其成本的影响相对较小，电池、电子元器件等硬件成本则呈现下降的趋势，比如，占据电动车制造成本约 1/4 ~ 1/3 的电池成本，随着规模与技术进步的效应，已经大大降低。汽车的快速迭代伴随着价格的下降很可能成为一种正常现象，正如第一部分所展示的，在这一过程中如何通过合理的定价平衡企业的成本水平变化、市场份额追求、旧用户的心理感受，是财务需要配合营销部门的重要任务。

最后，传统汽车企业盈利主要来自产品销售的一次性收入，汽车一旦交付，除了部分的零配件销售收入，客户不再为公司带来进一步的收入。互联网汽车企业基于新的营运模式及其互联网的属性，在充电、电池更换、平台数据等方面拥有更多收入变现的可能性。比如互联网汽车通常都伴随着一个强大的 App 平台，这个平台产生的下载收入，互联网汽车公司可以和 App 运营商通过分成共享，而且汽车销售量越大，这个分成的潜在收入越大，这也是小鹏汽车希望以低价尽快扩大销量的重要原因。在销售渠道上，传统企业依赖于 4S 店等代理商，甚至通过向其压货等方式来转移自己的销售压力，企业缺乏对市场一手信息的掌握。新造车势力借助一体化的信息系统，打通从制造到销售终端的信息系统，代理商只需要负责卖车推广与顾客服务，订单制造与产品交付由公司完成。在这种情况下，下游的市场信息反馈更为适时，由于完全由客户订单驱动生产、采购，就避免了存货的大量积压，但为了保证生产的平稳进行，也同时要求更为准确及时的销售预测，对企业的财务工作提出了更高的要求。

总言之，互联网技术在汽车行业的应用，将把汽车行业的核心竞争力，从传统的产品制造转向全生态链发展与数据的挖掘，价值的增加贯穿汽车设计研发、采购物流、生产制造、销售及售后服务的各个环节。传统上仅仅关注产品在制造阶段的成本控制是远远不够的，更需要从产品、顾客的生命周期角度去分析。目标成本管理等成熟的管理会计方法在价格、成本等方面也需要从整个价值链的角度去界定。

汽车产业的变革需要提高内部和外部的竞争力，财务职能的转变，将是新造车势力提升竞争力的重要内部因素之一。传统汽车企业的财务工作过多地关注企业内部，强调会计的管控职能（车型开发及其升级换代的项目管控、制造阶段的成本管控、费用管控等），而缺乏决策、业务支持的职能

（周亚娜，2005）。作为新造车势力，互联网汽车企业必须快速应对包括竞争对手、用户、技术发展乃至宏观经济等在内的变化，产品面临更快的迭代需求，财务作为业务的服务部门，不得不为企业提供更迅捷的支持。为实现这一目标，需要配合汽车企业组织架构的调整进行财务职能的重构（赵福全、刘宗巍和赵世佳，2017）。

传统汽车企业通常采用"金字塔"模式，层次多、分工精细，研发、设计、制造、销售都是各自独立。财务控制是一种以纵向层级为主的职能控制，财务、信息与业务一体化的程度不高，财务与业务之间未完全贯通，缺乏统一的语言，从交易开始到最终核算的全过程无法通过基础数据清楚呈现。所提供的财务信息无法反映外部环境的变化，不能有效支持企业战略的实施。互联网汽车企业开始大量融合 IT 企业的一些组织模式，比如其智能化及相关软硬件等往往以自主研发为主，真正拥有整合性的升级能力，并逐步建立端到端的闭环流程（赵福全等，2018）。借助于业务闭环与信息系统的整合，企业的财务管理活动可以深入到产品设计、研发、采购、生产、销售、售后服务等各项活动中去，形成财务业务的一体化，更有效地服务于价值创造。

四、小鹏汽车的财务职能演变

（一）职能模块演变

伴随着业务的发展，小鹏汽车的财务经历了人员与职能的快速扩充。2017 年之前，由于公司处于起步阶段，仅进行研发，财务部主要负责完成费用的核算与简单报表的编制；2018 年初开始增加对接运营职能，从 2018 年底开始，随着生产产能的爬坡和汽车的交付，销售渠道的铺开，新的生产基地的建设，对于企业的财务组织能力提出了更高的要求。公司参照典型的互联网公司，同时结合制造企业特点设置了如图 1 所示的财务架构，概括来说，财务部划分为以下三个职能模块。

1. 前台

财务部前台主要与研发、制造、销售以及各项新增业务线（例如融资租赁、充电桩、移动出行）对接，一方面扮演着业务合作伙伴（BP）的角色，为业务提供与财务相关的支持、参与制度流程制定、对业务进行监督及分析业务发生的合理性等；另一方面负责制造、门店的账务处理。

2. 中台

财务部中台承担的职能包括总账、收付款、成本费用管控、资金资产管理、财务信息化建设等。

3. 后台

财务部后台主要扮演战略财务的角色：对内对外提供会计报表、进行财务分析、编制预算、投融资支持、制定财务流程制度、对接审计等，同时负责税务与新能源的国家、地方补贴等相关事宜。

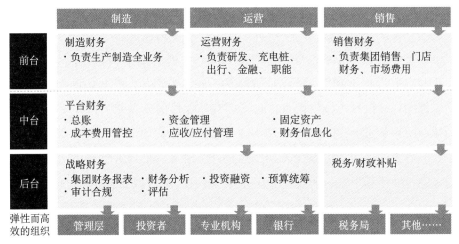

图1　小鹏汽车财务组织架构

（二）职能模块演变特征

在上述架构下，财务部门基本按照前台、中台、后台各自负责的职能开展工作。在有特定项目时，从各职能模块抽调人手组成虚拟项目组负责项目工作。这一架构自2018年底开始运行后，其作用的发挥虽然还远远谈不上完善，但已体现出以下三个方面的特点，并在不断地优化之中。

（1）强化主动型财务，实现财务对业务发展的全面支撑。前台财务积极参与到业务活动的方方面面，把专业的财务技能应用于业务问题的解决，并以业务语言传递给各级管理者，辅助后者决策。同时，更为深刻的业务了解有利于财务有效地参与业务流程的完善，把风险防范渗透到一线业务的各个环节，在每天的日常工作中管控好风险，降低后台的管控压力。

这里我们用一个案例来简要地展示这一点对于小鹏汽车等创新创业企业尤为重要的意义。

对于整车企业来说，工厂试车道是必备的质量检验配置，它主要是通过测试车辆的操纵性、稳定性、平顺性、轮胎附着特性、转向性能及行驶过程中有无异响、跑偏等现象来检验车辆装配质量，预防装配不合格车辆出厂。公司质量部门希望这个试车道能够做到各种路面齐全，技术达到行业的最优水平，而且可以在不进行大的维修情况下运行较长的时间。根据这一项目的目标要求，质量部门初步确定了一个预算，金额与行业水平基本持平。从质量部门来说，这已经是一个非常好的结果，同样投入做到了更强的功能、更好的品质。前台财务人员密切参与试车道的设计与预算制定，不断和质量部门进行沟通，在加深对试车道项目技术理解的同时，结合公司发展阶段与产品定位进行预算再分析。比如，根据初步设计，项目的设计使用寿命为20年，但为了实现这一目标，可能需要大幅度增加结构层厚度、采用更好的路面材料，从而导致成本的大幅度增加。对于初创企业来说，这一投入是必要的吗？由于新车产量在未来几年呈现一个逐渐上升的趋势，是否可以先按一个较低的测试量进行投入，在N年之后，当企业销售上到一个更高的水平，再进行升级改造？虽然按照传统的NPV模型进行测算，后一投入模式可能更不经济，但通过分阶段投入的方式，公司节省了宝贵的创业资金，争取了更大的试错空间。N年之后，当公司销售规模与收入都上去以后，公司的现金流就可以支撑进一步的投资。另外，特种路面为试车道的重要组成部分，其施工工艺复杂，施工难度大，施工质量及精度要求高，相应成本投入也比较大。财务部门建议，对于使用频率特别低的路面类型可以考虑先不建设，而在偶尔需要时采用外包的方式解决。最终，经过双方的讨论，试车道的总投入降低了一半。

财务在上述项目建设中之所以能发挥如此重大的作用，是因为财务人员以业务合作伙伴的身份伴随在项目的两侧，对于项目的技术细节有比较深入的了解，在预算控制的过程中，可以提出针对性的解决方案，既满足了质量部门的技术需求，又实现了财务上的有效控制。

上述案例也反映，在创业企业强烈的资金约束条件下，业务部门更需要财务管控的提早介入，业务财务的作用更为明显。创新创业企业的特点也要求财务在相关的分析中体现这些企业的特点，比如试车道项目测算中，不同于一般净现值（NPV）模型的核心假设是，项目不同期间的现金流折现率不一样，对于创业企业来说，早期的发展步步惊心，现金的流入或现金的流出减少至关重要，而远水解不了近渴，因此越近期的现金流折现率越高。这使得分步投资、把资金花在刀刃上显得非常必要。

（2）逐步建立"大中台，小前台"财务组织机制，强化中台的支撑作用。这种更为扁平化的组织形态，已成为互联网时代越来越多企业组织变革的标配。作为前台的一线财务人员可以更敏捷、更快速适应瞬息万变的市场、满足业务端个性化的需求。同时，前台财务还可以把业务部门积累的经验、遇到的问题（比如汽车销售的发票和一些官方登记信息相关，一旦出错，如果不是马上重新开具，就可能产生一系列复杂的协调问题）及时反馈到中台部门，这些经验和问题的解决方案的积累慢慢形成公司的知识系统，配合整个中台的专业技术能力、运营数据能力，对各前台形成强力支撑。

（3）从全局打造支撑财务的信息系统，建立财务高效率运作的基础。通过信息化，提高账务处理和数据收集的自动化程度，解放财务部门的生产力，是财务从会计核算向前端、后端有效渗透的基础。图2列示了小鹏汽车信息系统一体化建设的方案，其高度的复杂性预示着这是一项浩大的持续建设工程，需要大量资金和人力的投入。公司未来需要不断梳理项目管理制度、业务流程，统一数据标准，围绕企业资源计划（ERP）系统进行业务信息系统的一体化整合，实现业务数据到财务数据的自动传递，在此基础上实现会计记账凭证、报表的自动生成，并为管理报告提供丰富、及时的数据原料，从而实现提升业绩、强化管控的战略目标。

五、小鹏汽车财务的未来挑战

虽然财务初步架构已经搭好，但要有效发挥其作用，小鹏汽车财务依然面临很多的挑战。

一是作为一个新兴的组织，小鹏汽车还在战略探索与试错过程中，外部环境的不确定性以及内部资源的约束都决定了战略的不稳定性，需要组织结构保持较大的灵活性。然而，财务信息系统的建设依赖于规范化、标准化和连续性的清晰流程，需要一个相对稳定的组织架构和业务模式。外部环境的不确定性与内部财务信息系统的稳定性存在较大冲突，这就要求一体化的信息系统必须保持足够的开放性，端到端的连通只能有限实现，信息的断点与数据的不规范不可避免，甚至系统的不断调整也将耗费财务人员的大量时间。这些都将限制财务职能在短期内的有效发挥。

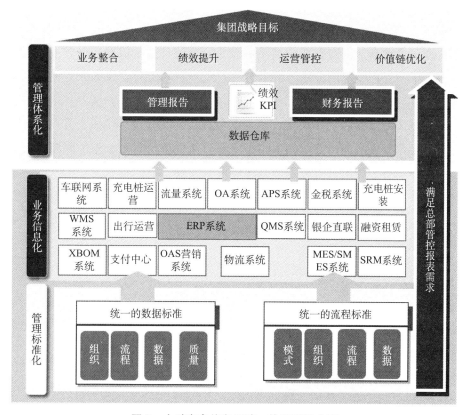

图2 小鹏汽车信息系统一体化建设方案

二是财务职能向业务、战略的延伸其实对财务人员的能力提出了更具挑战性的要求。通常财务人员强调的是标准化、专业化，而新的职能要求财务在掌握相关专业知识的基础上，将其与业务、战略的需求结合，提供更具针对性的问题解决建议，从而必须具备更广阔的视野和知识面以及沟通能力。在汽车行业技术与商业模式的大变革环境下，这方面的人才培养与积累需要一定的时间，其中中台如果要有效发挥支撑作用，人才可能尤为稀缺（对业务情景、问题敏感性的形成需要经验的积累，掌握数据建模以至跨域数据整合的能力、专家资源与知识库的建设都不是一蹴而就的事情）。

三是在目前的模块划分下存在一定的职能交叉与客户模糊，可能影响财务人员的定位与职责发挥。财务职能同样需要具有明确的客户意识，根据客户需求做好服务交付（明确客户的具体需求，注重客户的使用体验，有效率地完成服务，降低服务的成本）。针对不同的客户对象，财务人员的服务重心、工作内容、个人素质要求均存在较大的差异。财务服务的第一类客户是管理层，他们比较关心的是战略、价值观、愿景、使命的制定与落地，要求财务人员借助内外部数据作为战略的分析、评估、管控依据，财务人员需要具有不确定性环境下的分析、判断、决策及决断的能力。财务服务的第二类客户是各个业务部门，他们比较关心的是组织、人才、业务绩效完成，要求财务人员成为业务的合作伙伴，参与业务的设计、分析、评估、管控，财务人员需要具有灵活应用专业知识与技术于具体业务情景的分析、判断、沟通能力。财务服务的第三类客户是外部利益相关者，他们重点关心信息的合规性，要求财务人员按照相关法规、准则、合约等的要求完成财务核算、外部报告、税务、现金流管理（收、付）等工作，财务人员需要熟练掌握相关的规则，预判规则的变化及其影响，为企业运行创造良好的外部条件。围绕目标客户进行职能的定位可能更有利于不同特长与素质的财务人员找到自己最佳的工作领域。

参考文献

[1] 赵福全，刘宗巍，郝瀚，等．汽车产业变革的特征、趋势与机遇 [J]．汽车安全与节能学报，2018，9（3）：5－21.

[2] 赵福全，刘宗巍，赵世佳．社会与产业变革浪潮下的人才战略与转型对策——以汽车产业为例 [J]．科学管理研究，2017（1）：49－52＋64.

[3] 周亚娜．适应企业组织结构发展的财务管理变革 [J]．经济理论与经济管理，2005（12）：65－66.

（本文原载《中国管理会计》2019 年第 4 期，

作者：蔡祥、杨世信、刘运国、肖梓耀）

在线教育商业模式对企业价值创造能力的影响研究

——基于高途（跟谁学）的案例

摘要： 文章以在线教育企业"高途（跟谁学）"为例，从市场定位、经营模式、盈利模式三个维度出发，对企业商业模式进行分析，进而总结其商业模式下的价值创造路径，从而分析其商业模式的价值创造能力传导机制。在商业模式分析的基础上，将"有道"及"好未来"作为对比对象，通过相应指标评价"高途"的价值创造能力。文章进一步明晰了商业模式对企业价值创造的影响方式及传导过程，为在线教育平台创新改进商业模式，实现企业价值最大化提供了启示和参考。

关键词： 商业模式；价值创造能力；价值创造路径；高途集团

一、引言

近年来，5G 技术、人工智能、直播技术和大数据的发展为在线教育提供了新的契机与技术支撑，教学方式、教学体验等得到进一步改善。当下，在线教育面临着日渐激烈的市场竞争，行业同质性较高，大部分在线教育公司处于亏损状态，在线教育企业如何实现可持续发展成为值得研究的课题。在新经济背景下，差异化的商业模式成为企业竞争优势的重要影响因素。企业基于自身定位及资源能力，构建业务体系并设计盈利与利益分配模式，形成价值网络，进而构成了独特的商业模式。本文所选取的案例企业为在线教育企业"高途"，作为少有的连续八季度实现整体盈利的在线教育类企业，其商业模式及价值创造能力具有其代表性和研究价值。通过研究发现，商业模式与价值创造能力存在特定的影响路径，在线教育平台需保持其在资产结构方面的优势，重视学员价值创造，严格把控课程质量，合理规划营销、研发等环节的支出，从而提高整体价值创造能力。本文的研究为在线教育平台创新发展提供可参考的案例。

二、"高途"商业模式分析

"高途"成立于 2014 年 6 月，由"跟谁学"升级而来，是一家国内领先的 B2C 在线教育机构。自创立以来，经历了"O2O 平台—To B—To C"的多次转型。2019 年 6 月，"跟谁学"在美国纽交所挂牌上市。2021 年 4 月 22 日正式由"跟谁学"更名为"高途"。据高途集团称，更名的主要原因在于实现品牌聚焦。早在 2020 年 10 月，"跟谁学"的业务逐渐调整为三大板块，分别是专注 K - 12 业务①的"高途课堂"、专注成人业务的"跟谁学"、专注 3 ~ 8 岁少儿教育的"小早启蒙"。鉴于"跟谁学"已经不能代表现有的业务品牌，且需要投入大量营销宣传费用同时推广"跟谁学"和"高途"两个品牌，存在营销费用浪费的情况。更名后，成人业务于 2021 年更名为"高途在线"，实现了集团业务名称的统一性。也有分析认为，"跟谁学"曾多次被做空，更名为"高途"或将有利于改变其在资本市场上的负面形象。经过内部资源整合，高途逐步搭建起以 K - 12 在线大班培训为主，覆盖语言培训、职业资格培训及生活兴趣类在线课程体系，三大板块分别整合成独立的产品品牌，有助于差异化定位不同的客户需求市场，以服务学员的全周期教育需求。公司财务表现方面，在 2020 年第三季度出现亏损前，"高途"已实现连续八个季度保持盈利，连续 7 个季度实现净利润同比正增长，在同期大部分教育机构处于亏损的情况下，"高途"财务表现突出。2021 年 7 月，中共中央办公厅、国务院办公厅印发《关于进一步减轻义务教育阶段学生作业负担和校外培训负担的意见》（以下简称"双减"政策）。为符合政策要求，"高途"将义务教育阶段（K - 9）的学科培训业务剥离至北京途途向上线上学校（产品名"途途课堂"）这一非营利机构，以公益性服务广大学生。"高途"将利用过去学科培训积累的资源及经验，将业务重点聚焦到素质教育、成人教育培训、职业教育培训和智能数字产品领域。本文运用张敬伟和王迎军（2010）提出的市场定位、经营模式和盈利模式三维模型对"高途"的商业模式进行分析（见图 1）。

---

① K - 12 业务指的是涵盖从小学一年级至初中九年级的义务教育（K - 9）及高中的学科培训业务。

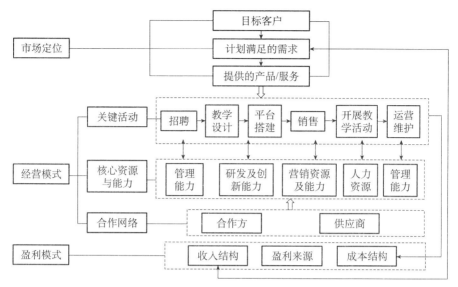

图1 高途"跟谁学"在线教育商业模式框架

资料来源：作者整理。

（一）市场定位

市场定位着重回答"企业做什么"这一话题，解释企业目标客户群体有哪些共性，为他们提供怎样的产品或服务来创造价值（刘运国、徐瑞和张小才，2021），"高途"的市场定位可以从客户定位和产品定位两方面进一步分析。一是客户定位。"高途"的目标客户在年龄上涵盖各学习阶段，学生用户地区分布亦相对均衡，三、四线城市占比高于其他在线教育公司。据2020年第一季度数据显示，"高途"学生分布在一线及主要二线城市的占比为45%，其余城市占比55%，"高途"在低线城市的渗透优势显著。低线城市用户占比高于同行，且下沉市场拥有更大规模的教培用户基数。二是产品定位。根据差异化定位及服务学员全周期发展的需求，2020年10月之后"高途"主营业务划为成人教育、K-12教育、少儿早教三大板块。其中，"高途课堂"板块以"大班教学、小班服务、个性化体验"为主旨，优化K-12在线直播大班课产品及服务；"高途在线"板块全面聚焦金融、会计、考研、出国留学、公务员考试等成人教育业务。布局成型后，"高途"教育业务的整合与打通，使公司整体业务布局更为规范化。"高途"旗下C端业务品牌包括高途课堂、高途在线（原跟谁学）、金囿学堂、小早启蒙。

（二）经营模式

"高途"提出"成就客户、诚信、务实、进取、合作"的企业价值观，借助科技力量使教育更美好并降低学习成本，重视学习效率与美好学习体验提升效果，加大学习工具、系统、技术和教材等方面的技术和资源投入，让教与学更平等、便捷、高效。其经营主要围绕在线教育的关键活动和配置核心资源展开。关键活动包含教学内容研发设计、教育资源和服务提供、产品推广与营销；核心资源与能力则包括支持关键活动开展的平台运营管理能力、人力资源管理能力、品牌影响力等。通过科技赋能"名师＋在线大班＋辅导老师"模式，打造沉浸式的课堂[①]，提高学生学习效率和效果，增加付费课程的注册人数。

1. 关键活动

课程质量是决定教学质量的关键因素。课程质量与课程内容的研发设计和课堂教学的组织实施密切相关。"高途"配备教研团队负责教学内容研发设计，跟进市场需求变化与各学科的最新教学趋势，更新及改进课程教学大纲和教学材料，确保收费内容具有专业性和原创性，并定期进行课程质量评估，确保教学内容与效果达标。在线课堂教学实施本质是教育资源和服务的提供。高途课程主推大班课，主讲教师在线直播授课，课程内容精细打磨，扩展学员学习思路，点燃学习兴趣。课程研发人员亦会借助大数据分析结果帮助讲师优化授课方式。"高途"致力于为学生打造沉浸式直播课堂，通过丰富有趣的动画演示、快乐的互动课堂解题、答题有学币激励等手段提升学生参与度和学习体验。同时，基于大数据＋人工智能技术定位学生的薄弱学习环节，有针对性地学习更容易提质增效。在课外，学生被分入不同班级，辅导老师负责班组内的教学过程管理，课前引导预习，课后辅导复习，及时答疑解惑，培养良好学习习惯等，更多的互动时间可弥补大班模式下授课老师互动性不足的问题，为学员提供个性化服务。据"高途"统计，辅导教师对学生的平均触达时间为线下教育机构的 2.2 倍，主讲教师与辅导教师的双师模式分工明确，有利于高效推进教学过程和利用教学资源，并提高用户学习效率。

---

① 沉浸式课堂是指运用先进技术手段优化学生视觉、听觉等感官体验，在教学环境中充分感知学习对象，从而获得知识技能的教学过程。

在严把课程质量关基础上，作为内容提供商的在线教育企业需要拥有相当数量的用户，因此产品推广与营销也很关键。"高途"拥有一支专门的用户增长团队，他们通常以特色文章和短视频的形式制作信息很大的营销内容，涉及亲子关系、书单推荐和知识技能等方面，再通过国内主要社交媒体平台发布以接触目标受众，在触达用户之后进一步引导转化。"高途"的盈利抓住了两个重要机遇期：一是抓住了 2017～2018 年微信流量增长红利，利用微信营销手段，以公众号矩阵覆盖高频次推广，获得大量的活跃粉丝数。"高途"公域流量投放，私域流量转化，通过精准流量投放低价课和免费课或资料吸引用户，再有针对性地进行内容营销与引导，提高运营转化能力；二是抓住了微信裂变营销的机遇，在"投放＋销售转化"两者之间加入了"群裂变"，且后期留存率高。用户看到宣传海报并扫描二维码加入群组后，还需要将管理员提供的宣传资料转发到其他群组，才能最终获得免费课程。"群裂变"步骤可有效地为企业拓宽知名度，从而在一定程度上降低获客成本（见图2）。

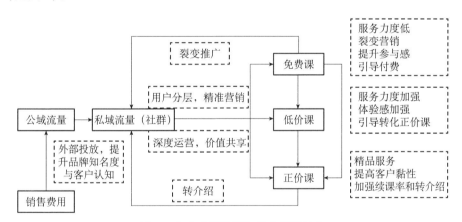

图2　高途"跟谁学"获客逻辑链条
资料来源：作者根据官方资料及研究报告整理。

2. 核心资源与能力

为推出高质量课程，"高途"在高素质教学人才资源上相对重视，官网所宣传的主讲教师均为经验丰富的名师，"高途课堂"披露 2020 年备案教师人数为 128 人，2021 年为 182 人。公司具有严格的选拔流程，会通过量化标准对应聘教师进行全方位测评，2018 年的主讲教师录取率仅为 1.87%，教师履历均在行业前列。对于新招聘的教师，在入职前均需接受六个月的标准化培训，从而掌握大班直播模式的授课技巧，还需接受定期培训。"高途"为每一位名师配备了全流程服务的专业团队，为名师服务并充当监督角色，名师所创造的收入与团队所有成员挂钩。"高途"重视名师产能的规模化，用最好的老师教最大规模的班，从而摊薄单个用户的师资成本。"高途"采用一套全面的关键绩效指标（KPI）和定性因素来评估主讲教师的绩效，其中包括学生保留率、教学能力和奉献精神，教师晋升在很大程度上也基于绩效考核结果。同时，根据学生和家长的满意度提供有竞争力的绩效奖金。辅导老师的薪酬包括基本工资和根据学生保留率和练习完成情况确定的绩效奖金。"高途"作为纯线上教育平台，在教学平台运营方面为实现大规模线上教学及优化线上学习体验，创立初期就已开始投入研发相关技术，2019年10月已有接近600名IT研发人员，占当时总员工数12.5%，其自主研发的直播技术，在保证视频质量的情况下可供10万人在线同时听课。同时，"高途"还具备数字化运营管理系统以及AI辅助教学系统，利用大数据分析技术来优化平台运营并利用AI技术提高教学效果，还有自主开发的BOSS系统用于优化教学管理自动化流程，提高团队管理效率。

高途的经营表现获得业界认可，2020年斩获"新浪五星金牌在线教育品牌"。此外，"高途"及其创始人积极投身教育公益，致力于推动教育普惠发展，通过捐赠网课、与青基会携手推动"乡村教育扶持计划"、与高校合作设立大学"高途奖学金"等举措回馈社会，品牌知名度得到提升。

（三）盈利模式

1. 收入来源

"高途"属于内容收费的盈利模式。"名师 + 在线大班 + 辅导老师"模式所带来的口碑效应及规模经济效应是其收入大幅增长的主要原因。"双减"政策前，"高途"的主营业务为面向个人用户的 K–12 在线课程教育，因此，营业收入中约80%来自 To C 端的 K–12 教育培训课程服务，其余来自外语、儿童兴趣课程以及专业培训课程。2017年，"高途"处于由 O2O 向 B2C 转型阶段，至同年7月才正式上线 K–12 在线直播大班课，因此，2017年 K–12 业务收入占比为22.39%，收入主要来源为平台中介等其他业务收入。在确立 K–12 大班课模式后，K–12 业务收入迅速成为高途主要收入来源，收入占比从 22.39% 跃升至 73.21%。外语、职业及兴趣培训收入占比维持在 20% 左右。

2. 成本支出

在成本结构方面,"高途"主要成本支出可划分为:教师薪酬支出、技术研发支出、营销费用支出三部分,成本比重可反映高途的经营策略模型及相应投入力度。"高途"营业成本支出主要为教学人员薪酬费用、教学物资采购及场地租金,随用户规模的扩大而增加,销售费用、研发费用与管理费用则为相应环节的人力及物资等支出。其中,营业成本占比自 2018 年起持续下降,研发费用占比自 2017 年持续下降,而研发对在线教育这一知识产业是相当重要的环节,因此,"高途"在投资市场曾引起一部分质疑。销售费用一直占据较大份额,受行业竞争的营销大战影响,在 2019 年和 2020 年销售费用占总成本费用的比例达到 50% 以上。2021 年第一季度,"高途"管理层意识到流量获客实际上降低了广告投资回报率(ROI)的水平,因此在当年 3 ~ 5 月大大减少了在信息流渠道投放的支出直至停止信息流的投放获客。

3. 利润来源

"高途"的利润主要来源于 K – 12 业务板块。与成本支出相对应的是"高途"逐年上升的报名人数,2017 年付费课程注册数还未到 8 万,而 2019 年已达到 274 万,在两年内翻了 33 倍。学员和注册数的大幅增加除营销投入的影响外,也受课程模式影响。高途普遍采用大班教学模式,区别 1 对 1 或小于 10 人的小班模式,大班教学可使课程在投入固定成本后,以递减的边际成本扩大利润敞口,扩大课程的班级规模。其中,"高途"K – 12 在线课程平均注册人数,由 2018 年的 600 人上升至 2019 年的 1 200 人,在教学成本无须成比例增加的前提下,用户数量增加使企业获得更高的营收增长能力。从 2017 ~ 2020 年各季度利润率情况看,"高途"毛利率均较为稳定,且保持增长趋势,原因可能在于在线教育免去了大笔场地租金成本,且大班模式下学员数量的增加对教师需求的正向弹性系数较小,保留了较大的毛利润空间。对于净利润,2018 年第三季度以前,"高途"主推 K – 12 在线大班课程的模式处于未运转成熟阶段,一直处于亏损状态,但模式跑通后实现了连续八个季度的盈利,直至 2020 年第三季度、第四季度因营销投入过高而出现巨额亏损。

三、"高途"商业模式下的价值创造能力分析

(一) 价值创造驱动因素分析

企业价值是评估计算或衡量的静态结果，主要受企业价值创造能力影响，而后者主要受关键价值驱动因素影响。关键价值因素通常划分为外部环境因素和内部管理因素两大类，而内部管理因素可进一步分为财务和非财务价值驱动因素（王绪成和吴顺青，2007）。通过整理企业价值评估方式的价值驱动因素可发现，价值驱动因素主要可划分为经济利益、资本成本和持续性三类。其中，营业毛利率、投资资本报酬率等属于经济利益类因素，受资源配置与运用效果影响（陈志斌，2006），体现企业的盈利能力；负债资本成本、股权资本成本等属于资本成本类因素，需要控制资本成本以提高价值增长空间，体现企业的资本运营能力；增长率、持续时间、管理能力、人才资源和研发能力等驱动因素更多地反映企业的发展潜力，并最终影响企业经济利益。价值创造能力决定着企业价值变动方向与变动幅度，与价值驱动因素作用同源，是驱动因素的概括性表达，因此，结合在线教育企业财务特征及价值创造驱动因素的梳理分析，价值创造能力可拆分为盈利能力、资本运营能力及发展能力。本文将进行后续分析与衡量。

(二) "高途"价值创造能力影响路径

商业模式与价值创造能力驱动因素的关联并非单向一对一的影响作用，而是多维度复合影响的结果（别晓竹和侯光明，2005）。在资本运营能力维度，企业市场定位为所需资本确定了基调，而盈利模式下所创造收入也影响资本结构中留存收益以及发展所需资本，筹资活动则决定企业筹资方式（李端生和王东升，2016）。资金需求与筹资方式共同影响企业资本成本，从而影响资本运用效率；在发展能力维度，经营模式中的关键活动、企业核心资源与能力、合作网络三者影响着企业竞争优势和经营效率，决定发展潜力。在盈利能力维度，盈利模式反映企业经济利润的获取方式，是商业模式运作的财务表现。商业模式对企业价值的影响通过价值创造能力实现（见图3）。

资本运营是指以利润最大化和资本增值为目的，以价值管理为特征，通过生产要素的优化配置和产业结构的动态调整，对企业的有形与无形资本进行综合有效运营的一种经营方式（缪合林，1997）。企业资本增值可以表现

为利润最大化、股东权益最大化和企业价值最大化。企业将资本投入生产经营后，收入大于耗费，企业实现利润，反之则亏损。在资本运营中，企业为实现资本最大限度的增值，就必须降低成本。"高途"业务场景普遍在线上完成，企业提供的大部分产品为虚拟产品和教育服务，资本投入"重资产"比重不高，属于轻资产的运营模式，有利于降低企业经营成本。同时，企业还拥有大班运营经验、用户偏好数据积累、互联网产品技术等对企业有价值的资产（见图4）。从资本成本节约角度看，"高途"2019～2021年资产负债率分别为54.11%、46.38%和42.67%，处于40%～60%较为合理的区间。其中，流动负债占负债总额的比值较高，分别为89.11%、84.69%和82.09%。为支持高流动负债的偿付，"高途"的速动比率逼近流动比率，分别是0.99、1.85和2.01。带息负债率为16.32%、13.91%和12.36%，企业资本成本负担并不重。资本运营与企业核心竞争力相结合，促进企业规模扩大和效益提高。

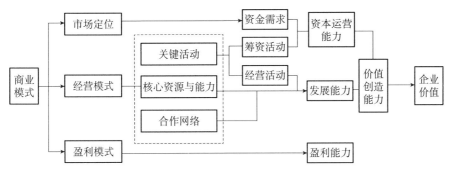

图3 "高途（跟谁学）"商业模式的价值创造能力影响路径

资料来源：作者整理。

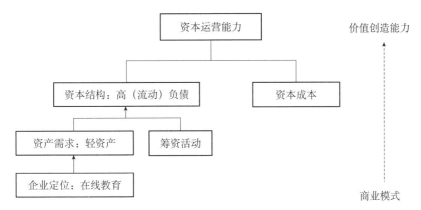

图4 资本运营能力视角下价值创造路径

资料来源：作者整理。

在政策合规性下，在线教育企业长足发展取决于高质量的教育资源和服务、企业创新研发能力及高效的运营管理能力（见图5）。首先，"高途"将"名师"作为企业价值创造驱动的重要因素，视为核心竞争力来打造。学员对名师的好评反馈在一定程度上可以体现"高途"满足了学员的学习需求，实现顾客的价值创造。以"高途"原高中数学学科周帅老师为例，通过知乎提问及讨论情况看，学员对周帅老师持肯定评价的居多，好评的理由有三点：第一，注重数学思维的启发和训练，分数在90分左右的学员通过系统学习提分明显；第二，教学过程融入为人处世的道理；第三，板书笔记清晰成体系，帮助学员养成良好的笔记习惯。高质量的课程及服务影响着用户黏性，关系到企业未来的可持续发展。其次，创新研发能力是企业发展的生命力。在线教育企业推出的在线课程既要确保教学资源的原创性又要紧跟需求推陈出新，满足学员自我提升需求。最后，经营管理能力是可持续发展的保障。高途"大班在线课程"虽然实现了名师资源在更广阔范围进行了共享，但与线下学员的互动反馈并不充分。采用辅导老师带小班的运营管理模式可以通过答疑、作业反馈、学习督促等举措实现个性化服务与互动，帮助学员提升学习效果，进而增强学员课程学习的满意度。此外，应对激烈的在线教育市场竞争，还需要架构合作网络，进行技术和人才补给，加持发展能力。

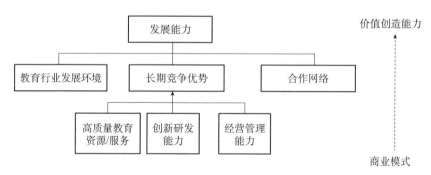

图5　发展能力视角下价值创造路径

资料来源：作者整理。

盈利能力视角下，课程及其配套服务是收入的主要来源，其增长的驱动因素为付费用户数及客单价①（见图6）。品牌效应在很大程度上促成了两个

---

①　客单价指的是在一定时期内，每位学员消费的平均价格。计算公式为：客单价＝营业收入÷付费人次。

指标对收入的贡献。企业的知名度来源于老客户群体对企业的认同，有助于提升企业在市场上的名声。新客户群体也时常会高概率选择知名度高的品牌进行试课，在引导下步步实现转化。高知名度的教育平台往往会具备较强的运营管理能力吸引更多的客户群体实现向付费用户转化，并在认同下支付更多的费用购买系统性课程，市场份额逐步扩大。从成本节约角度看，首先是在线大班模式，降低平均成本。在成熟的直播技术支持下，高途在线大班授课模式得以实现。"大班教学 + 小班服务"以及"名师授课 + 双师辅导"的运营模式已逐渐成熟，K - 12 业务剥离前毛利率维持在 70% 以上的高水平。虽然在线大班模式前期投入大，但是与名师效应配合可实现用户人数及收入的跃升。每额外增加一名学员只需开放平台处理权限、提供相应的电子或纸质学习资料以及相应增加辅导人员的工作内容，并没有产生过多的成本支出。随着线上规模效应出现，付费课程人均营业成本得以降低，"高途"将课程推送下沉至价格敏感客户群体，使更多学生可以享受到优质课程教学。其次是维持低水平的获客成本。"高途"在 2017 年与 2018 年抓住微信裂变营销机遇，积累了初步用户群体，获客成本（销售费用/付费课报名人次）低于行业水平。2020 年第四季度高水平的广告支出一度使"高途"的获客成本与同类企业差距缩小甚至高于部分企业。2021 年第一季度高途管理层针对此情况及时作出了营销方案调整，进一步驱动高途 App 和网站的内生流量，通过活动策划，鼓励更多用户口碑推荐。

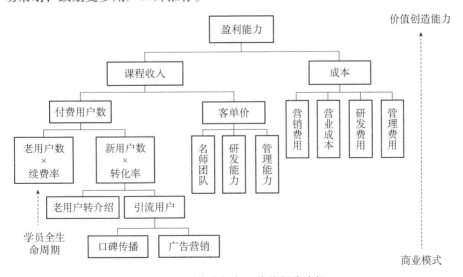

图6　盈利能力视角下价值创造路径

（三）"高途"价值创造能力评价

价值创造能力的评价可以从两方面进行分析：从整体来看，由于企业价值是商业模式的最终落脚点，可以通过价值创造的结果来印证价值创造能力的实际表现。对上市公司而言，可以选择股票价格来反映企业价值；从局部来看，由于价值创造能力受到资本运营能力、发展能力和盈利能力的影响，可以从三个重要维度中选取关键性的财务指标或非财务指标来进行分析评价。为使"高途"价值创造能力评价更具对比性，本文主要引用"好未来""有道"两家教育服务业上市公司的相关数据与"高途"进行对比分析。三者业务模式有明显差异，"高途"是纯在线教育企业，业务模式不再赘述；"好未来"是从线下业务起家再增加线上业务的一类企业代表，具有教学人才和资源等方面的优势，但也因线下业务的资产投资使整体成本较重、灵活性较低；"有道"同属于纯在线教育企业，具有互联网基因，在用户触达和知名度方面具有优势，其产品也不局限于课程培训。以"好未来""有道"作为对比对象，有利于探索纯在线教育企业与线上线下业务并存的教育企业相比在价值创造方面存在的差异及其原因，以及纯在线教育企业间商业模式不同所形成的差异及原因。

1. 总体评价

自 2019 年 6 月 6 日上市以来，"高途"股价经历大幅波动，在不到一年半的时间内从发行价 10.5 美元上涨至 130 美元，后又经历大幅下跌和上涨，而后处于暴跌后的平台期（见图 7）。在 2020 年 2 月 25 日~2020 年 8 月 7 日被轮番做空 12 次后，"高途"股价仍是处于整体上升趋势，且在 2020 年 7~8 月快速攀升，除可能存在的部分投机因素外，整体投资者对于"高途"表现出的企业经营能力仍抱有较高的期待，股价几度超越具有十几年历史的企业"好未来"。"有道"和"好未来"教育机构，整体走势具有一致性，但"高途"则有明显偏差，波动幅度更为激烈，原因可能在于在线教育高速发展后前景不明朗，对比以线下业务为主的"好未来"和有网络媒体背景的"有道"，"高途"抗风险能力不足，影响盈利能力和发展潜力，后续盈利不被看好。

2. 分维度评价

一是资本运营能力。在资本运营能力的评价上，本文选取投入资本回报率、股东权益增加额和托宾 Q 值来进行分析（见表 1）。其中，投入资本回报率（ROIC）通过数据库查询获得，ROIC 越大，代表企业投入资本创造的盈余越多；股东权益增加额使用期末股东权益总额减掉期初股东权益总额，如为正值，说明股东权益有增长，反之则股东权益减少。2018～2020 年，"高途""有道""好未来"三家企业的投入资本回报率随利润变动先升后降，回报率的波动趋势与在线教育行业外部发展变化形势相吻合；从股东权益增加情况看，"高途"和"好未来"的股东价值实现逐年增长，其中"高途"的递增增量明显，"好未来"增量呈现递减趋势，"有道"的股东权益先实现增长后大幅下降，股东权益总额仅 2019 年为正值，其他会计期间均为负值。

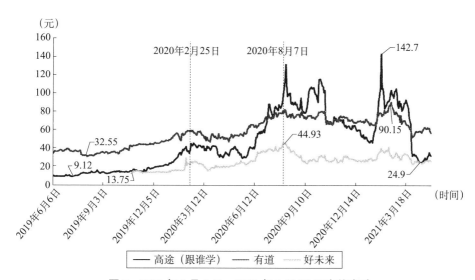

图 7　2019 年 6 月 6 日～2021 年 4 月 30 日市值变动

资料来源：Wind 数据库。

表 1　　　　2018～2020 年报高途及各企业资本运营能力对比

指标	企业	2018 年	2019 年	2020 年
投入资本回报率（%）	高途	− 49.89	22.873	− 33.490
	有道	− 116.25	− 87.530	− 541.00
	好未来	12.160	14.654	− 3.930
股东权益增加额（亿元）	高途	0.26	15.83	41.73
	有道	2.77	9.82	− 17.08
	好未来	9.59	8.90	0.14
托宾 Q 值	高途	—	3.35	2.30
	有道	—	5.23	− 2.21
	好未来	12.97	11.27	16.88

资料来源：Wind 数据库、公司年报数据整理。

托宾 Q 值是用以衡量资产是否被高估或低估的重要指标，反映的是市场价值与重置价值的比率关系。本文根据公式（托宾 Q 值 = 企业市值/企业重置成本）计算"高途""好未来""有道"的 Q 值。考虑到三个企业均为纽交所上市企业，证券市场相对成熟，反映的市值可信度高，重置成本则用企业净资产代替。托宾 Q 值比例越大，企业市场价值超过资产重置成本越多，获得的超额利润也就越多（刘运国、徐瑞和张小才，2021）。由图 8 可知，"高途"和"好未来"的托宾 Q 值在 2021 年第三季度之前均大于 1，说明市场对两家企业的预期表现出积极的态度，企业资本有增值。其中，"好未来"的增值空间大于"高途"，托宾 Q 值曲线整体在高途 Q 值曲线之上；2020 年第三季度"高途"托宾 Q 值出现畸高而后回归常态，原因在于当季流动资产减持，比上一季度少 9.78 亿元，导致资产总额减少，同期负债合理上浮。由于有道长期运营亏损，净资产在比较期间内仅有两期为正值，大部分时间均是负值，托宾 Q 值出现较大波动，说明有道的资本增值能力最弱。从 2021 年第三季度开始，受国家"双减"政策影响，"高途""好未来"的 Q 值下降至 0 ~ 1 区间，出现贬值。

二是发展能力。企业需要在创造收益的基础上保持持续增长性，而发展能力正是衡量企业发展可持续性及盈利质量的存在。从研发费用率看，除"好未来"未单独列示研发费用外，"高途"和"有道"的研发费用占比逐年大幅下降，主要原因在营销费用占比扩大；从营业利润增长率来看，由于 2020 年的亏损以及前两年营业利润并不高，"高途"营业利润变动幅度较大，2019 年营业利润较 2018 年增加 10 倍，而 2020 年营业亏损较 2019 年利润增加 9 倍，发展形势并不稳定（见表 2）。

此外，通过用户的黏性趋势分析亦可以了解企业客户对平台的依赖及未来继续投入的可能。本文选取了在线教育行业高速发展的 2020 年 1 ~ 6 月数据进行客户黏性分析，采用的指标为课程 App 全网 2020 年 1 ~ 6 月"人均单日使用时长"及"人均月度使用天数"。从图 9 可见，"高途课堂"日均使用时长逐步攀升，"有道精品课"和"好未来"的"学而思网校"日均使用时长总体略有下降，其中，"好未来"的时长一般不超过 30 分钟/日。从图 10 可见，"高途课堂"人均月度使用天数高于"有道精品课"及"学而思"。总体上，"高途"在用户黏性指标上相对优于其他，或得益于优质课程的开发及有效的运营管理。

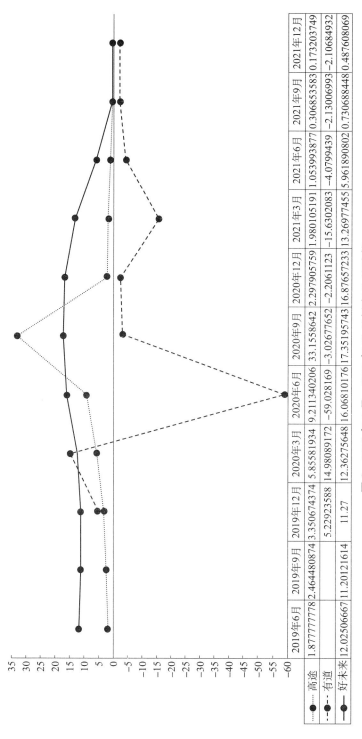

	2019年6月	2019年9月	2019年12月	2020年3月	2020年6月	2020年9月	2020年12月	2021年3月	2021年6月	2021年9月	2021年12月
高途	1.87777778	2.46480874	3.350674374	5.85581934	9.211340206	33.1558642	2.297905759	1.980105191	1.053993877	0.306853583	0.173203749
有道			5.22923588	14.98089172	−59.028169	−3.02677652	−2.2061123	−15.6302083	−4.0799439	−2.13006993	−2.10684932
好未来	12.02506667	11.20121614	11.27	12.36275648	16.06810176	17.35195743	16.87657233	13.26977455	5.961890802	0.730688448	0.487608069

图 8 2019 年 6 月 ~ 2021 年 12 月托宾 Q 值趋势

表2   2018～2020 年报高途及各企业发展能力对比

指标	企业	2018 年	2019 年	2020 年
研发费用率（%）	高途	31.78	15.65	10.31
	有道	40.08	33.21	20.61
	好未来	—	—	—
营业利润增长率（%）	高途	120.72	1 026.31	-913.52
	有道	-68.51	-174.22	-200.50
	好未来	63.90	-53.12	-323.08

资料来源：Wind 数据库、公司年报数据整理。

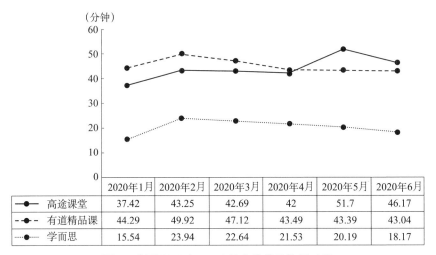

	2020年1月	2020年2月	2020年3月	2020年4月	2020年5月	2020年6月
高途课堂	37.42	43.25	42.69	42	51.7	46.17
有道精品课	44.29	49.92	47.12	43.49	43.39	43.04
学而思	15.54	23.94	22.64	21.53	20.19	18.17

图9   全网 2020 年 1～6 月人均单日使用时长

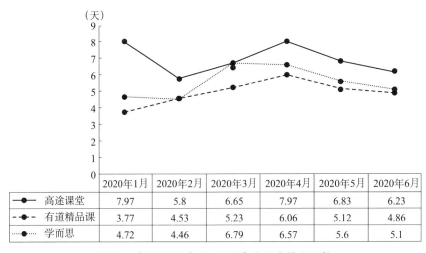

	2020年1月	2020年2月	2020年3月	2020年4月	2020年5月	2020年6月
高途课堂	7.97	5.8	6.65	7.97	6.83	6.23
有道精品课	3.77	4.53	5.23	6.06	5.12	4.86
学而思	4.72	4.46	6.79	6.57	5.6	5.1

图10   全网 2020 年 1～6 月人均月度使用天数

资料来源：易观千帆。

三是盈利能力。从 2018～2020 年的盈利能力指标可发现（见表3），"高途"的盈利能力呈上升后下降的趋势，且波动较大。2018 年"高途"推出 K－12 大班课程后首次实现整体盈利，在 2018 和 2019 年均处于发展上升期，而 2020 年第三季度、第四季度在高额营销费用的影响下，"高途"出现较大亏损。从企业间盈利能力指标对比可发现，盈利能力存在较明显差异，总体来看"好未来"优于"高途"优于"有道"。对比客单价，"好未来"远高于其他企业，因其主要为一对一和小班教学模式，"有道"的课程用户付费单价也高于"高途"，因其 K－12 课程定位为"有道精品课"，以课程教学质量吸引用户接受较高的课程价格；对比销售净利率，在 2020 年均呈现负值，表明在线教育企业成本相较于收入提升幅度更大，企业离稳定盈利的发展状态仍有一段距离，需要调配好收入与成本结构；对比净资产收益率，"高途"和"好未来"因持续两年亏损，2020 年呈现负值，"有道"在亏损情况下净资产收益率达到 300% 以上，表明其净资产为负值，负债已高于成本，差额小于利润亏损额，盈利能力有待提高。总体来看，"高途"与"有道"实现稳定盈利仍需进一步优化。

表3   2018～2020 年报高途及各企业盈利能力对比

指标	企业	2018 年	2019 年	2020 年
客单价（元）	高途	719	967	1 214
	有道	—	1 951	1 314
	好未来	9 206	7 731	6 262
销售净利率（%）	高途	4.94	10.72	−19.55
	有道	−28.61	−46.09	−55.35
	好未来	14.22	−3.90	−3.18
净资产收益率（%）	高途	−49.89	29.61	−38.23
	有道	29.92	315.27	316.38
	好未来	17.89	−4.41	−3.01

资料来源：Wind 数据库。

四、结论

本文以在线教育类企业代表"高途（跟谁学）"为例，探索其商业模式对企业价值创造能力的影响。首先，本文从市场定位、经营模式和盈利模式三个维度描述高途商业模式，并将其归纳为基于学员价值创造的科技赋能

"名师＋在线大班＋辅导老师"模式，服务学员发展全周期教育需求；其次，结合价值创造驱动因素，推导商业模式与价值创造能力的传导机制，最后对高途的价值创造能力进行评价。研究发现，高途的商业模式对其价值创造能力存在正向提升作用，主要通过资本运营能力、发展能力和盈利能力传导机制实现价值创造能力的提升，进而实现企业价值创造。其中，在资本运营能力上，企业资产负债率控制在合理区间，通过营运成本和资本成本节约，为价值创造提供更多的利润空间；在发展能力上，以"名师"作为企业价值创造驱动的重要因素，通过高质量课程的输出，提高学员课程参与度，推动思想进步和良好学习习惯养成，实现成绩提升。此外，自主研发的直播技术使大规模在线学员的试听效果不打折，还配备了辅导教师悉心服务，跟踪学员学习效果和进度。高途从内容、服务、效果这些维度构建其核心竞争力，客户黏性增强；在盈利能力上，好的教学效果形成良好的口碑进而拉动付费、续费人数增多，通过大班教学模式，充分利用教学资源，降低平均成本，在助力学员自我价值实现的同时实现企业价值。

但是，评价数据显示"高途"商业模式对价值创造的正向影响稳定性不足。从本文选取的三个典型类似企业情况看，"好未来"作为线下起家后部署业务至线上的老牌教育企业价值创造能力更强更稳定，几十年线下教育积累的经验和成果对其线上教育事业发展起到了积极影响。纯在线教育类公司由于没有线下实体，学员及家长对虚拟交付的课程实现的效果存在不确定性，因此也影响了纯在线企业价值的实现。此外，由于教育产业非常特殊，是个典型的慢行业，育人效果的呈现往往需要一个过程，甚至需要漫长的时间去检验。而纯在线教育类企业发展的时间不长，部分是从互联网背景的公司转化而来，对教育的本质不了解，没有教育领域的经验，不能长久为顾客价值增值服务，自然不被看好。在教育的赛道里，良心的行业不能变成逐利的产业（习近平，2020），在线教育的未来必须回归育人正道，以精细化运营为重点，回归客户可持续价值创造、回归课程质量、回归服务提升才能实现长远发展。

参考文献

［1］别晓竹，侯光明．企业价值创造能力分析框架研究［J］．商业时

代，2005（29）：24-25.

[2]陈志斌．基于自由现金流管理视角的创值动因解析模型研究［J］．会计研究，2006（4）：58-62+95.

[3]李端生，王东升．基于财务视角的商业模式研究［J］．会计研究，2016（6）：63-69+95.

[4]刘运国，徐瑞，张小才．社交电商商业模式对企业绩效的影响研究——基于拼多多的案例［J］．财会通讯，2021（2）：3-11.

[5]缪合林．资本营运：企业增效的新钥匙［J］．湖北经济管理，1997（2）：23-25.

[6]王绪成，吴顺青．论企业价值驱动因素与价值创造的可持续性［J］．价值工程，2007（10）：40-42.

[7]习近平谈治国理政：第三卷［M］．北京：外文出版社，2020：349.

[8]张敬伟，王迎军．基于价值三角形逻辑的商业模式概念模型研究［J］．外国经济与管理，2010，32（6）：1-8.

（本文原载《财会通讯》2023年第10期，

作者：刘运国、陆筱彤、李婷婷、高海燕）